KB244537

새롭게 쓰임 받는 여성

과다한 사역으로 지쳐 있는 당신을 일으켜 세우기 위한 하나님의 영양제 모든 인간은 하나님의 형상을 닮은 존엄한 존재입니다. 전 세계의 모든 사람들은 인종, 민족, 피부색, 문화, 언어에 관계없이 존귀합니다. 예영커뮤니케이션은 이러한 정신에 근거해 모든 인간이 존귀한 삶을 사는 데 필요한 지식과 문화를 예수 그리스도의 사랑으로 보급함으로써 우리가 속한 사회에 기여하고자 합니다.

새롭게 쓰임 받는 여성

과다한 사역으로 지쳐 있는 당신을 일으켜 세우기 위한 하나님의 영양제

지은이 · 도나 파토우
옮긴이 · 박혜경, 김미해
초판 1쇄 찍은날 · 2004년 5월 3일
초판 1쇄 펴낸날 · 2004년 5월 10일
펴낸이 · 김승태
출판본부장 · 김춘태
편　집 · 고진쥬, 박경미
표지디자인 · 공유나
등록번호 · 제2-1349호(1992. 3. 31)
펴낸곳 · 예영커뮤니케이션
　　　　110-616 서울 광화문우체국 사서함 1661
　　　　출판유통사업부 T. (02)766-7912 F. (02)766-8934 E-mail: jeyoungsales@chol.com
　　　　출판사업부 T. (02)766-8931 F. (02)766-8934 E-mail: jeyoungedit@chol.com
　　　　홈페이지 www.jeyoung.com

ISBN 89-8350-311-4　　03230

값 11,000 원

■ 잘못 만들어진 책은 교환해 드립니다.

새롭게 쓰임 받는 여성

과다한 사역으로 지쳐 있는 당신을 일으켜 세우기 위한 하나님의 영양제

도나 파토우 지음
박혜경 · 김미해 옮김

예영커뮤니케이션

 Member of the
Evangelical Christian
Publishers Association

예영커뮤니케이션은
복음주의기독출판협회(ECPA)의 국제 회원사로서 기독교 출판을 통하여
세계복음화를 위한 지상 명령의 실현을 위해 동참하고 있습니다.

Becoming A Vessel God Can Use

by Donna Partow
Copyright © 1999 by Donna Partow
Originally published in English under the title
Becoming A Vessel God Can Use
Published by Bethany House Publishers,
11400 Hampshire Ave S., Bloomington, MN 55438, U.S.A.
All rights reserved.
Korean translation Copyright © 2004
by Jeyoung Communications Publishing House Seoul, Korea

본 저작물의 한국어판 저작권은
Bethany House Publishers와 독점 계약한
예영커뮤니케이션에 있습니다.
저작권법에 의하여 한국 내에서 보호를 받는 저작물이므로
무단 전재와 무단 복제를 금합니다.

하나님께서 쓰시는 그릇으로서의 삶을 몸소 보여 준
린 리엔스트라(Lynne Rienstra)에게
사랑과 존경의 마음과 함께 이 책을 바칩니다.
당신의 삶을 바라보는 것만으로도 나는 아름다움을 느낄 수 있었습니다.

도나 파토우

"평강의 하나님이 친히 너희로 온전히 거룩하게 하시고 또 너희 온 영과 혼과 몸
이 우리 주 예수 그리스도 강림하실 때에 흠 없게 보전되기를 원하노라 너희를 부
르시는 이는 미쁘시니 그가 또한 이루시리라" (살전 5:23-24)

감사의 글

우선 보잘것없고 완전치 못한 그릇인 나를 한없는 은혜로 선택하시고 귀한 사역을 맡겨 주신 거룩하신 하나님 아버지께 감사를 드립니다.

버트 칼랜드, 그리고 지금은 고인이 된 빌 칼랜드. 그들은 조건 없는 사랑과 흔들리지 않는 믿음으로 내게 믿음의 지평을 열어 준 분들입니다. 또한 브루스 베이컨은 아무런 대가도 바라지 않고 내게 예수 그리스도를 가르쳐 주었습니다.

웬디 도우슨, 척 게리오트, 롭 리엔스트라, 아일린 리비엘로, 그리고 성약장로교회 청년 회원들은 산도 움직일 수 있을 만큼 굳건한 믿음의 일꾼들입니다.

존과 셸리 줄리엔 부부, 그리고 뉴라이프장로교회 성도님들은 나그네처럼 오갈 곳 없던 카메론과 나를 받아 주었고, 보답할 수 없을 만큼 한없는 사랑을 보여 주었습니다.

나의 언니 낸시는 30여 년 동안 한결같이 이런 말을 해 주었습니다.

"이런 사람도 있고 저런 사람도 있는 법이야." 미안해요. 언니 말을 좀 더 귀담아 들었더라면 아마 인생을 훨씬 더 쉽게 받아들일 수 있었을 거예요.

나의 생명 줄이 되어 준 데비 스태퍼드와 캐시 스워프, 수지 세네왈드, 낸시 마르티노, 그리고 다이안 릴리와 샤를린 카르도나. 그들은 짐을 나누어 지고 언제나 함께했던 사람들입니다.

편집위원회의 베스 릴리, 헬렌 스텀, 폴린 페이스, 베브 필립스는 내게 귀한 조언을 들려주었습니다.

목요일 아침 친교 모임의 신디 포르사이드, 폴린 페이스, 게일 리, 에이나 룬조, 그리고 마르샤 룹라이트에게 감사의 말을 전합니다. 그들은 나로 인해 야기되는 불편함을 늘 양해해 주었습니다.

언제나 변함없는 나의 남편, 그리고 사랑하는 딸 레아. 파인탑에서 나와 함께했던 모든 일들에 대해 고마운 마음을 전합니다.

내가 다시 글을 쓰도록 도와준 스티브 로브, 그리고 마지막으로, 작가가 함께 공유할 가치가 있는 메시지를 창작하는 사람인 것을 믿어 준 베다니하우스출판사의 직원 여러분에게 감사드립니다.

차 례

하나님께서는 완벽하지 못한 그릇들을 어떻게 사용하실까?

이번 주의 주제

· · · ·

하나님께서는 어떻게, 왜 완벽하지
못한 그릇들을 사용하실까?

이번 주의 핵심 성경 구절

· · · ·

"여호와의 말씀에
내 생각은 너희 생각과 다르며 내 길은 너희 길과 달라서
하늘이 땅보다 높음같이 내 길은 너희 길보다 높으며
내 생각은 너희 생각보다 높으니라" (사 55:8-9)

첫 · 째 · 날

완벽해져야 할 필요가 있을까?

　만약 당신이 찾고 있는 책이 오늘날 가장 존경받는 그리스도인 여성들 중 한 사람에 의해 씌어진 것으로서 20여 년이 넘는 결혼 생활 동안 남편과 단 한 번도 부부싸움을 해 보지 않은 이상적인 그리스도인의 경험을 토대로 한 내용이라면, 만약 큰 소리 한 번 내지 않고 아이들을 완벽하게 양육하며 티끌 하나 없이 깨끗이 집안 청소를 하는, 살림법 하나로 억만 장자가 된 마사 스튜어트(Martha Stewart)가 부끄러워할 만큼 가정을 잘 꾸려 나가는 완벽한 어머니에게서 노하우를 배우고 싶은 것이라면, 만약 손수 옷을 지어 입고 때마다 직접 만든 멋진 선물을 나누어 주고 새벽에 일어나서 5마일 정도 조깅을 하고 집으로 돌아와서 남편이 출근하기 전까지 빵을 굽는 일까지 완벽하게 마치고 찬장 속까지 완벽하게 정리 정돈을 하는 여성의 지혜가 담긴 글을 읽고 싶다면, 만약 널리 사랑을 받고 있고 만나는 모든 사람들에게 존경의 대상이 되고 있는 여성의 내면에서 발산되는 향기를 맡아 보길 원한다면, 만약 25년 동안 이웃을 위해 성경 공부를 인도하면서 400명의 여성을 그리스도께 인도한 여성의 발자취를 따라가 보고 싶다면 미루지 말고 즉시 이 책을 덮으십시오.

그러나 완벽한 여성들의 협회 같은 곳에서 사용하는 기준으로 볼 때 꼴찌에서 2퍼센트 정도의 그룹에 포함될 만큼 일류와는 상관없는 여성이 쓴 글을 기꺼이 읽고 싶다면, 며칠 동안 설거지도 제대로 하지 않은 채 글을 쓰면서 다섯 살 난 딸이 유리 광택제로 창문을 닦는 모습을 지켜보고 있는 여성의 글을 읽기를 원한다면 커피를 한 잔 따르고 자리에 앉으십시오. 당신은 나와 함께 지금부터 신나는 여행을 시작하게 될 것입니다.

이 책은 당신이 나와 같은 사람이 되어야 한다고 강조하고 있지 않습니다. 이 책은 내가 모든 진리를 깨닫고 받아들이게 되어 마침내 여러분에게 최고의 영성에 이르는 열 가지 지침을 전하려는 글이 아닙니다. 나 스스로가 하나님께서 쓰실 수 있는 그릇의 본보기라고 생각하여 쓴 글도 아닙니다. 오히려 그와는 정반대입니다. 내가 이 책을 쓴 까닭은 하나님께서 쓰실 수 있는 그릇이 되어 간다는 것이 내가 상상했던 것보다도 훨씬 더 힘들고 개인적으로 고통스러운 여행이기는 했지만, 여전히 그 고통을 극복하고 하나님의 그릇이 되기를 원하는 나 같은 사람도 있다는 것을 알리기 원했기 때문입니다. 또한 그로 인해서 내가 누려 온 평안을 여러분도 함께 누리게 되기를 원하기 때문입니다.

여러분이 꼭 기억해야 할 흥미로운 진리는 바로 이것입니다. 바로 하나님께서는 당신과 나처럼 완벽하지 못한 그릇들을 쓰실 수 있는 분이라는 사실입니다. 하나님께서는 종종 이 세상 가운데 하나님의 뜻을 이루기 위해 가장 보잘것없는 이들을 기꺼이 선택하십니다. 주위의 모든 사람들이 나를 향해 가장 형편없는 사역 후보자라고 말한다 해도, 하나님께서 나를 새 일꾼으로 사용하실 수 있다는 사실은 정말 기쁜 소식이 아닐 수 없습니다. 하나님께 내가 누구인가 하는 점은 문제가 되지 않습니다. 하나님 앞에 우리의 삶을 드리기만 하면, 그 순간부터 하나님께서 쓰실 수 있는 그릇이 되는 것입니다.

지금부터 10주 동안 **매일** 시간을 떼어 하나님 아버지와 당신의 관계를 돈독히 다져 나가는 일에 투자해 보시기 바랍니다.

이 책은 일주일 중 5일 동안, 매일 10분 내지 20분 정도의 시간을 내어 공부할 수 있도록 구성되어 있습니다. 그리고 한 주에 한 번씩 여성들로만 구성된 소그룹에 책임감을 가지고 참석해서 함께 의견을 나누고 서로를 위해 격려하며 기도에 힘써야만 합니다. 또한 무엇보다 중요한 것은 그 주간에 필요한 성경 구절을 꼭 외워야 한다는 것입니다. 당신의 편의를 돕고자 이 책 뒤편에 따로 사용할 수 있는 성경 암송 카드를 마련해 놓았습니다. 이 카드를 지갑에 넣고 다니면서 틈틈이 시간을 내어 다시 꺼내 보십시오. 아니면 냉장고 문이나 싱크대, 또는 매일 아침 사용하는 욕실 거울 등 눈에 잘 띄는 곳에 여분의 카드를 붙여 놓으십시오.

10주 동안은 당신의 삶 속에서 이 공부가 최우선이 될 수 있기를 바랍니다. 집안 청소는 잠시 미루어 두십시오. 과자는 다른 사람이 구울 수도 있습니다. 좋아하는 텔레비전 프로는 우리의 이 여정이 끝나고 난 뒤에도 계속될 것입니다. 그러나 이렇게 준비를 하고 시작한다 해도 공부를 하다 보면 정신없이 바쁜 주도 있기 때문에 매일 주어진 분량을 끝마치는 것이 매우 어려울 수 있으리라는 사실도 이해합니다. 그럴 때는 억지로 진도를 나가지 말고 그 주의 첫째 날 분량을 집중적으로 보십시오. 매주 첫째 날 과정에는 그 주간의 주제가 소개되어 있기 때문입니다. 그리고 다섯째 날을 보십시오. 그 주의 공부가 잘 정리되어 있습니다. 그런 후에 그 주의 남은 날 동안은 시간이 허락하는 대로 이 책을 보다 더 깊이 이해하도록 힘쓰십시오. 다시 한 번 강조하지만 매주 있는 그룹 모임의 직전에 한꺼번에 벼락치기로 공부하기보다는 매일 그날의 과정을 공부하는 것이 이 책을 가장 효과적으로 사용하는 방법입니다.

이 책을 통한 공부는 여러분을 완벽하게 만들어 줄 수도 없고, 또한 공부하는 것이 결코 쉽지도 않을 것입니다. 그러나 나는 약속드릴 수 있습니다. 여러분은 하나님께서 쓰실 수 있는 **그릇이 되어** 가는 것의 가치와 가능성, 그리고 거기에 따르는 도전과 즐거움을 충분히 이해하고 누릴 수 있게 될 것입니다.

1. 우리가 완벽할 때에만 하나님께서 쓰실 수 있는 그릇이 될까요? 당신의 자격 여부에 관한 다른 이들의 의견이 과연 어느 정도나 중요하다고 생각하십니까?

2. 하나님께서는 과거에 어떤 방법을 사용하여 당신을 다른 이들의 삶에 변화를 가져오는 그릇으로 사용하셨습니까? 마음에 떠오르는 사람들의 이름을 나열해 본 뒤 그들의 삶에서 당신이 하나님의 택하신 그릇으로 사용된 것을 감사하십시오.

3. 하나님께서 쓰실 수 있는 그릇이 된다는 의미를 확실히 이해하기 위해 이 책을 공부하는 데 최선을 다할 것이라는 각오를 시작으로, 하나님께 올리는 헌신의 기도를 적어 보십시오.

4. 책 뒤에 있는 성경 암송 카드를 오려서 지금부터 바로 암송을 시작하십시오.

5. 만일 소그룹을 통해서 이 책을 공부할 수 없는 상황이라면 함께 공부할 수 있는 친구를 찾으십시오. 그리고 매주 함께 책임감을 가지고 기도와 격려를 나눌 수 있는 시간을 정하십시오.

6. 오늘의 공부를 통해서 얻은 중요한 교훈은 무엇입니까?

요점 정리

• 하나님께서 사용하실 수 있는 그릇이 되기 위해서 완벽해질 필요는 없습니다.
• 이 공부를 위해서 당신이 들이는 시간, 기도, 노력과 당신의 영적 성장의 크기는 정비례할 것입니다.

둘 · 째 · 날

나를 위해 마련된 자리가 있을까?

　하나님의 원대하신 계획에 당신의 어떤 면이 적합한가를 생각해 본 적이 있습니까? 당신을 위한 자리가 정말 마련되어 있을까 하고 생각해 본 적이 있습니까? 아마도 자신이 어떤 종류의 그릇인가에 대해서 생각할 때면, '상처받은' '결점투성이인' '좌절한' '죄로 얼룩진'과 같은 단어들이 떠오를 것입니다. 아마도 자기 스스로를 먼지가 수북이 쌓일 정도로 오랫동안 방치된 선반 위의 단지나 길가에 버려진 찌그러진 양동이처럼 느낄 수도 있을 것입니다. 혹은 자기 자신이 멋진 크리스털 꽃병처럼 멀리서는 멋지게 보이고 사람들로부터 존경을 받지만, 가까이서 보면 위에서 아래까지 금 가지 않은 곳이 하나도 없는 존재라고 생각할 수도 있을 것입니다. 아무리 노력해도 꽃에게 생명을 주는 것은 고사하고 새는 물조차도 막을 수 없는 꽃병처럼 말입니다.

하나님께서 쓰실 수 있는 그릇이 되어 가는 방법을 말하고 있는 이 책을 손에 들고, 당신은 어쩌면 이런 생각을 할 것입니다. '내 그릇의 됨됨이를 도무지 알 수가 없어. 무슨 일에 쓰임받을 수 있을지 나 자신도 잘 모르는데 이런 나를 하나님께서 어떻게 쓰실 수 있단 말인가?' 만일 그렇게 생각하고 있다면 혼자서 체념하지 마십시오. 내가 10주로 구성된 이 성경 공부를 처음으로 시작했을 때 많은 여성들이 자신의 그릇 됨됨이에 대한 확신, 즉 하나님께서 자신들을 어디에 어떻게 사용하실지에 대한 확신을 갖지 못하고 있는 것을 보았습니다. 또 어떤 여성들은 영적인 재능을 받을 수 있는 방법을 알려 주는 강의를 기대하고 있었습니다. 재능과 달란트를 발견하는 방법에 관한 훌륭한 책들이 많이 나와 있지만, 이 책은 그러한 주제를 다루고 있지 않습니다. 왜냐하면 만일 우리가 하나님께서 쓰실 수 있는 그릇으로써의 삶을 살지 않는다면, **우리에게 부여된 재능에 대한 이해는 부차적인 문제이기 때문입니다.** 하나님께서 어떻게, 그리고 왜 우리와 같은 연약한 인간들을 통해서 사역을 하시는지 그 까닭을 이해하게 될 때 비로소 당신은 인생의 전환점을 맞이하게 될 것입니다. 이 두 가지를 이해하게 되면 하나님께서는 전혀 예상조차 못했던 수많은 놀라운 방법으로 당신을 사용하실 것입니다. 하나님의 생각은 당신의 생각과 다르며, 하나님의 방법은 당신의 방법과 다르다는 진리를 깨닫게 될 때, 당신은 그분이 쓰실 수 있는 그릇으로 변화될 수 있음을 나는 감히 약속할 수 있습니다. 그런 후에 당신이 영적 달란트에 관한 강의를 듣게 된다면 많은 것을 얻을 수 있을 것입니다. 그 주제에 관해서는 돈과 케이티 포튠(Don and Katie Fortune)의 저서 『영적 달란트의 발견』(*Your Spiritual Gifts*)을 추천해 드립니다.

그리스도인이 된 후에 나는 과연 하나님께서 나에게 주신 재능이 무엇인지, 내가 하나님께 어떻게 쓰임을 받을 수 있을 것인지에 대해서 확고한 개념을 세워 놓고 있었습니다. 하나님께서 나를 위해서 수많은 일들을 하셨기 때문에 나 역시 하나님께 뭔가 보답을 해 드리고 싶다는 것이 내가 가진 생각이었습니다. "모든 사람들이여, 이제 한 걸음 뒤로 물러나서 내가 과연 하나님을 위해 어떤 일을 할지를 지켜보라."라는 식의 태도 말입니다. 그러나 불행히도 하나님께 초점을 맞추거나 하나님께서 나를 통해서 하나님의 뜻을 이루시기를 바라기보다는, 그 모든 생각 속에서 나 자신을 주인공으로 만들었고 내가 하나님을 위해서 뭔가 큰일을 하기 원했습니다. 사역에 있어서 이 두 가지 접근 방법의 차이점을 이해하는 것이야말로 바로 이 공부의 핵심 부분이라고 할 수 있습니다.

왜 하나님께서는 다른 사람들만 쓰시는 것일까? 나에게 도대체 무슨 문제점이 있단 말인가? 오랜 시간 동안 나는 이 문제로 고민해 왔습니다. 내 마음 깊은 곳에서는 하나님의 사역의 통로가 될 때만 느낄 수 있는 중요한 어떤 것을 갈망하고 있었습니다. 어떤 여성들은 다른 이들을 위한 사역에 그토록 크게 쓰임을 받는데 나는 왜 이다지도 무능할까라는 느낌을 나 스스로 갖곤 했던 것입니다.

그렇다고 해서 내가 아무런 노력도 하지 않았던 것은 결코 아닙니다. 하지만 나의 노력은 하나님의 뜻과는 정반대의 것이었습니다. 내가 가진 유일한 것은 넘치는 힘과 하고자 하는 의지뿐이었기 때문에 나는 기회가 되는 한 모든 사역에 자신을 바쳤습니다. 서너 살짜리 아이들을 위한 여름성경학교를 열어서 교육을 하기도 했고, 친교위원회 활동의 일환으로 맛있는 음식을 만들거나 과자를 굽기도 했습니다. 그렇게 예쁘게 보이지는 않았지만 내 손으로 직접 젤리를 만들기도 했습니다. 새신자 환영위원회를 대표해서 새신자들을 우리 집으로 초대하기도 했고, 우리 교회의 기준으로 보았을 때 대단히 즐겁고 멋진 친교 모임을 계획하기도 했습니다.

나의 주일학교 교사로서의 경력은 유치부에서 중등부·고등부까지 총망라하게 되었습니다. 그 후 나는 청소년을 위해 봉사를 하였고 비단 주일날 아침뿐 아니라 그보다 훨씬 더 많은 시간을 봉사에 바쳤습니다. 학생들과 학부모들을 우리 집으로 초대하기도 했으며, 한 주 내내 학생들과 일 대 일로 면담을 하기도 했습니다. 그리고 그들이 당면하고 있는 어려운 상황을 고려한 맞춤형 성경 공부도 개발했습니다. 학생들이 아르바이트를 하는 곳으로 그들을 직접 찾아간 적도 있었습니다. 많은 십 대 학생들이 대형 쇼핑센터에서 아르바이트를 했기 때문에 오히려 이 방법이 학생들을 만나는 데는 편했습니다. 또 학생들이 일자리를 얻을 수 있도록 힘을 써 주기도 했고 심지어는 우리 집 일을 할 수 있도록 고용하기도 했습니다. 학생들을 크리스천 록 콘서트에 데리고 갔던 일, 비가 오는 날씨에도 불구하고 캠프에 데리고 갔던 일도 기억이 납니다.

　　나는 또 자원해서 선교위원회의 위원장 직분을 맡았습니다. 그리고 선교의 이유와 방법, 역사와 미래에 관한 책을 수십 권씩 읽었습니다. 남편과 나는 선교사를 위한 만찬회에 참석했으며, 선교사들을 우리 집에 초대하기도 했습니다. 그때 우리는 선교사들을 위해 매달 후원금을 보내기로 했는데, 그것이 지금까지도 이어지고 있습니다. 나는 선교사 열두 가정과 지속적으로 서신을 교환하면서 몇 명의 십대 학생들이 단기 선교 여행을 떠나도록 주선을 하기도 했습니다.

　　남편과 나는 지금까지 거의 10년 동안 우리 집에서 작은 규모의 성경 공부 모임을 갖고 있습니다. 또한 우리는 빌리 그래함 전도 집회가 우리 마을에서 열렸을 때 그 집회를 위해서 일하기도 했습니다. 나는 구원의 계획과 전도 폭발에 관련된 모든 성경 인용 구절을 외웠습니다. 그리고 한 주 동안 매일 이웃 사람들, 그리고 함께 일하는 동료들에게 성경 구절을 적어서 건네주었습니다. 나는 조쉬 맥도웰(Josh Mcdowell, 기독교 변증학 분야의 대가—역자 주)도 부끄럽게 할 만한 변증적 재능으로 기독교 신앙의 장점에 대해 토론을 벌이기도 했습니다. 나는 그리스도를 믿는 삶의 기쁨들을 열정적으로 선전했습니다. 교회와 전도 집회 등 나는 하나님께서 일하시는 곳이면 어디든 사람들을 초대하였습니다.

내게 주어진 또 하나의 특별한 프로젝트는 바로 우리 가족이었습니다. 나의 친정에는 부모님과 일곱 명의 형제자매가 있습니다. 그리고 올케와 형부, 결혼하지 않은 언니와 오빠의 애인들, 조카들, 사돈 등 많은 친지가 있습니다. 나는 그들을 위해서 수없이 눈물을 흘리며 기도했고, 특별한 프로그램을 계획하고 실천했습니다. 심지어 나는 가족과 친지들에게 신앙을 입증하고자 눈부실 정도로 훌륭하게 성령의 역사하심을 흉내 내기까지 했으며, 그렇게 해서 그들을 거의 천국 문 앞까지 끌고 갔습니다. 마침내 하나님께서는 우리 가족에게 자비를 베푸셨습니다. 바로 나를 친정에서 먼 다른 주로 이사가도록 하셨던 것입니다.

그러나 지금까지 말씀드린 내용들은 그렇게 중요한 것이 아닙니다. 아마 눈치를 채셨겠지만, 열정적으로 일했다는 점에서 나는 그 누구에게도 뒤지지 않았습니다. 비록 능력은 되지 않았지만 말입니다. 그러나 내 노력에도 불구하고 하나님께서는 사람들의 삶 속에 정말로 날 사용하시는 것 같지 않았습니다. 물론 예상치 못했던 좋은 결과들이 있기도 했고, 가끔씩 내가 말하고 행했던 일들 중에서 효과가 나타나는 듯한 일들도 있기는 했습니다. 그러나 전심전력으로 일한 것에 비해 돌아오는 결과는 나를 몹시 우울하게 만들었습니다.

사실 하나님께서는 대개 나 때문에 역사하는 것이 아니라 나와 상관없이 그분의 일을 하셨습니다. 좌절감과 함께 나의 몸과 마음은 지칠 대로 지쳐 버렸습니다. 내가 가진 에너지를 천 가지도 넘는 엉뚱한 방향들로 분산시켜 보았지만 거의 열매를 보지 못했습니다. 그 후에 나타난 결과는 나를 둘러싸고 있는 쓰라림과 혼동, 좌절 그리고 내 뒤에 남겨진 성난 사람들뿐이었습니다.

그래서 나는 모든 것을 **그만두었습니다.**

위원회와 성경 공부, 주일학교와 선교 모임을 그만두었으며, 요리를 하고 카드를 보내는 일도 그만두었습니다. 그야말로 그동안 일던 회오리바람을 모두 잠재웠던 것입니다. 그런데 재미있는 것은 그 누구도 이러한 나에게 관심조차 보이지 않았다는 사실입니다. 그래서 교회에 나가는 것조차도 그만두었습니다. 솔직히 말하자면 그 당시 나는 살아가는 것조차도 포기했었습니다. 정말 그랬습니다. 맥박이 뛰고, 숨만 들이쉬고 내쉴 뿐이었습니다. 나는 삶으로부터 철저히 잠수했습니다. 나 자신을 모든 사람, 모든 것으로부터 사실상 격리시켰습니다. **하지만 그것이 그리 고통스러울 것이라고는 생각지 않았습니다. 하지만 틀린 생각이었습니다.** 한때는 결실 없는 많은 활동들로 채워졌던 시간들이 이제 우울함과 절망으로 가득 차게 되었던 것입니다.

그러나 이렇게 모든 것을 그만두는 새로운 접근 방법 역시 효과가 없었습니다. 그래서 나는 새로운 목표를 세우기로 했습니다. 바로 성경 공부를 하기로 결심했던 것입니다. 나는 성경에 나오는 영웅들이 지니고 있는 공통점을 찾아내기로 했습니다. 도대체 어떤 훌륭한 점을 지니고 있었기에 우주를 다스리시는 하나님께서 그들을 통해 이곳 지상에서 사역을 하셨던 것일까?

그러나 내가 그 공부의 결과로 발견한 사실은 나의 고정관념을 깨뜨렸습니다. 한 마디로 성경은 우리가 상상조차 할 수 없는 가장 부적합한 사람들의 이야기라고 해도 과언이 아니었습니다. 가정주부나 선지자들로부터 매춘부와 살인자들까지, 누구든지 하나님께서는 완벽하지 못한 그릇들을 쓸 수 있으며 앞으로도 쓸 것이라는 사실을 믿는 사람이라면,

바로 그 사람을 통해서 하나님께서 역사하실 수 있다는 것을 발견한 것입니다. 스스로 사역을 결정하던 모습에서 벗어나 상하고 불완전한 그릇인 나 자신을 하나님께 의탁하자 그분은 내 삶을 통해 역사하시기 시작했습니다. 당신 손에 들려 있는 이 책이 바로 그 과정의 결실인 것입니다.

당신은 하나님께서 쓰실 수 있는 그릇이 되기를 원하십니까? 당신 자신의 위대한 계획은 포기하고 하나님께서 당신과 같은 불완전한 그릇을 통해서 역사하실 수 있다는 진리를 붙잡으십시오. 이 공부는 당신이 그런 과정을 통과할 수 있도록 길을 인도할 것입니다. 이 공부는 진실로 하나님께서는 누구이신지, 그리고 하나님의 피조물로서 당신이 누구인지를 이해하는 것에서 시작됩니다. 비록 당신이 마음속으로 꿈꾸던 삶은 아니겠지만, 하나님께서 당신을 창조하신 목적을 받아들이는 과정이 이 공부 속에 포함되어 있습니다. 하나님의 손길로 빚어진 당신이 쓰임받을 수 있는 그릇으로 변해 가는 방법을 배움으로써, 주님의 일이 더 이상 짐도 아니며 **반드시 해야만 하는 일**의 목록에 올라갈 필요도 없음을 알게 될 것입니다. 오히려 하나님의 목소리에 귀 기울이고 하나님의 인도를 따르는 것은 당신에게 쉬운 일이 될 것입니다.

이 책의 323쪽에는 하나님께서 쓰실 수 있는 그릇이 되기 위한 다섯 가지 필수 원칙에 관한 요점이 들어 있습니다. 나는 여러분이 공부를 해나가는 과정에서 이 다섯 가지 원칙들을 종종 되새겨 보기를 권합니다. 이 원칙들이 당신의 영혼에 깊숙이 스며들어서 당신의, 그리고 당신 그릇 됨됨이의 한 부분이 되기를 바랍니다. 그런 면에서 이 공부가 추구하는 핵심은 앞으로도 오랫동안 당신에게 남아 있을 것입니다. 이런 점이야말로 당신이 이 공부를 시작할 때 바라는 것이 아닌가 합니다. 하나님의 길로 가지 않는 자신을 발견했을 때는 잠시 멈춰 서서 언제, 어디에

서부터 하나님의 궤도를 벗어났는지 다섯 가지 필수 원칙에 비추어 생
각해 보십시오.

1. 당신 자신을 하나의 그릇으로 상상해 보십시오. 그리고 머릿속에 어떤 그
   릇의 모습이 그려지는지 글로 적어 보십시오.

2. 당신이 받은 영적 달란트가 무엇인지 아는 것과 당신에게 그 달란트를 주
   신 분이 누구이신지 아는 것, 이 둘 중에서 어떤 것이 더 중요합니까? 그
   이유는 무엇입니까?

3. 하나님을 위해서 우리가 어떤 일을 성취하는 것과 하나님께서 우리를 통해
   역사하실 수 있도록 자신을 내어 드리는 것은 어떤 차이점이 있을까요?

4. 위의 두 가지 중에서 그리스도인으로서의 당신의 삶을 더 잘 묘사하고 있
   는 것은 어느 쪽입니까?

5. 오늘의 공부를 통해서 배운 중요한 교훈은 무엇입니까?

📖 **요점 정리**

• 하나님께서 당신의 삶을 통해서 무엇을 이루고자 하시는 것을 이해하는 것은 당신이 하나님
을 위해서 무엇인가를 이룰 수 있다고 결심하는 것보다도 훨씬 더 중요합니다.

• 효과적인 사역을 위한 열쇠는 하나님께서 우리와 같은 불완전한 그릇을 통해서 어떻
게, 왜 역사하시는가를 이해하는 것입니다.

셋 · 째 · 날

기드온, 하나님께 합당한 사람

하나님께서 목적을 이루시기 위해서 가장 적합하지 않은 그릇을 쓰셨던 놀라운 예가 여기 성경에 나와 있습니다.

"여호와의 사자가 아비에셀 사람 요아스에게 속한 오브라에 이르러 상수리나무 아래 앉으니라 마침 요아스의 아들 기드온이 미디안 사람에게 알리지 아니하려 하여 밀을 포도주 틀에서 타작하더니 여호와의 사자가 기드온에게 나타나 이르되 큰 용사여 여호와께서 너와 함께 계시도다 기드온이 그에게 대답하되 나의 주여 여호와께서 우리와 함께 계시면 어찌하여 이 모든 일이 우리에게 미쳤나이까 또 우리 열조가 일찍 우리에게 이르기를 여호와께서 우리를 애굽에서 나오게 하신 것이 아니냐 한 그 모든 이적이 어디 있나이까 이제 여호와께서 우리를 버리사 미디안의 손에 붙이셨나이다 여호와께서 그를 돌아보아 가라사대 너는 이 네 힘을 의지하고 가서 이스라엘을 미디안의 손에서 구원하라 내가 너를 보낸 것이 아니냐 기드온이 그에게 대답하되 주여 내가 무엇으로 이스라엘을 구원하리이까 보소서 나의 집은 므낫세 중에 극히 약하고 나는 내 아비 집에서 제일 작은 자니이다 여호와께서 그에게 이르시되 내가 반드시 너와 함께하리니 네가 미디안 사람 치기를 한 사람을 치듯 하리라"(삿 6:11-16)

기드온이 선택된 데에는 몇 가지 중요한 교훈이 있습니다.

• **하나님께서는 자신감에 넘치는 사람을 찾지 않으십니다.**
기드온은 농사를 지어서 끼니를 잇는 평범한 농부였습니다. 그는 자신을 가장 별 볼일 없는 사람이라 여기고 있었습니다. 결코 잘난 체하며 자신에 대해 떠벌리는 일도 없었습니다. 하나님께서 이스라엘 민족들을 지금과 같은 고난에 처하게 만드신 것을 그가 어떤 식으로 원망하는지, 그리고 이스라엘 민족을 구원하고자 하는 하나님의 기꺼우신 마음과 소망에 대해서 그가 어떻게 의심하는지 잘 살펴보십시오. 하지만 그럼에도 불구하고 기드온은 하나님의 사역을 위한 일꾼이 되었습니다.

• **하나님께서는 우리들의 핑계에 별로 관심이 없으십니다.**
그러므로 우리의 약점이나 장애가 되는 것들을 늘어놓느라 하나님의 소중한 시간을 낭비할 필요가 없습니다. 하나님께서는 우리 자신들보다도 우리가 처한 상황을 더 잘 알고 계십니다. 하나님께서는 당신에 대해 완전히 알고 계십니다. 하나님께서는 성령의 도움을 통해서 당신이 무엇을 할 수 있을지 알고 계십니다. 하나님께서는 당신이 하나님의 능력을 힘입어 일을 완성할 수 있도록 당신을 부르십니다. 하나님께서 우리를 부르실 때 원하시는 것은 오직 우리의 순종입니다. 하나님께서는 사소한 모든 일까지도 책임지실 것입니다.

하나님께서는 기드온에게 말씀하십니다. "너는 이 네 힘을 의지하고 가서 …… 내가 너를 보낸 것이 아니냐" 비록 우리의 힘이 충분치 않음을 잘 알고 있다 하더라도 우리는 반드시 기드온처럼 행동해야 합니다. 해양경비대의 모토 중에 우리에게 아주 잘 적용되는 것 하나가 있습니다. "앞으로 나아가라. 다시 돌아오지 마라." 그렇습니다. 하나님께 순종하며 앞으로 나아가십시오. 그리고 당신이 다시 돌아와야 하는가에 대한 걱정은 하나님께 맡기십시오.

우리가 하나님께서 하시는 일에 동참할 수 있게 되었을 때 다른 모든 이들도 우리와 뜻을 함께하고 싶어한다는 사실이 놀랍지 않습니까? 우리는 이것을 기드온이 하나님께 순종했을 때 이스라엘의 지도자들이 취한 행동에서 생생하게 볼 수 있습니다.

"서로 물어 가로되 이것이 누구의 소위인고 하고 그들이 캐어 물은 후에 가로되 요아스의 아들 기드온이 이를 행하였도다 하고 성읍 사람들이 요아스에게 이르되 네 아들을 끌어내라 그는 당연히 죽을지니 이는 바알의 단을 훼파하고 단 곁의 아세라를 찍었음이니라 요아스가 자기를 둘러선 모든 자에게 이르되 너희가 바알을 위하여 쟁론하느냐 너희가 바알을 구원하겠느냐 그를 위하여 쟁론하는 자는 이 아침에 죽음을 당하리라 바알이 과연 신일진대 그 단을 훼파하였은즉 스스로 쟁론할 것이니라 하니라" (삿 6:29-31)

• 미리 모든 답을 기대하지는 마십시오.
기드온은 그의 아버지가 자신을 방어해 줄지의 여부를 알 수가 없었습니다. 기드온의 아버지가 기드온을 처형할 수도 있었다는 것은 부정할 수 없는 사실입니다. 왜냐하면 기드온의 행동은 완강한 반항 그 자체였기 때문입니다. 기드온의 말은 이런 것과 같습니다. "아버지 앞에서 감히 말씀드립니다. 아버지, 나는 아버지의 종교와 아버지의 지위, 그리고 아버지가 책임 맡고 있는 모든 것을 거부합니다." 기드온은 자신의 운명을 알 수가 없었습니다. 오직 하나님만이 이 일의 결과를 아시고 계셨습니다. 우리는 우리의 선택에 책임을 지지만, 그 결과에 책임을 지시는 분은 하나님이십니다.

• 사람들의 갈채에 귀 기울이지 마십시오.

만일 당신이 사람들의 갈채를 기대한다면, 결국 실망하게 될 것입니다. 당신이 그리스도께 순종하기를 결단하고 나설 때, 사람들로부터의 도움을 기대하지 마십시오. 심지어 당신의 가족이나 종교지도자라고 불리는 사람들에게도 그런 기대를 갖지 않기 바랍니다. 그들은 하나님께서 당신을 통하여 그분의 목적을 이루시려는 것을 오히려 완강하게 반대할 수도 있습니다. 기드온이 위대한 신앙의 도약을 이루는데 칭찬을 들은 적이 있었습니까? 전혀 그렇지 않았습니다. 그가 들은 것이라고는 비난과 목숨에 대한 위협뿐이었습니다. 하나님께서는 당신을 통해서 이룰 수 있는 일들이 무엇인지 정확히 알고 있으며 그것을 반드시 행하실 것입니다. 만일 당신이 하나님의 지시를 기꺼이 받아들인다면 말입니다. 한번 도전해 보시지 않겠습니까? 좋습니다. 하지만 갈채 소리에는 귀 기울이지 마시기 바랍니다.

1. 하나님께서 기드온을 불러서 어려운 사명을 맡기셨을 때, 그는 구체적으로 어떤 반대에 부딪혔습니까? 그러한 반대는 정당한 것이었습니까?

2. 기드온이 선택되었다는 사실로부터 우리가 배울 수 있는 네 가지 교훈은 무엇입니까?

3. 순종함으로써 하나님을 따를 것을 명하실 때, 당신이 하나님께 말씀드릴 수 있는 한계 상황에는 어떤 것이 있습니까?

4. 당신은 하나님께 순종했지만 돌아온 것이라고는 주위 사람들의 비난뿐이었던 적이 있습니까? 그런 경우를 말해 보십시오.

5. 오늘의 공부를 통해서 얻은 주요 교훈은 무엇입니까?

 요점 정리

- 하나님께서는 당신에 대해, 그리고 당신이 처한 상황에 대해 모두 알고 계십니다.
- 당신이 하나님의 권능에 완전히 자신을 맡길 때 하나님께서는 당신을 불러 자신의 사역을 완성시키십니다.
- 비록 당신의 능력이 부족하다고 느낄지라도 당신이 가진 능력 안에서 나아가십시오.
- 하나님께 순종하기를 결단했을 때 사람들이 당신을 도와줄 것이라는 기대는 하지 마십시오.
- 누가 당신을 보내셨는지 늘 기억하십시오.

넷 · 째 · 날

가장 적합하지 않은 후보자

몇 년 전, 하나님께서 전국 일간지에 다음과 같은 구인 광고를 내셨던 적이 있었습니다.

> 뻔뻔한 사람 구함. 막강한 고용주가 아름답고 젊은 유대인 아가씨와 복음을 나눌 수 있는 뻔뻔한 사람을 찾고 있음. 신청자는 누구나 환영함. 나이, 성별, 민족에 제한 없음. 다만 유대인의 정서에 기꺼이 맞설 수 있어야 함. 이런 어려운 임무에 관심 있는 사람은 기도를 통해서 하나님께 연락 바람.

물론 하나님께서 실제로 이러한 구인 광고를 낸 것은 아니지만, 만약 광고를 냈다면 아마 이런 식으로 하시지 않았을까 하는 생각이 듭니다. 그 당시 수잔이란 이름을 가진 젊은 유대인 아가씨는 절망적인 상황에 놓여 있었습니다. 수잔의 이야기를 들어 봅시다.

"내 약혼자는 야구 장학금을 받고서 일류 대학에 들어갔습니다. 그래서 저도 그 학교에서 공부하기로 결정을 했죠. 첫해에는 수업을 빼먹고 파티에 참석하면서 재미있고 신나게 기숙사 생활을 하느라 정신이 없었습니다. 학교 수업은 거의 받지 않았지만 일종의 인생 교육을 받은 셈이라고나 할까요? 예전의 나는 늘 신앙적으로 경건한 삶을 살고 있었습니다. 유대인 학교에 다녔고 기도도 많이 했었지요. 하지만 대학에 들어간 후로는 신앙과 담을 쌓고 살았습니다.

학교 도서관에서 마법에 대한 책을 보곤 하던 고등학교 시절이 생각납니다. 동양 종교나 초월적인 명상에 관해서도 배웠습니다. 그 뒤 나는 호기심을 자극하는 이야기를 하는 남자를 만나게 되었죠. 그는 자신의 사후 세계와 놀라운 영적 경험들에 관한 정말 믿기 힘든 이야기들을 늘어놓더군요. 그 사람은 저에게 『뉴 에이지로의 부활』(*Rebirthing in the New Age*)이라는 책을 한 권 주면서 바다가 내려다보이는 백만 달러짜리 집들이 즐비한 곳으로 저를 초대했습니다. 그들은 열탕 파티를 열었는데, 그것은 최면술과 뜨거운 목욕을 통해서 다시 태어나는 의식을 치르는 파티였습니다. 나중에 그는 자신들이 LSD라는 마약도 했다는 이야기를 하더군요.

언제나 내 주위에는 야구부 부코치와 같은, 혹은 야구 선수와 그 아버지 같은 정말 신실한 그리스도인들이 많이 있었습니다. 그분들은 저에게 진실한 사랑이 무엇인지를 보여 주었고, 나중에 알게 된 사실이지만 그들은 저를 위해서 줄곧 기도를 해 오고 있었습니다. 하지만 누구도 제게 결코 예수님에 대해서 말하지 않았고, 또한 예수님이 유대인의 메시아라는 주장으로 나와 맞서려고 하지 않았습니다. 아마도 나를 불쾌하게 하고 싶지 않았던 것이겠지요.

내가 뉴 에이지 그룹에 막 가입하려 하고 있을 때, 『뉴 에이지로의 부활』의 마지막 장을 읽고 있었습니다. 그 장에서 예수님은 하나의 위대한 선지자, 훌륭한 스승으로 설명되고 있었습니다. 문제될 만한 내용은 아니었습니다. 그러나 예수님에 대한 무엇인가가 그 페이지에서 나를 붙들고 있었습니다. 유대인인 내가 단 한 번도 생각해 본 적이 없는, 예수님이 누구이셨는가에 대한 문제로 인해 나는 복잡한 감정에 휩싸였습니다."

최근에 수잔은 남자친구와 헤어졌습니다. 모든 사람들이 수잔과 꼭 결혼하리라 예상했던 사람이었습니다. 수잔이 이별의 결정을 내리는 것은, 이별의 통보를 받는 일보다 더 힘든 일이었습니다. 수잔의 남자친구는 수잔을 몰래 따라다니기 시작했습니다. 그녀는 기숙사 방에 들어가서 문을 걸어 잠근 채 전화를 받는 것조차 두려워했습니다. 죄책감과 혼란이 그녀를 엄습했고, 거의 신경쇠약에 걸릴 지경에 이르렀습니다.

"나는 거의 한 주 동안 제대로 먹지도 자지도 못했습니다. 하루 종일 울기만 했지요. 그리고는 마침내 성경을 구하기로 결정했습니다. 하지만 나는 성경을 본 적도 없었고 어디서 구해야 할지도 몰랐습니다. 그래서 일반 서점을 찾아갔습니다. 정말 거기 성경이 있더군요. 그 후 나는 트리니티 방송(Trinity Broadcasting Network)을 알게 되었고 그 기독교 채널을 온종일 켜 두었습니다.

나는 제가 발견하게 되는 것들을 믿을 수가 없었습니다. 구약성경은 제가 이미 믿고 있는 진실들을 말해 주고 있었죠. 야곱의 열두 아들과 선지자들, 오랫동안 익숙하게 들어 온 명령들이 거기 들어 있었습니다. 그리고 나는 약속된 메시아에 관해서 읽기 시작했습니다. 그런데 이사야 53장을 읽는 중에 도저히 믿지 못할 일이 일어났습니다. 바로 예수 그리스도라는 분이 우리가 기다리던 메시아라는 사실을 알게 된 것이

죠. 그렇지만 우리 가족들은 뭐라고 말할까? 어떻게 내가 가족들의 마음을 이렇게 아프게 할 수 있을까?

나는 하나님께 울부짖었습니다. 그리고 저에게 말씀을 해 달라고 간구했습니다. 나는 이렇게 기도했습니다. '하나님, 당신께서 이제까지 저에게 주신 믿음에 등을 돌리고 싶지는 않습니다. 그렇다고 잘못된 믿음으로 인도되는 것도 원치 않습니다. 제발, 제발 저를 도와주세요.' 새벽 두 시로 기억됩니다. 나는 목욕용 가운을 입고 이불을 두른 채 마루 한복판에 앉아 있었습니다. 불빛이라고는 흐릿한 텔레비전 화면뿐이었죠. 텔레비전에서는 한 여성이 노래를 부르고 있었습니다. 그런데 그녀가 갑자기 카메라를 가리키면서 이렇게 말했습니다. '거기 젊은 아가씨가 있군요. 당신은 지금 한밤중, 칠흑 같은 어둠 속에서 앉아 있군요. 여기는 낮이에요. 하지만 우리 쇼는 녹화된 것이랍니다. 당신이 계신 곳은 밤이군요. 당신은 지금 가운을 입고 거실에 앉아서 이불을 덮고 있군요. 그리고 당신은 지금 하나님을 부르고 있지요. 그분은 당신의 기도를 듣고 계십니다. 어여쁜 아가씨, 하나님께서는 결코 당신의 곁을 떠나지 않으실 겁니다. 모든 일이 다 잘될 거예요. 하나님께서 당신의 기도를 듣고 계시니까요.'"

화면에 비친 그 여성은 유명한 텔레비전 부흥사인 태미 배커 (Tammy Bakker)였습니다. 그 순간 수잔은 그리스도를 영접했습니다.

"마치 누군가가 머리에서 발끝까지 내 몸 전체에 시원하고도 상쾌한 물을 퍼붓는 듯한 느낌이 들었습니다. 그 느낌은 오랫동안 지속되었어요. 하나님께서는 절망과 우울의 나락으로 떨어진 저를 한순간에 건져 주셨습니다. 죄 씻음을 받았다는 느낌이 들었습니다. 나는 알 수 있었어요. 그냥 알게 된 거죠."

수잔은 그때 일을 회상합니다. "그 후에 나는 태미 배커와 PTL 클럽

(1970~1980년대 미국 복음 전도에 있어서 가장 성공을 거둔 텔레비전 프로그램—편집자 주)에 관한 비판적인 말들을 듣게 되었죠. 그녀는 섹스 스캔들 때문에 기독교계에서 웃음거리가 된 것 같더군요. 나에게 일어났던 일도 스캔들이 발생한 도중에 일어났습니다. 이유야 어쨌든 그녀의 화장이나 헤어스타일도 나에게는 그다지 거슬리지 않았습니다. 이 세상에서 가장 진한 화장을 했다 해도 하나님께서 내 삶 속에서 역사하시는 데는 방해가 되지 않았을 겁니다. 그때 나는 한계점에 도달해 있었습니다. 생명 줄을 잡느냐 아니면 벼랑으로 떨어지느냐 하는 기로에 서 있었으니까요."

바로 이 점이 가장 중요합니다. 하나님께서는 원하는 사람이라면 누구나 쓰실 수 있습니다! 그분은 하나님이시기 때문입니다. 수잔은 진실로 그녀를 걱정해 주는 신실하고 사랑 가득한 그리스도인들에게 둘러싸여 있었습니다. 존경을 한 몸에 받는 캠퍼스 사역자들도 수잔의 주위에 늘 머물고 있었습니다. 하지만 하나님께서는 이번 임무 수행에 그분들을 사용하지 않으셨습니다. 그들이 다른 많은 분야에서 효과적으로 사역하고 있다는 것은 분명하지만, 이번처럼 특별한 경우에 하나님께서는 가장 뻔뻔한 인간을 찾는 것을 조건으로 하셨습니다. 그리고 태미 배커를 발견하셨던 것입니다.

자, 만일 내가 하나님을 위해 신입 사원을 뽑는 사람이라면, 그리고 태미 배커 같은 여성이 문 뒤에서 거들먹거리며 걸어 나온다면, '틀렸어, 틀렸어, 틀렸어.'라는 말이 저절로 튀어나올 것입니다. 하지만 하나님께서는 그녀를 쓰셨습니다. 나는 태미 배커를 인정하고 싶지도 않고 비난하고 싶지도 않습니다. 다만 그녀가 가장 **부적합한 그릇**이었다는 점을 말씀드리고 싶은 것입니다. 그리고 그것이야말로 정확히 이 이야기의 핵심입니다. 하나님께 백 퍼센트의 영광을 돌릴 수 있는 완벽한 시나리오를 인간적으로 설명하기란 불가능합니다. 그러나 하나님께서는 그러한 방식을 요구하십니다.

　또한 이 일은 우리가 흔들리고 쓰러질 때도 하나님께서 여전히 우리를 쓰신다는 사실을 다시 한 번 생각하게 합니다. 왜냐하면 우리 모두가 사탄의 공격에 늘 노출되어 있다는 것을 우리의 삶을 통해서 다른 사람들에게 경고해 줄 수 있기 때문입니다. 마음을 돌려 하나님께 향할 때 하나님께서 우리를 회복시켜 주신다는 것을 우리는 확실히 알 수 있습니다.

1. 하나님께서 사회적으로 스캔들을 일으켜서 물의를 빚고 있는 인물을 선택하여 상처받은 영혼을 천국으로 인도하셨다는 사실이 놀랍습니까? 그 이유는 무엇입니까?

2. 쓸모없는 당신을 하나님께 드릴 수 있도록 당신이 할 수 있는 일이 있을까요?

3. 하나님께서 당신의 삶 속에 역사하기 위해 가장 부적합한 사람들을 쓰셨던 경우가 있다면 그들은 누구입니까? 그때의 상황과 그 사람들이 당신을 어떻게 변화시켰는지 돌이켜 보십시오.

4. 오늘의 공부를 통해서 배운 중요한 교훈은 무엇입니까?

 요점 정리

• 하나님께서 인간이라는 그릇을 통하여 이 세상에 역사를 이루고자 하실 때, 하나님께서는 자신이 원하는 사람이면 누구나 쓰실 수 있습니다.

• 하나님께서는 때로 가장 부적합한 후보자를 선택하십니다. 그렇기 때문에 하나님께서는 홀로 영광을 받으십니다.

다 · 섯 · 째 · 날

불완전한 그릇이 남들보다
한 걸음 앞서 갈 수 있을까?

이번 주 동안 당신은 성경에서, 그리고 오늘날의 이야기들 속에서 하나님께서 쓰신 그릇들의 예를 보아 왔습니다. 이 책 전체의 기본 전제는 성경의 증거를 굳건한 기초로 한 전제, 즉 하나님께서는 하나님께 완전히 의지해야 한다는 것을 인정하는 불완전한 그릇들을 통해서 역사하신다는 것입니다. 비록 그 그릇들이 세상에서는 결코 선택받지 못한 사람들이라 할지라도 말입니다. 우리는 이 책을 통해서 이 주제를 계속 탐구해 나갈 것입니다. 이제 이 탐구를 시작하려 한다면, 하나님의 목적을 위해 사용되었다고 믿기 어려운 이들의 이름을 아래의 목록에서 읽어 보십시오.

- 야곱 – 사기꾼, 그리고 도망자. 자신이 원하는 아내를 얻기 위해서 14년 동안이나 노동을 해야 했다. 이스라엘 열두 지파의 조상이 되었다.
- 요셉 – 허풍쟁이며 버릇없는 무례한 아이라는 이유로 애굽에 노예로 팔려간 후 전과자가 되기도 했다. 하지만 이스라엘 열두 지파를 이루게 되었고, 그리스도의 조상이 될 자신의 가족을 구한다.
- 모세 – 살인자였으나 후에 양치기가 되었다. 겁이 많아서 하나님과 대화할 때 항상 시선을 다른 곳에 두어야 했지만, 결국 이스라엘 민족을 인도하여 노예에서 해방시키고 약속의 땅 경계까지 이끌어 냈다.
- 입다 – 기생의 아들. 이스라엘을 암몬에게서 구해 냈다.
- 라합 – 기생. 도덕적으로 피폐한 문화 속에서 문란한 삶을 살아왔으나 이스라엘 민족을 약속의 땅으로 인도하는 데 도움을 주는 중요한 역할을 하였다.
- 한나 – 나이가 많도록 자식을 낳지 못했으나 결국 구약 시대의 가장 위대한 선지자 중 한 사람인 사무엘의 어머니가 된다.
- 엘리 – 두 아들 홉니와 비느하스로 인해서 제사장으로서의 명성을 잃게 된 인물이지만 다윗의 영적 멘토이자 스승이 된 사무엘에게 영적 아버지가 된다.
- 다윗 – 미천한 목동이었으며 자신의 가족 가운데 막내였다. 이후 간음죄와 살인죄를 저지르지만 결국 이스라엘의 가장 위대한 왕이 되었으며, 가장 아름답고 위로와 영감을 주는 성경 본문을 집필했다.
- 에스더 – 이방인과 결혼한 노예 소녀. 대량 학살의 절박한 운명에 처해 있던 하나님의 백성을 구하게 된다(그 당시 여성들은 존중받지 못했으며 이방인과 결혼한다는 것만으로도 비난의 대상이 되었다는 점을 기억해야 한다).
- 마리아 – 미혼인 농부의 딸로서, 예수님의 어머니가 된다.
- 마태 – 경멸의 대상이었던 세리이며 유대인을 박해하던 대표적 인물이었으나 후에 예수의 사도로서 신약성경의 첫번째 책을 쓰게 된다.
- 베드로 – 성격이 급한 노동자 계층의 어부였다. 예수의 사도가 된 그

는 초기 교회를 이끌었고 신약성경 중 두 개의 서신을 썼다.
- 바울 – 초기 교회의 악명 높은 박해자이며, 기독교의 첫번째 순교자가 돌로 처형당하는 모습을 지켜본 목격자였으나, 이방인에게 복음을 전하는 사도가 되어 그 누구보다도 신약성경의 많은 부분을 집필했다.

하나님께서 불완전한 그릇들을 어떻게 쓰시는지 우리는 이미 보아 왔습니다. 그렇다면 '왜?' 라는 의문이 자연스럽게 생기기 마련입니다. 왜 하나님께서는 완벽한 사람들을 선택하시지 않는 것일까요? 첫째, 성경은 **모든 사람들은 죄인이며 하나님께 영광을 돌리기에는 턱없이 부족하다는** 사실을 말해 주고 있습니다. 자신이 완벽하다고 주장하는 사람들, 죄가 없다고 주장하는 사람들은 모두 스스로를 속이는 자들이며 진리가 그들 안에 거하지 않기 때문입니다.

둘째, 세상 사람들이 바보로 여길 만큼 가장 부적합한 그릇들을 선택함으로 하나님께서는 사람들의 눈에 어리석어 보이는 하나님의 계획이 어떤 인간의 지혜보다도 현명함을 보여 주고 계십니다. 사람들은 **하나님만이 할 수 있는** 어떤 것, 즉 완전치 못한 사람들을 통해서 하나님의 일을 이루어 나가시는 것을 볼 때 천국으로 눈을 돌릴 수 있게 됩니다. 그럼으로써 하나님께서는 영광을 받으시고, 사람들은 창조주와 올바른 관계를 회복하게 되는 것입니다.

위의 시나리오 중 몇 가지가 다르게 전개되었다고 한번 생각해 봅시다. 어떻게 사람들이 영광을 취할 수 있었을까요? 야곱은 아버지 이삭에게 늘 기쁨을 주는 존재였고, 이삭이 기꺼이 그에게 축복을 주었다고 가정해 봅시다. 그래서 결코 도망갈 필요도 없었고 라반의 밑에서 힘든 노동을 하면서 참고 견딜 필요도 없었다고 한다면, 흔히 그렇듯 야곱은 아마 이웃집 아가씨와 결혼을 하여 아이들도 낳았을 것입니다. 운 좋은 사나이의 이야기가 되었겠지만 따분하게 들렸을 것입니다.

모세는 바로의 궁전에 살면서 권력을 이용하여 히브리 노예들에게 무기를 몰래 빼돌릴 수도 있었을 겁니다. 그리고 비밀리에 용사들을 훈련시켜서 게릴라 부대를 결성한 뒤 이집트 지배자들에 맞서서 유혈 폭동을 일으킬 수도 있었을 것입니다. 그러면 수천 명의 사람들이 목숨을 잃고 소수의 사람들만이 살아남아 도망을 갔을지도 모릅니다. 전염병도, 홍해의 갈라짐도 없고, 바로의 궁전에서 반역자도 나오지 않았을 수 있었겠지요.

사무엘을 훈련시키는 사람으로 선택된 엘리는 아들들과 함께 훌륭한 일을 했기 때문에 완벽한 아버지가 될 수도 있었습니다. 그랬다면 하나님께서는 한밤중에 사무엘과 대화를 나누지도 않으셨을 것입니다. 그리고 엘리가 하나님의 뜻과 방법에 관해 사무엘이 알고 싶어하는 모든 것을 가르쳤다고 가정해 봅시다. 그렇게 흥미진진하지는 않군요!

예수님은 가장 똑똑하고 권력이 있는 훌륭한 바리새인들 중에서 열두 제자를 선택하실 수도 있었습니다. 구약성경에 대한 놀라운 지식과 함께 권력을 갖고 있었던 그들은 예수님이 바로 그토록 기다리던 메시아라는 것을 유대인들에게 확증했을 것입니다. 그러나 기억하십시오. 청중들이 예수님을 십자가에 못 박아야 한다고 울부짖도록 영향력을 행사한 배경에는 바로 바리새인들이 있었습니다. 예수님은 왜 제대로 교육받지 못한 어부와 비천한 세리를 택하셨을까요? 그리고 왜 십자가형을 선택하셨을까요?

자, 당신도 생각해 보았을 것입니다. 이 모든 가정의 해답은 **바로 하나님만이 홀로 모든 영광을 받을 자격을 갖고 계시다는 것입니다.** 어떻게, 왜 하나님께서 완전치 못한 그릇을 쓰시는가를 이해하게 되면, 하나님께서 당신을 쓰실 수 있고 또한 쓰실 것이라는 사실을 알게 됨으로써

보다 큰 믿음과 자신감을 얻게 될 것입니다.

1. 오늘 공부한 내용 중에서 부적합한 그릇들 중 한 사람을 찾아보십시오. 아래에 그 이야기를 요약해서 적고 난 뒤에 어떤 점이 그들을 부적합하게 보이게 했는지 그리고 결과적으로 하나님께서 어떻게 특별한 영광을 받게 되셨는지 적어 보십시오.

2. 당신의 삶을 돌이켜 보십시오. 하나님께서 당신에게 역사하기 위해 쓰신 그릇이 되었던 사람들을 생각해 보십시오. 그 사람들의 이름을 적고, 그들이 어떻게 쓰임을 받았는지 적어 보십시오. 다섯 사람 이상을 생각해 보십시오.

3. 오랫동안 소식이 끊겼던 사람으로부터 하나님께서 그 사람의 삶이 변화되도록 당신을 사용하셨다는 내용의 편지를 받는다면 매우 기쁠 것입니다. 물론 당신도 할 수 있습니다! 지금 당장 다른 사람의 인생에 기쁨을 가져다주도록 노력하시기 바랍니다. 얼마나 많은 사람들에게 선한 영향을 미칠 수 있는지 표로 만들어 보십시오. 어떤 경우에는 불가능할 수도 있을 것입니다. 격려해 줄 수 있는 사람의 이름을 한 사람 이상 적어 보십시오.

4. 오늘의 공부에서 얻은 중요한 교훈은 무엇입니까?

5. 이번 주의 핵심이 되는 내용은 무엇이었습니까?

 요점 정리

• 역사를 통해서 볼 때 하나님께서는 불완전한 그릇을 선택하여 하나님의 목적을 이루셨습니다.
• 비록 당신이 불완전한 그릇이라 할지라도 하나님께서는 당신의 삶을 통해서 역사하십니다.

하나님 한 분만을 의지하자

이번 주의 주제

·
·

오직 하나님만 의지하고

하나님께로부터 오는 자신감 속에서

살아가는 법 배우기

이번 주의 핵심 성경 구절

·
·

"여호와의 눈은 온 땅을 두루 감찰하사

전심으로 자기에게 향하는 자를 위하여

능력을 베푸시나니" (대하 16:9)

하나님께로부터 오는 자신감

당신은 어떤 상황으로 인해서 예상되는 결과를 평가하기 위해 어떤 방법을 사용합니까? 한 가지 방법은 당신에게 감추어진 재능이 무엇인지 알기 위해서 스스로의 내면을 바라보는 것입니다. 이럴 때 당신의 대답은 주로 자기 이미지, 즉 당신이 자신과 자신의 능력을 어떻게 보고 있느냐에 달려 있습니다. 그러나 기드온의 삶을 볼 때, 긍정적인 자아상이 반드시 하나님을 섬기는 데 있어서의 필수 조건은 아니라는 것을 명백히 알 수 있습니다. 사실 **스스로에 대한 자신감**은 종종 하나님께서 쓰실 수 있는 그릇이 되는 데 주요 장애물로 등장하기도 합니다. 왜냐하면 스스로에 대한 자신감이란 사람들과 상황을 조절할 수 있는 자신의 능력을 신뢰하는 결과에서 나오는 것이기 때문입니다.

그 반면, 하나님께로부터 오는 자신감은 당신을 통해서 사람들과 상황을 인도하시는 하나님의 능력을 신뢰하는 것입니다. 하나님께로부터 오는 자신감을 가질 때 어떤 상황에서든지 하나님께서 그 일을 하실 수 있다는 사실을 기억하게 됨으로써 당신은 자신의 강점이나 약점에 대해서 잊을 수 있게 됩니다. 하나님께로부터 오는 자신감을 가질 때 당신은 자만심이나 자학으로부터 자유로워질 수 있게 됩니다. 그리고 원래의 주인이신 하나님께 그 결과를 맡김으로써 주변의 상황이나 다른 이들의 필요에 집중적인 관심을 가질 수 있습니다.

스스로에 대한 자신감과 하나님께로부터 오는 자신감, 이 두 가지 개념 사이의 차이점을 이해할 수 있습니까? 간단합니다. 한 가지는 자신에게 초점을 맞추는 것이며, 다른 하나는 하나님께 초점을 맞추는 것입니다. 세상적인 관점에서 훌륭하다고 평가되는 일을 성취해 내고 사람들의 박수를 받는 것보다 하나님께로부터 오는 자신감으로 영원을 위해 한 사람의 삶에 영향을 미칠 수 있는 일을 성취하는 것이 훨씬 더 가치 있는 일이라는 사실은 말할 필요도 없는 일입니다. **개인의 카리스마를** 바탕으로 거대한 교회들을 지어 온 사람들은 하나님의 왕좌 앞에 섰을 때 그들이 이루어 놓은 결과가 단지 건초더미나 그루터기에 지나지 않는다는 말씀을 듣게 될지도 모릅니다. 그것은 그들에게 있어서 엄청난 두려움의 순간일 것입니다. 하지만 이웃 여성들을 위해 말없이 사역한 겸손한 가정주부에게는 기쁨의 순간이 될 것입니다. 왜냐하면 그녀는 하나님의 영광을 위해서 하나님의 권능에 의지해서 일했기 때문입니다. 그녀가 받을 상은 매우 클 것입니다.

당신에게는 어느 것이 더 중요합니까? 일시적인 **결과**입니까? 아니면 영원한 보상입니까?

역대하 16장 8~9절에서 우리는 스스로에 대한 자신감과 하나님께로부터 오는 자신감 사이의 극명한 대조를 발견할 수 있습니다. 아사 왕이 승리를 얻기 위해서 하나님께 의지했을 때, 그는 구스 사람과 룹 사람의 막강한 군대를 패배시킬 수 있었습니다. 하나님께로부터 오는 자신감을 가지고 전쟁에 임했기 때문이었습니다. 그러나 유다의 적들과의 가장 최근의 전투에서 그는 자신의 영리함에 의지하게 되며 심지어는 이교도 국가에 도움을 청하기까지 합니다. 왕은 자신에 대한 자신감으로 움직였고, 성경에서는 이를 두고 아래와 같이 말합니다.

> "구스 사람과 룹 사람의 군대가 크지 아니하며 말과 병거가 심히 많지 아니하더이까 그러나 왕이 여호와를 의지한 고로 여호와께서 왕의 손에 붙이셨나이다 여호와의 눈은 온 땅을 두루 감찰하사 전심으로 자기에게 향하는 자를 위하여 능력을 베푸시나니 이 일은 왕이 망령되이 행하였은즉 이후부터는 왕에게 전쟁이 있으리이다 하매" (대하 16:8-9)

NIV Life Application Bible (Zondervan Publishing House)에서는 다음과 같은 주석을 덧붙이고 있습니다.

> 유다와 이스라엘은 결코 배운 적이 없었다. 하나님께서 그들이 수적으로 열세일 때(13:3ff, 14:9ff) 구해 내셨음에도 불구하고, 그들은 계속해서 하나님보다 이방 국가들로부터 도움을 구했다. 아사 왕이 아람으로부터 도움을 구했다는 것은 국가의 정신이 쇠퇴해 가고 있다는 증거다. 오직 하나님의 도움으로 아사 왕은 구스 사람들을 전투에서 물리칠 수 있었다. 그러나 하나님 안에서의 자신감이 사라져 버렸고, 그는 자신이 안고 있는 문제의 해답을 인간적인 데서 구하려 하였다. 인간을 수단으로 우리의 문제를 해결하는 것 자체는 죄가 아니다. 하지만 우리가 하나님을 믿는 것보다도 인간을 더 믿으며, 하나님의 방법보다도 그들을 의지하는 것이 낫다고 여기거나 하나님을 완전히 떠나겠다는 생각을 할 때 그것이 바로 죄가 되는 것이다.

오늘날 우리에게도 이것은 진리입니다. 우리가 자신에게 의지하거나 인간적인 해답만을 구할 때, 즉 하나님의 요인들을 잊어버릴 때 어리석은 행동을 하게 됩니다. 교만한 태도의 결과로 우리는 주위 사람들과 한바탕 전쟁을 치르게 되는 것입니다. 하나님께서 우리를 위하여 기꺼이 사역을 위한 재능을 부여해 주시는데 왜 우리는 바보처럼 우리 자신과 우리의 재능만을 구하고 있는 것일까요? 우리가 하나님 안에서 오직 하나님 안에서 자신감을 펼칠 때 하나님께서는 비로소 우리를 굳건히 세우고 우리를 위하여 싸우십니다(출 14:14). 이것이야말로 가장 훌륭한 전략입니다.

1. 하나님께서는 아사 왕과 그 민족이 망령되이 행하였다고 말씀하셨습니다. 무엇 때문에 그렇게 말씀하셨습니까?

2. 그들의 어리석은 결정의 결과는 무엇이었습니까?

3. 스스로에 대한 자신감과 하나님께로부터 오는 자신감 사이의 차이점은 무엇이라고 이해하고 있습니까?

4. 어느 표현이 당신을 가장 잘 묘사하고 있습니까? 스스로에 대한 자신감입니까? 아니면 하나님께로부터 오는 자신감입니까? 그렇게 대답한 특별한 이유를 말해 보십시오.

5. 오늘의 공부를 통해서 배운 중요한 교훈은 무엇입니까?

 요점 정리

• 스스로에 대한 자신감은 사람들이나 상황을 나 자신의 능력으로 다룰 수 있다고 믿는 것을 말합니다.
• 하나님께로부터 오는 자신감은 하나님의 능력이 나를 통해서 사람과 상황을 다루신다고 믿는 믿음입니다. 하나님께로부터 오는 자신감을 가질 때, 나는 나 자신의 영광을 잊을 수 있으며 주변의 일에 눈을 돌릴 수 있게 됩니다.

둘·째·날

라합의 특별한 점

앞으로 며칠 동안 우리는 라합의 삶에 대해 시간을 두고 면밀히 살펴볼 것입니다. 라합은 성경 안에 등장하는 인물 중에서 내가 가장 좋아하는 인물 중 한 사람입니다. 따라서 라합의 삶을 돌아보는 것이 당신에게 용기를 주는 경험이 되기를 나는 희망하고 있습니다. 오늘 당신이 해야 할 과제는 아래의 글을 단순히 반복해서 읽는 것입니다. 그리고 그 다음에는 라합의 경력과 인격, 용기와 믿음 등 당신이 라합에게서 배울 수 있는 점들을 모두 기록하십시오. 다음의 말씀은 라합이 처음 등장하는 장면을 묘사하고 있습니다.

"눈의 아들 여호수아가 싯딤에서 두 사람을 정탐으로 가만히 보내며 그들에게 이르되 가서 그 땅과 여리고를 엿보라 하매 그들이 가서 라합이라 하는 기생의 집에 들어가 거기서 유숙하더니 혹이 여리고 왕에게 고하여 가로되 보소서 이 밤에 이스라엘 자손 몇 사람이 땅을 탐지하러 이리로 들어왔나이다 여리고 왕이 라합에게 기별하여 가로되 네게로 와서 네 집에 들어간 사람들을 끌어내라 그들은 이 온 땅을 탐지하러 왔느니라 그 여인이 그 두 사람을 이미 숨긴지라 가로되 과연 그 사람들이 내게 왔었으나 그들이 어디로서인지 나는 알지 못하였고 그 사람들이 어두워 성문을 닫을 때쯤 되어 나갔으니 어디로 갔는지 알지 못하되 급히 따라가라 그리하면 그들에게 미치리라 하였으나 실상은 그가 이미 그들을 이끌고 지붕에 올라가서 그 지붕에 벌여 놓은 삼대에 숨겼더라 그 사람들은 요단 길로 나루턱까지 따라갔고 그 따르는 자들이 나가자 곧 성문을 닫았더라 두 사람이 눕기 전에 라합이 지붕에 올라가서 그들에게 이르러 말하되 여호와께서 이 땅을 너희에게 주신 줄을 내가 아노라 우리가 너희를 심히 두려워하고 이 땅 백성이 다 너희 앞에 간담이 녹나니 이는 너희가 애굽에서 나올 때에 여호와께서 너희 앞에서 홍해 물을 마르게 하신 일과 너희가 요단 저편에 있는 아모리 사람의 두 왕 시혼과 옥에게 행한 일 곧 그들을 전멸시킨 일을 우리가 들었음이라 우리가 듣자 곧 마음이 녹았고 너희의 연고로 사람이 정신을 잃었나니 너희 하나님 여호와는 상천하지에 하나님이시니라 그러므로 청하노니 내가 너희를 선대하였은즉 너희도 내 아버지의 집을 선대하여 나의 부모와 남녀 형제와 무릇 그들에게 있는 모든 자를 살려 주어 우리 생명을 죽는 데서 건져내기로 이제 여호와로 맹세하고 내게 진실한 표를 내라 두 사람이 그에게 이르되 네가 우리의 이 일을 누설치 아니하면 우리의 생명으로 너희를 대신이라도 할 것이요 여호와께서 우리에게 이 땅을 주실 때에는 인자하고 진실하게 너를 대우하리라 라합이 그들을 창에서 줄로 달아 내리우니 그 집이 성벽 위에 있으므로 그가 성벽 위에 거하였음이라 라합이 그들에게 이르되 두렵건대 따르는 사람들이 너희를 만날까 하노니 너희는 산으로 가서 거기 사흘을 숨었다가 따르는 자들이 돌아간 후에 너희 길을 갈지니라 두 사람이 그에게 이르되 네가 우리로 서약케 한 이 맹세에 대하여 우리가 허물이 없게 하리니 우리가 이 땅에 들어올 때에 우리를 달아 내리운 창에 이 붉은 줄을 매고 네 부모와 형제와 네 아비의 가족을 다 네 집에 모으라 누구든지 네 집 문을 나서 거리로 가면 그 피가 그의 머리로 돌아갈 것이요 우리는 허물이 없으리라 그러나 누구든지 너와 함께 집에 있는 자에게 누가 손을 대면 그 피는 우리의 머리로 돌아오려니와 네가 우리의 이 일을 누설하면 네가 우리로 서약케 한 맹세에 대하여 우리에게 허물이 없으리라 라합이 가로되 너희의 말대로 할 것이라 하고 그들을 보내어 가게 하고 붉은 줄을 창문에 매니라 그들이 가서 산에 이르러 따르는 자가 돌아가도록 사흘을 거기 유하매 따르는 자가 그들을 길에서 두루 찾다가 만나지 못하니라" (수 2:1-22)

1. 이 글을 읽고 라합의 어떤 점을 관찰할 수 있었습니까? 정답은 없습니다. 다만 성경책에 의거하여 대답해 보십시오. 그리고 라합의 경력과 인격, 용기 그리고 믿음에 대해서 깊이 생각해 보십시오.

2. 오늘의 공부에서 배운 중요한 교훈은 무엇입니까?

 요점 정리

• 한 사람의 직업이 그 사람 전체를 대변하는 것은 아닙니다.

• 가장 부적합한 사람들이 인격과 용기, 믿음을 나타낼 수 있습니다.

셋 · 째 · 날

하나님께로부터 오는 자신감으로

성경에서는 라합이 기생, 즉 매춘부였다는 사실 외에는 그녀에 대한 설명을 많이 하고 있지 않습니다. 하지만 우리는 라합의 믿음에 대해서 그리고 그녀가 그 믿음을 위해 무엇을 했는지에 대해서 어느 정도 배워야 합니다. 라합의 말은 라합의 마음을 드러내고 있습니다. "여호와께서 이 땅을 너희에게 주신 줄을 내가 아노라 … 너희 하나님 여호와는 상천하지에 하나님이시니라"(수 2:9-11)

이것은 라합이 자신의 입술로 고백한 놀라운 말입니다. 라합은 도덕적으로 타락한 이방 문화 속에서 도덕적으로 타락한 생활을 했습니다. 그녀는 하나님의 기적을 눈으로 본 적이 단 한 번도 없었습니다. 그리고 하나님의 약속이나 축복을 받아 본 적도 없었습니다. 그러나 라합은 이스라엘 백성과 맺은 하나님의 약속을 온 마음으로 믿고 있었습니다. 이는 대부분의 이스라엘 민족이 가진 믿음보다도 훨씬 더 큰 것이었습니다.

라합은 적어도 네 가지 이유에서 우리들 믿음의 본보기가 됩니다.

• 라합은 하나님을 믿고 하나님을 받아들였습니다.

하나님께서 이스라엘 백성에게 거할 땅을 주겠다고 말씀하셨을 때, 라합은 그 약속을 이미 이루어진 것으로 믿었습니다. 한 마디로 말해서 라합은 하나님께로부터 오는 자신감을 가지고 있었습니다. 그녀의 행동을 볼 때 다른 어떤 설명이 더 필요하겠습니까? 어떤 다른 이유로 자신이 잘 알지도 못하는 하나님을 섬기기 위해 기꺼이 생명을 걸 수 있었겠습니까? 자신의 왕을 배반한 채 당국으로부터 정탐꾼들을 보호할 용기가 도대체 어디서 나올 수 있었을까요? 그녀가 여리고 성의 왕으로부터 일주일 동안 매일 직접적인 명령을 받았다는 점을 당신은 아십니까? 이는 라합의 인생에 있어서 믿음의 크나큰 도약이 필요한 중요한 순간이었습니다. 라합은 자신이 반역을 저지르고 있다는 사실을 알았고, 반역의 대가는 사형이라는 사실 역시 알고 있었습니다. 이는 단 한 가지로 설명할 수 있습니다. 라합은 하나님의 말씀을 믿고 하나님을 받아들였던 것입니다.

당신은 이런 믿음을 가지고 있습니까? 만일 대통령이 어떤 일을 하라고 당신에게 명령을 내린다면 당신은 거부할 수 있습니까? 만일 대통령이 당신의 집 앞에 군대를 파견하여 당신이 숨겨 둔 두 정탐꾼을 끌어내라고 요구한다면 당신은 어떻게 하겠습니까? 아마 대다수의 그리스도인들이 그들을 내어 줄 것이라 생각됩니다. 히틀러에게 대항한 그리스도인들이 얼마 되지 않았다는 사실을 우리는 알고 있습니다. 이와 같이 우리의 정곡을 찌르는 몇 가지 예를 생각해 낼 수 있을 것입니다.

- **그녀는 대다수의 사람들이 가는 길에 역행하였습니다.**

  여리고 성 사람들이 이스라엘 백성들과의 전투를 준비하는 동안 라합은 이스라엘 백성들을 보호할 준비를 했습니다. 그녀는 하나님께서 자신의 약속을 이행하시는 분이라는 것을 믿었습니다. 그렇기에 지금껏 지켜 온 자신의 삶과 함께 살아온 사람들로부터 기꺼이 등을 돌렸던 것입니다. 우리는 어떻습니까? 대세에 역행할 수 있을 만큼의 믿음을 가지고 있습니까? 하나님께서는 나로 하여금 가족, 특히 학교에 다니는 딸을 통해서 군중에 반대되는 입장에 서도록 하신 적이 있었습니다. 이웃의 많은 사람들, 심지어 교회의 많은 성도들이 나의 결정을 비판했지만 사람보다는 하나님께 순종해야 함을 나는 잘 알고 있었습니다.

  당신은 어떻습니까? 인생의 단 한 순간이라도 군중에 반하는 곳에 섰던 적이 있습니까? 그렇지 않다면 당신은 마음을 새롭게 함으로 변화를 받기보다는 이 세대를 본받고 있는 것입니다(롬 12:2).

- **라합은 하나님을 믿었으며, 그 믿음을 행동으로 옮겼습니다.**

  라합의 믿음이 눈에 보이는 행동으로 옮겨진 것입니다. 그녀는 정탐꾼을 숨겨 주었으며 그들이 도망갈 수 있도록 도와주었습니다. 라합은 목숨을 걸고 행동한 것입니다. 라합은 하나님을 믿었으며, 그렇기에 하나님의 계획을 성취하기 위해서 자신이 할 수 있는 것이라면 무엇이든지 기꺼이 하게 된 것입니다. 그래서 또한 라합은 **하나님께서 쓰실 수 있는 그릇**이 될 수 있었던 것입니다.

당신의 믿음이 어떻게 현실적인 행동으로 변화될 수 있을까요? 당신은 하나님에 대한 믿음에 부응하는 행동을 취한 적이 있습니까?

• **라합은 하나님께서 자신을 돌봐 주실 것을 믿었습니다.**
그렇지 않고서야 어떻게 자신의 하나밖에 없는 생명을 적들의 손에 맡길 수 있었겠습니까? 그렇습니다. 이스라엘 백성은 그녀의 적들이었습니다. 나는 라합이 정탐꾼들을 믿었다고는 생각하지 않습니다. 라합은 그들이 섬기는 하나님을 신뢰했을 것입니다. 당시의 상황을 현실적으로 생각해 본다면, 어떻게 두 사람이 그녀를 도시 전체로부터 보호해 줄 수 있겠습니까? 어떻게 라합을 왕의 분노로부터 막아 줄 수 있었겠습니까? 이는 오직 하나님만이 하실 수 있는 일이었으며, 라합은 하나님께서 자신을 지켜 주실 것이라고 믿었던 것입니다.

라합이 창에 붉은 줄을 매달았다는 것은 그녀가 하나님의 돌보심에 대해 신뢰하고 있다는 것을 세상에 보여 주는 증거였습니다. 이스라엘 백성이 여리고를 점령했을 때 라합은 그들을 기다리고 있었습니다. 이는 아주 **중요한 의미**를 가집니다. 라합은 침공이 있을 것이라는 사실을 알면서도 왜 도망가지 않았을까요? 이것이 바로 그녀의 믿음을 입증하는 놀라운 증거가 아니겠습니까? 라합은 도망가려고 시도하지 않았으며, 자신을 구하려는 시도도 하지 않았습니다. 그 대신 라합은 주님께서 자신을 구해 주실 것을 기다렸습니다. 자신뿐 아니라 전 가족을 구해 주실 것을 믿었던 것입니다.

당신의 삶 속에서 당신이 오직 하나님의 돌보심만을 의지하고 있다는 사실을 증명하는 것이 있습니까? 아니면 계속 양다리를 걸치면서 하나님께서 돌봐 주시지 않을 경우를 대비해 임시 대책을 세우고 있습니까?

라합은 하나님을 믿었으며 기꺼이 군중과 반대되는 입장을 취했습니다. 라합은 하나님을 믿었으며 행동으로 이를 입증했습니다. 라합은 하나님께서 자신을 돌봐 주실 것을 믿었으며, 다른 대책을 세우느라 시간을 낭비하지 않았습니다. 라합은 하나님께로부터 오는 자신감을 확실히 지니고 있었습니다. 당신은 어떻습니까? 만일 믿음의 여인으로 기억되기 원한다면 우리는 라합의 발자취를 따라야 합니다. 라합은 우리의 본보기입니다.

1. 왜 라합이 우리 믿음의 본보기가 되었는지 네 가지 이유를 들어 보십시오.

2. 당신은 하나님의 말씀을 믿고 하나님을 받아들이고 있습니까? 하나님께서 자신의 말씀한 바를 반드시 이루시는 분임을 당신은 믿고 있습니까? 당신의 삶을 통해서 그 믿음의 증거를 어떻게 증명하시겠습니까?

3. 만일 하나님께서 당신을 부르신다면 당신은 기꺼이 군중에 반하는 행동을 할 수 있습니까? 군중과 반대되는 입장을 취한 적이 있거나 취하고 있다면 예를 들어 보십시오.

4. 당신의 믿음은 행동으로 옮겨지고 있습니까? 어떻게 실천이 되고 있습니까?

5. 하나님께서 당신을 보호해 주실 것을 믿습니까? 아니면 스스로 어려운 상황을 모면하려 하거나 임시 대책을 세워 두고 있습니까? 당신을 돌봐 주시는 하나님께 완전히 의지하고 있는 삶 속의 예를 들어 보십시오.

6. 오늘의 공부에서 당신이 배운 중요한 교훈은 무엇입니까?

 요점 정리

- 라합처럼 우리는 하나님의 말씀으로 하나님을 믿고 따라야만 합니다.
- 우리는 기꺼이 군중에 반할 수 있어야 합니다.
- 만일 하나님을 믿는다면 우리는 반드시 이를 행동으로 실천해야 합니다.
- 우리를 돌봐 주시는 하나님께 의지하고 있다는 것을 우리의 삶을 통해 반드시 증명해야 합니다.

넷 · 째 · 날

하나님께 기대는 삶 –
하나님께서는 결코 나를 버리지 않으신다

"여호수아가 기생 라합과 그 아비의 가족과 그에게 속한 모든 것을 살렸으므로 그
가 오늘날까지 이스라엘 중에 거하였으니 이는 여호수아가 여리고를 탐지하려고
보낸 사자를 숨겼음이었더라" (수 6:25)

나는 일회용 종이 접시를 좋아합니다. 종이 접시는 사용하고 버리는
것입니다. 종이 접시는 내 필요를 충족시켜 준 뒤 내 시야에서, 내 마음에
서 사라집니다. 접시를 씻느라 수고할 필요도 없고, 이웃 사람들이 우리
집에 와서 더러운 접시들을 보면 어떻게 하나 하고 걱정할 필요도 없습
니다. 그렇다고 종이 접시에 대해서 특별한 애정을 가지고 있는 것은 아
닙니다. 별로 소중하게 생각하지도 않습니다. 비싼 도자기 그릇이 아니

므로 찢어지거나 금이 가도 붙이려고 애쓸 필요도 없습니다. 하지만 사용하기 편리하기 때문에 나는 종이 접시를 늘 가까이 두고 사용합니다.

자신이 종이 접시와 같은 존재라고 느껴 본 적이 있습니까? 어쩌면 당신이 어린 소녀일 때 부모님이 이혼을 하고, 재혼을 한 아버지가 새 가족들에게만 신경을 쓰는 바람에 당신은 관심 밖으로 밀려났을 수도 있습니다. 어쩌면 아버지가 수천 킬로미터나 떨어진 곳으로 이사를 가는 바람에 당신에게는 간섭을 할 사람조차 없었을 수도 있습니다. 새 아버지가 새 형제들을 데리고 오는 바람에 당신이 우선순위에서 제외되었을 수도 있을 것입니다. 아니면 어머니와 새 아버지 사이에서 태어난 동생 때문에 당신은 한구석으로 밀려났을 수도 있습니다.

이런 일들을 겪은 적이 있습니까? 혹은 어떤 사람이 자신의 목적을 위해서 당신을 이용해 왔음을 깨달았을 때 뼛속 깊이까지 파고드는 끔찍한 감정을 느껴 본 적이 있습니까? 그 사람은 당신을 이용하여 자신이 원하는 바를 성취한 뒤 당신을 버렸습니다. 그 사람은 당신에게 등을 돌린 채 가 버렸습니다. 아마 많은 여성들이, 특히 남성과의 관계에서 이런 경험을 했을 것입니다. 슬프게도 그 여성들을 이용한 남성들은 바로 그들의 아버지인 경우가 많습니다. 이런 여성들은 하나님을 아버지로서 신뢰하는 것을 배우는 데 오랜 시간이 걸립니다.

제 친구인 마사의 이야기를 들려 드리겠습니다. 마사가 아주 어렸을 때, 할아버지는 마사를 어두운 지하실로 데리고 가곤 했습니다. 마사는 아직까지도 할아버지의 눈에 나타난 무서운 표정을 잊지 못하고 있습니다. 그녀는 아직도 등 뒤에서 닫히던 폭풍 대피용 지하실 문의 소리와 빛한 점 없는 깜깜함 속에 갇혀 있어야 했던 기억을 잊지 못하고 있습니다. 마사는 지금도 그때 느꼈던 공포와 도덕적 타락을 기억하고 있습니다. 비록 하나님께서 그녀가 겪었던 아주 작은 일까지도 어루만져 주셨지만 마사는 자신이 이용당하고 버려졌던 사실을 잊지 못하고 있습니다.

마사는 또한 네 명의 오빠들이 돌아가면서 자신을 이용했던 사실도 기억하고 있습니다. 그녀는 더러운 세탁물이 쌓여 있는 지하실로 끌려갔습니다. 그곳에서 강제로 성폭행을 당했던 일, 그 대가로 동전 몇 푼을 받았던 일들을 아직도 잊지 못하고 있습니다. 마사의 마음속에는 늘 자신이 이용당하고 버려질 것이란 느낌이 자리를 차지하고 있었습니다.

비록 지금은 마사 자신도 스스로가 한 행동을 도저히 이해하지 못하고 있지만, 그녀는 실제로 근친상간의 모든 희생자들이 보이는 전철을 밟았습니다. 마사는 십대 시절을 난잡하게 보냈습니다. 열세 살 때 벌써 마사는 자신을 원하는 소년이면 누구나 잠자리를 같이했습니다. 고등학교를 졸업할 때까지 마사는 셀 수 없이 많은 파트너와 관계를 가졌습니다. 그녀는 싸구려 호텔방이나 차 뒷좌석에 누워 물끄러미 천정을 응시하던 일, 그리고 그 이후에 밀려드는 끔찍한 감정들에 대해서 아직도 생생하게 기억하고 있습니다. 그녀는 자신이 이용당하고 버려질 것이라는 것을 알고 있었습니다.

결혼을 하자 남편은 물리적 힘을 사용하여 그녀가 어린 시절에 강요받았던 바로 그 똑같은 짓을 하도록 요구했습니다. 마사는 그 일들이 자신에게는 상상할 수도 없을 만큼 끔찍한 일이라는 것을 설명하려 했지만 남편은 들은 체도 하지 않았습니다. 남편이 다가오지 못하게 함으로써, 즉 대부분의 근친상간 희생자들이 그렇듯 남편을 냉랭하게 대함으로써 자신의 고통을 숨기려 하면 남편은 폭력을 사용했습니다. 시간이 지날수록 남편의 폭행은 점점 빈도 수를 더해 갔고, 강간까지 저질렀습니다.

그러나 이제 마사는 매일 하나님을 신뢰하는 법을 배우고 있는 중입니다. 마사는 말씀의 진리를 배우고 있습니다. "아버지께서 내게 주시는 자는 다 내게로 올 것이요 내게 오는 자는 내가 결코 내어 쫓지 아니하리라"(요 6:37) 무엇이 마사에게 희망을 주었는지 아십니까? 라합의 삶은 예수님의 말씀이 진리임을 입증하는 살아있는 증거입니다. 만일 버림받는 삶에 대한 대표적인 예를 든다면, 그것은 바로 매춘부일 것입니다. 매춘부들은 **생계를 위해서** 사람들이 자신들을 이용하도록 하고 또한 버리도록 합니다. 그러나 라합의 이야기를 읽으면서, 우리는 아름다운 치유의 진리를 발견하게 됩니다. 하나님께서는 매춘굴에 있는 라합을 만나기만 하신 것이 아니었습니다. 하나님의 영광을 위하여 라합을 그릇으로 사용하신 것뿐만이 아니었습니다. 하나님께서는 구약에서 가장 영광스러운 군사적 승전보를 울리는 데 라합이 결정적인 역할을 하도록 그녀를 사용하셨지만, 그뿐 아니라 두 팔로 라합을 감싸 안으시고 하나님 앞으로 나아올 수 있도록 초대하셨습니다.

오늘의 성경 말씀인 여호수아 6장 25절에서는 라합이 이스라엘 백성들과 함께 살아갔음을 말하고 있습니다. 라합은 실제로 하나님께서 선택하신 백성들 중 한 사람이 되었습니다. 우리가 이미 알고 있는 것처럼 라합을 위한 하나님의 계획은 그분의 목적을 이루시는 것 그 이상이었습니다. 예레미야 29장 11절은 우리에게 이렇게 말하고 있습니다. "나여호와가 말하노라 너희를 향한 나의 생각은 내가 아나니 재앙이 아니라 곧 평안이요 너희 장래에 소망을 주려 하는 생각이라" 하나님께서는 라합을 사용하셨고, 결코 버리지 않으셨으며, 영원한 사랑을 베푸셨습니다. 하나님께서는 이와 같은 사랑을 마사에게도 베풀고 계시며, 우리들에게도 동일하게 허락하십니다. 그리고 라합을 자신에게로 이끄시고 결코 버리지 않을 것을 약속하셨습니다. 얼마나 아름다운 진리입니까! 우리 모두 이 진리를 절대로 놓치지 않도록 합시다.

마사와 라합이 언제가 하늘나라에서 만나게 되면 동병상련의 정을 느끼며 서로를 감싸 안을 것이 분명합니다. 그리고 만일 당신이 이러한 고통을 가지고 있다면 당신도 하늘에서 그들과 함께할 수 있을 것입니다. 자매 여러분! 하나님께서는 결코 당신을 버리시는 분이 아니라는 것을 확신하십시오.

1. 하나님께서 라합을 대하는 방법에서 당신은 어떠한 하나님의 성품을 배웠습니까?(하나님께서는 라합을 선택받은 백성들 가운데 살게 하셨습니다.)

2. 당신은 이용당하고 버려진 경험이 있습니까? 만일 그렇다면 그 경험으로 인하여 하나님을 신뢰하는 데 어려움이 더 커지지는 않았습니까?

3. 오늘 공부의 주제인 라합의 삶을 통해서 당신은 어떤 위로를 받을 수 있습니까?

4. 오늘의 공부를 통해서 당신이 배운 중요한 교훈은 무엇입니까?

 요점 정리

• 당신이 과거에 어떤 사람이었든 관계없이 하나님께서는 당신에게 가장 좋은 것으로 주실 분임을 늘 신뢰하십시오.

• 만일 우리가 그분께 속해 있다면 하나님께서는 우리를 결코 버리지 않으리라 약속하십니다.

과거는 문제가 되지 않는다

"또 이와 같이 기생 라합이 사자를 접대하여 다른 길로 나가게 할 때에 행함으로 의롭다 하심을 받은 것이 아니냐"(약 2:25)

하나님께서 당신을 쓰시는 데 과거를 개의치 않으신다는 사실을 확실하게 믿을 수 있습니까? 당신 스스로를 믿는 자신감이 아닌 오로지 하나님께만 의지한 채 하나님께로부터 오는 자신감을 가지고 걸어갈 때 하나님께서 당신의 삶 속에, 당신의 삶을 통해서 성취하실 일은 이루 설명할 수 없을 만큼 무한정한 것입니다. 신약성경의 제일 앞 장을 펼쳐서 마태가 서술한 예수님의 족보를 처음부터 끝까지 읽어 보십시오. 그리고 눈에 띄는 특별한 사람이 있는지 찾아보십시오. 당신이 다 읽을 때까지 기다리고 있겠습니다.

자, 다 읽었습니까? 하나님께서 택하셔서 다윗의 가계를 잇고 예수님의 할머니가 될 여인들 중에 어떤 사람이 포함되어 있습니까? 바로 매춘부 라합입니다. 이것은 감히 상상조차도 할 수 없는 큰 영광이라고 할 수 있습니다. 하지만 라합이 우연히 나타난 것이라고는 생각하지 마십시오. 하나님의 방법은 우리의 방법과 다르다는 교훈을 주기 위해서 하나님께서는 그리스도의 족보의 구성원으로 라합을 선택하신 것입니다. 또한 이 사실은 하나님께서 자신의 목적을 달성하는 데 가장 부적합한 그릇도 선택하실 수 있음을 우리에게 상기시켜 줍니다. 그렇습니다. 심지어 인류 문명의 역사상 가장 위대한 목적을 이루기 위해서도 그렇게 하실 수 있습니다. 하나님께서는 이 세상이 창조되기 전부터 라합이 그리스도를 이 땅에 오시게 하기 위해 선택된 사람들 중 하나임을 알고 계셨습니다. 역사를 통틀어 볼 때 모든 유대 여성의 꿈은 바로 메시아 가계의 일원이 되는 것이었습니다. 그러나 하나님께서는 이방인이며 매춘부인 라합에게 그러한 특권을 부여하셨습니다.

라합의 삶이 우리에게 얼마나 큰 격려가 되는지 모릅니다. 라합은 하나님의 은혜와 자비의 영원한 증거가 되었습니다. 그녀에 관한 이야기는 우리가 과거에 살아온 방식이 문제되지 않는다는 사실을 상기시켜 줍니다. 당신이 어떤 실수를 저질렀는가도 중요하지 않습니다. 당신이 하나님께 마음 문을 연다면, 하나님께서 사용하시는 그릇이 될 수 있습니다.

라합에 대해 관심을 갖게 된 나는 성경의 다른 곳에서도 그녀의 이름이 등장하는지 찾아보기로 했습니다. 어디에서 그 이름을 발견할 수 있는지 생각해 보십시오. 라합의 이름은 바로 믿음의 전당에 포함되어 있었습니다. 그렇습니다. 아브라함, 야곱, 모세, 다윗과 같은 믿음의 거인들과 함께 그녀의 이름이 있습니다. 히브리서 11장 31절에서는 "믿음으로 기생 라합은 정탐꾼을 평안히 영접하였으므로 순종치 아니한 자와 함께 멸망치 아니하였도다"라고 말하고 있습니다.

그런데 왜 성경은 라합의 이름 앞에 '기생'이라는 표현을 계속 사용하고 있을까요? 나는 사실 이것에 대해 잠시 고민을 한 적이 있습니다. '그녀에게는 사회적으로 중대한 흠이 있었다. 우리는 그것에 대해 빨리 잊어버릴 수 있을까?' 모세와 다윗 두 사람 모두는 살인자였습니다. 그들은 매춘부로 살아가는 것보다 더 나쁘다고 할 수 있는 죄악을 저질렀습니다. 그런데 왜 그들에게는 꼬리표가 붙어 있지 않고, 유독 **라합에게만 기생이라는 호칭이 따라다니는 것일까요?**

여기에는 적어도 두 가지 이유가 존재하고 있습니다. 첫째, 그 꼬리표는 우리에게 라합의 약점을 상기시켜 줍니다. 우리는 라합이 이스라엘 백성과 함께 계속 살았다는 것을 알고 있습니다. 그리고 이스라엘 백성들은 물론 라합이 누구인지, 어떤 일을 하던 여성이었는지 정확히 알고 있었습니다. 비록 라합이 확실하게 정착하여 살몬이라는 훌륭한 유대 남성과 결혼도 하게 되었지만(마 1:5), **그녀가 자신의 과거를 절대로 잊지 못하게 만드는 여성들이 있었을 것이라는 생각이 듭니다.** 내가 무엇에 관해서 말하고 있는지 아시겠습니까? 아마 당신이 인생을 어떻게 살아왔는지 잘 아는 사람들은 당신이 이를 잊도록 내버려 두지 않을 것입니다.

내가 어렸을 때 나의 오빠는 마약에 중독된 채 베트남에서 돌아왔습니다. 몇 달이 지나지 않아서 마약은 우리 가족에게 퍼졌습니다. 마약으로 인해서 나의 두 오빠가 체포되었을 때 이 사건이 지방 신문의 머리기사를 장식하게 되었습니다. 그런데 내가 도저히 이해할 수 없었던 사실은 우리 가족에게 꼬리표가 붙어 버린 것이었습니다. **나에게도 꼬리표가 붙었습니다.** 마약 중독자 가족이라는 꼬리표 말입니다.

같은 반 친구들이 나와 우리 가족이 팔에 주사를 놓고 있는 그림을 그려 놓고 나를 놀리던 일들이 아직도 생생히 기억에 남아 있습니다. 어느 날 선생님이 교실 밖으로 나가시자 우리 반 친구들 모두가 내 주위에 큰 원을 만들고 서서 내가 울면서 달아날 때까지 "마약 중독 가족, 마약 중독 가족"하며 노래를 불러 댔습니다. 그렇기 때문에 꼬리표가 붙어 있다는 것이 어떤 느낌인지 나는 잘 알고 있습니다.

인생의 아이러니란 이런 것이었습니다. 사람을 파멸로 몰고 가는 마약이 우리 가족을 파멸시키고 나의 어린 시절을 강탈하는 것을 경험한 뒤 내가 어떤 모습으로 성장해 갔는지 상상이 되십니까? 나 역시 마약에 중독되었을 뿐 아니라 심지어 마약 상용에 필요한 돈을 벌기 위해 마약 판매책 노릇까지 하게 되었습니다. 내 마음 한구석에는 결국 마약 중독 가족의 일원이 되는 것이 나의 운명이라는 믿음이 자리 잡았습니다. 그리고 그 메아리는 자기 암시적인 예언이 되고 말았습니다. 이해가 되십니까? 하지만 이것이야말로 꼬리표의 힘을 증명해 주는 것입니다. 우리 모두가 알고 있듯이 오래된 꼬리표가 우리의 미래를 좌우할 수는 없습니다. 하지만 만일 우리 스스로가 이를 허용한다면 그 꼬리표는 믿을 수 없을 만큼 큰 상처를 입힐 수 있습니다. 그러므로 자라나는 아이들에게 어떤 꼬리표를 달아 준다는 것은 조심스러운 일일 수밖에 없습니다. 우리는 또한 다른 사람들, 즉 교사, 학급 친구들, 이웃과 친척들이 아이들에게 달아 주는 꼬리표에 대해서도 주의를 기울여야 합니다.

라합이 떨쳐 버리기에는 너무나 고통스러운 꼬리표를 달고 다녔다는 것은 의심의 여지가 없습니다. 한 무리의 히브리 여인들이 강가에서 빨래를 하고 있는 장면이 내 마음속에 떠오릅니다. 즐겁게 수다를 떨고 있는 여인들에게로 라합이 다가가자 별안간 침묵이 흐릅니다. 그 순간 히브리 여인들은 서로를 쳐다보고, 라합은 홀로 멀리 떨어진 곳으로 가서 말없이 빨래를 합니다. 수군거리는 소리가 들립니다. 라합은 알고 있습니다. 정확하지는 않지만 그들이 누구에 관해 무슨 이야기를 하고 있는지 정도는 눈치 챌 수 있습니다. 아마 이런 상상은 사실과 다를지도 모릅니다. 의심스럽기는 하지만, 어쩌면 당시 히브리 여인들은 오늘날의 여성들과 다른 행동 방식을 가졌을 수도 있습니다.

설령 라합이 자신의 과거를 잊을 수 있도록 사람들이 내버려 두었다고 할지라도 라합 자신이 그것을 잊을 수 있었을까요? 그녀가 어떤 일을 했을지, 매춘부 생활을 하면서 어떤 모습들을 지켜봤을지 당신은 상상할 수 있습니까? 이스라엘 사람들과 함께 산다는 것이 참담한 기억을 지워 줄 만큼 그녀에게 큰 의미를 주었으리라 생각합니까? 나는 그렇게 생각하지 않습니다.

다시 한 번 라합에 대한 어떤 영상이 마음에 떠오릅니다. 한밤중에 라합이 침상에 누워 있습니다. 라합의 남편 살몬과 어린 아들 보아스는 벌써 잠이 들었지만, 오늘 밤 그녀는 좀처럼 잠을 이루지 못합니다. 예전의 기억들이 마치 홍수처럼 그녀에게 밀려듭니다. 늘 그렇듯 지금 침대에 누워 있는 이 밤이 하루 중 가장 힘든 시간입니다. 라합은 잠을 이루지 못하고 몸을 뒤척이다가 머리를 가로저으면서 무의식중에 공중으로 팔을 뻗습니다. 그리고 기억을 떨쳐 버리려 합니다. 한밤중에 찾아온 이 불청객을 밀쳐 보려 합니다. 그녀는 이 기억을 지워 주길 하나님께 간청합니다. 그리고 밤마다 끊임없이 나타나는 그 끔찍한 장면에서 자신을 구해 달라고 하나님께 애원합니다.

그런 고통이 어떤 것인지 상상할 수 있습니까? 당신이 했던 일이나가 본 곳 중에서 **밤마다 나타나 당신을 괴롭히는 것들이 있습니까?** 나는 거기 있는 모든 사람들이 서성거리면서 마약을 사고팔고, 또 모여서 마약을 하던 특별한 집을 기억합니다. 그 아파트의 주인은 온 집안에 독

거미와 보아뱀이 돌아다니도록 풀어 놓고 있었습니다. 나는 마약의 유혹에 중독되었던 그 밤을, 가장 끔찍하다고 할 수 있는 장면들을, 이 지면에서 감히 표현조차 할 수 없는 장면들을 기억하고 있습니다. 내가 마약과 술을 과용해서 거의 죽음의 문턱까지 갔던 밤은 그야말로 내 인생 최악의 밤이었습니다.

마약에 중독되어 보냈던 낮과 밤이 **계속 나를 쫓아다니고 있습니다.** 비록 지금은 마약의 손아귀에서 벗어났지만, 이제 그리스도 안에서 하나님께서 베풀어 주신 은혜로 마약 중독자라는 꼬리표를 떼었지만 가끔씩 그 기억들이 내 주변을 맴돌곤 합니다. 또한 내가 말해 왔던 것들 때문에 나는 시달리고 있습니다. 그 말들을 다시 주워 담을 수만 있다면! 그것은 꼭 오래 전에 일어났던 큰 사건들 때문만이 아닙니다. 바로 지난 목요일 밤 여성도들과의 친교 모임에서 있었던 일, 어제 있었던 전화 통화 등과 같은 최근의 일 때문이기도 합니다. 그리고 딸에게 했던 말들, 이웃과 벌인 논쟁, 내 영혼 깊은 곳에 내재되어 있던 용솟음치는 분노를 억제하지 못한 일 등을 나는 후회하고 있습니다. 그러나 라합이 나에게 가르쳐 준 한 가지를 여러분들이 배우기를 희망합니다.

하나님께서 창조하신 모습 **그대로의 당신이 되는 것을 가로막는 그 무엇도 스스로 허용해서는 안 된다는 것입니다.**

당신은 꼬리표를 달아 본 적이 있습니까? 아마도 당신이 했던 어떤 일 때문에, 혹은 사람들의 잔인한 속성 때문에 붙여진 꼬리표들이 있을 것입니다. 어쩌면 부모나 교사 또는 어렸을 때 이웃에 살았던 아이들이 결코 떨쳐 버릴 수 없는 꼬리표를 당신에게 붙여 주었을지도 모르겠습니다. "멍청한 수지!" "로리는 실패한 아이야!" "뚱보 필리스!"와 같은 말들로 말입니다. 또는 좀 더 최근의 상황에 대한 것일 수도 있습니다. 어쩌면 당신은 결혼 생활에서, 이웃에게서, 직장에서, 교회에서 정말 많은 타격을 받아 왔을지도 모릅니다. 그 사람들은 당신에게 형편없는 그리스도인이라는 꼬리표를 달아 주었을 것이며, 솔직히 말해서 당신 스스로도 그 꼬리표가 자신에게 어울린다고 느낄 수도 있을 것입니다. 하지만 이 꼬리표는 떼어 버려야 합니다.

라합이 그랬던 것처럼 우리도 하나님께서 창조하신 모습 그대로의 우리가 되는 것을 가로막는 그 어떤 것도 허용해서는 안 될 것입니다. 라합이 자신의 등에 꼬리표가 붙어 다니는 것을 허용치 않았다는 사실을 어떻게 알 수 있을까요? 바로 라합이 키운 훌륭한 젊은이를 보면 알 수 있습니다. 그녀의 아들 보아스야말로 라합이 아들 앞에서 어떤 모습으로 살았는지를 보여 주는 증거라 하겠습니다. 룻기를 읽어 보면 보아스의 훌륭한 인품을 잘 관찰할 수 있습니다. 어떤 어머니든 보아스와 같은 아들이 있다면 자랑스럽게 여길 것입니다. 이제 누군가가 당신에게 기생 라합에 관해 이야기한다면 나처럼 이렇게 말하게 될 것입니다. "네, 라합. 그녀는 훌륭한 어머니였죠." "예수님의 조상이었던 라합을 말씀하시는 거죠? 그녀는 정말 믿음의 거인으로 칭송받아야 할 사람입니다." "라합에 관한 당신의 이야기를 빨리 들어 보고 싶군요!"

당신의 과거가 어떠하든지 하나님께서 당신을 쓰실 수 있다는 사실을 확신할 수 있습니까? 당신이 하나님만을 의지하고 자신보다는 하나님의 자신감을 가지고 나아갈 때 당신의 삶 안에서, 당신의 삶을 통해서 하나님께서는 무한한 역사를 이루실 것입니다.

1. 믿음의 전당에 라합이 포함되었다는 것은 어떤 중요성을 갖고 있을까요? 이 사실은 하나님께서 누구이신지, 하나님께서 어떤 사람을 쓰실 것인지에 대한 당신의 견해에 어떻게 영향을 미칩니까?

2. 최근 당신에게 달려 있는 부정적이고 악의에 찬 꼬리표들을 나열해 보십시오. 그 꼬리표가 어디서부터 붙게 되었는지, 당신의 인생에 어떤 영향을 미치고 있는지 생각해 보십시오.

3. 그 꼬리표를 떼어 버린다면 당신의 삶은 어떻게 달라질까요? 만일 그 꼬리표가 당신이 저지른 죄 때문에 마땅히 달려 있어야 한다 해도, 우리 죄를 자백하고 회개한다면 하나님께서는 우리 죄를 사하실 것입니다(요일 1:8-9).

4. 오늘의 공부에서 배운 중요한 교훈은 무엇입니까?

5. 이번 주의 핵심이 되는 내용은 무엇입니까?

요점 정리

- 우리 모두는 하나님께서 우리의 삶 속에서 역사하시는 데 도움이 되거나 방해가 되는 꼬리표를 달고 있습니다.
- 하나님께서 창조하신 모습 그대로의 당신이 되는 것을 가로막는 것은 그 무엇이라도 허용해서는 안 됩니다.

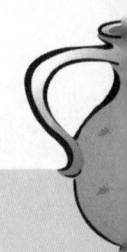

하나님을 알아 가기

이번 주의 주제

•
•
•

나를 빚으신 토기장이는

어떤 분이실까요?

이번 주의 핵심 성경 구절

•
•
•

"여호와여 신 중에 주와 같은 자 누구니이까

주와 같이 거룩함에 영광스러우며 찬송할 만한 위엄이 있으며

기이한 일을 행하는 자 누구니이까 …

주께서 그 구속하신 백성을 은혜로 인도하시되" (출 15:11-13)

첫 · 째 · 날

하나님의 주권

"여수룬이여 하나님 같은 자 없도다 그가 너를 도우시려고 하늘을 타시고 궁창에서 위엄을 나타내시는도다 영원하신 하나님이 너의 처소가 되시니 그 영원하신 팔이 네 아래 있도다 그가 네 앞에서 대적을 쫓으시며 멸하라 하시도다"(신 33:26-27)

하나님께서 쓰실 수 없는 그릇은 이 세상에 하나도 없습니다. 이 점에 대해서 생각해 본 적이 있습니까? 이 세상에는 하나님께서 원하지 않는 그릇이 없습니다. 가끔씩 우리는 하나님을 9회 내내 사이드라인 바깥쪽 벤치에 앉아 마지막 순간에 자신의 팀이 승리할 것을 애타게 바라면서 양 주먹을 꽉 쥐고 있는 신경질적인 야구팀 감독쯤으로 상상할 때가 있는 것 같습니다. 그러나 이것은 진리가 아닙니다. 하나님께서는 시작부터 끝까지 모든 것을 알고 계십니다. 하나님의 위엄을 바라볼 때 우리는 승리의 확신을 깨달을 수 있습니다. 하나님께서는 우리의 도움 없이도 우주를 다스리실 수 있다는 것을 우리는 잘 알고 있습니다.

짐이 가벼워지는 것 같지 않습니까? 당신은 하나님을 위해서 일할 필요가 없습니다. 하나님의 영원하신 계획은 투 스트라이크에서 홈런을 칠 수 있는 당신의 능력에 달려 있지 않습니다. 그렇습니다. 하나님께서는 자신의 영광을 위해 쓰임받을 그릇으로서 당신을 초대하시지만, 그렇다고 해서 당신이 하나님께 영광을 돌리기 위한 해결 방법을 애써 찾을 필요는 없습니다. 감사하게도 우리 하나님께서는 스스로 영광을 받으실 수 있는 분입니다. 토기장이가 누구이신지 이해할 때, 당신이 섬기는 하나님의 권능과 위엄을 이해할 때, 얼마만큼 당신이 포기해야 하며 얼마만큼 하나님을 신뢰해야 하는지, 그리고 얼마만큼 겸손히 하나님께 순종해야 하는지를 이해할 때, 당신은 자신이 할 수 있는 일이 거의 없음을 알게 될 것입니다.

게다가 더욱 놀라운 것은 당신이 실패할 때, 그리고 우리가 모두 가끔씩 실패할 때 하나님께서 구해 주신다는 점입니다. 하나님께서는 당신을 도우시려고 창공을 타시는 분입니다. 영원한 팔을 펼쳐서 당신을 구할 준비를 하고 계십니다. 궁창에서 위엄을 나타내시는 하나님께서는 당신 삶의 부서진 조각들을 주워 모으기 위해 스스로 몸을 낮추시는 분입니다. 하나님께서는 조각난 파편들을 친절히 붙이시고 하나님께서 쓰실 수 있는 그릇의 자리로 돌려보내시는 바로 그런 분이십니다. 하나님께서는 당신을 구속하십니다. 또 구속받은 사실을 알고 있기 때문에 당신은 하나님께서 인도하실 것이라는 약속에 의지할 수 있는 것입니다. 어디로 향하고 있는지 우리가 알지 못할 때도, 우리의 삶 자체가 도무지 이치에 맞지 않는다고 생각될 때도, 여전히 우리가 하나님의 신실하신 사랑 안에 거하고 있음을 기억하고 위엄 있으신 하나님께 우리를 맡길 때 하나님께서는 자신의 구속하신 백성들을 인도하실 것입니다.

앞으로 이틀 동안 우리의 토기장이가 어떤 분이신지에 대해서 묵상합시다. **하나님의 위엄을 바라보고 그분을 경외하면서 하나님의 발아래 앉아 묵상하는 시간을 가져 봅시다.** 오늘과 내일 이틀간 아래 성경 구절을 읽고 다음 내용을 여백에 적어 보십시오.

1. 당신이 발견하게 된 하나님의 성품은 무엇입니까? 하나님께서는 어떤 분이시며 어떻게 역사하십니까?

2. 그에 합당한 내 응답은 무엇입니까?

"그런즉 네 하나님 여호와를 사랑하여 그 직임과 법도와 규례와 명령을 항상 지키라 너희의 자녀는 알지도 못하고 보지도 못하였으나 너희가 오늘날 기억할 것은 너희 하나님 여호와의 징계와 그 위엄과 그 강한 손과 펴신 팔과 애굽에서 그 왕 바로와 그 전국에 행하신 이적과 기사와 또 여호와께서 애굽 군대와 그 말과 그 병거에 행하신 일 곧 그들이 너희를 따를 때에 홍해 물로 그들을 덮어 멸하사 오늘까지 이른 것과 또 너희가 이곳에 이르기까지 광야에서 너희에게 행하신 일과 르우벤 자손 엘리압의 아들 다단과 아비람에게 하신 일 곧 온 이스라엘의 한가운데서 땅으로 입을 열어서 그들과 그 가족과 그 장막과 그를 따르는 모든 생물을 삼키게 하신 일이라 너희가 여호와의 행하신 이 모든 큰 일을 목도하였느니라 그러므로 너희는 내가 오늘날 너희에게 명하는 모든 명령을 지키라 그리하면 너희가 강성할 것이요 너희가 건너가서 얻을 땅에 들어가서 그것을 얻을 것이며 또 여호와께서 너희의 열조에게 맹세하사 그와 그 후손에게 주리라고 하신 땅 곧 젖과 꿀이 흐르는 땅에서 너희의 날이 장구하리라"(신 11:1-9)

"여호와여 광대하심과 권능과 영광과 이김과 위엄이 다 주께 속하였사오니 천지에 있는 것이 다 주의 것이로소이다 여호와여 주권도 주께 속하였사오니 주는 높으사 만유의 머리심이니이다"(대상 29:11)

"여호와께서 통치하시니 스스로 권위를 입으셨도다 여호와께서 능력을 입으시며 띠셨으므로 세계도 견고히 서서 요동치 아니하도다"(시 93:1)

1. 하나님을 향한 당신의 태도는 지금까지 어떠하였습니까? 하나님의 말씀을 배우고 기도하는 시간은 어떠했습니까? 단순히 의무감으로 하지는 않았습니까, 아니면 하나님 앞에서 기쁨을 누렸습니까? 하나님 앞에서 당신의 마음을 성찰해 보십시오.

2. 우리 하나님의 위엄과 선하심을 깊이 묵상해 봄으로써 하나님을 좀 더 알고 싶은 마음이 들게 되는 까닭은 무엇일까요?

3. 어느 성경 구절이 가장 의미 있게 당신에게 와 닿습니까? 그 이유는 무엇입니까?

4. 경외를 받으실 우리 하나님께 드리는 기도를 써 보십시오. 하나님의 품 안에서 시간을 보낼 수 있는 놀라운 특권을 주신 그분께 감사드리십시오.

5. 오늘의 공부에서 배운 중요한 교훈은 무엇입니까?

 요점 정리

• 우리 하나님께서는 경외를 받으실 분입니다.
• 우리가 하나님의 위엄과 선하심을 바라볼 때, 좀 더 하나님을 알고자 하는 마음을 지니게 됩니다.

둘 · 째 · 날

하나님의 충만하심

유명한 사람들을 만나 본 적이 있습니까? 마치 잘 아는 사람을 만난
것 같은 느낌이 들지 않았습니까? 우리가 빌리 그래함 전도 집회에서
사역하고 있을 때, 내게는 상담자로서 집회 장소인 종합운동장 1층으로
내려갈 수 있는 특권이 주어졌습니다. 운 좋게도 내가 상담하기로 되어
있는 사람은 할 수만 있다면 저명한 복음 전도자 가까이에 가 보겠다고
결심하고 있었습니다. 물론 나는 그녀를 따라가야 했습니다. 그래함 박
사에게 가까이 다가갈 수 있었던 것이 우리에게 얼마나 굉장한 순간이
었는지 모릅니다. 나는 기도하려고 머리를 숙인 그를 보았을 때 무조건
적인 경외심이 가득 차 오른 것을 기억합니다.

또 한번은 유명한 기독 작가의 세미나에 참석한 적이 있었는데, 그녀
곁에서도 그와 비슷한 경외심을 경험했습니다. 그녀는 말씀의 은사를

받은 경건한 믿음의 거장이었습니다. 그 작가의 메시지를 들으면서 내 마음에는 물밀듯 영감이 생겨나기 시작했습니다. 유명한 저자인 그녀는 책 사인회가 끝난 뒤 팬들과 만남의 시간을 보낼 것이라고 말했습니다. 그때 나는 이런 생각을 했습니다. '저분과 이야기를 한번 나눠 봐야겠군. 그녀와 **실제로 만나는** 행운을 얻을 수 있을 거야.' 나는 그녀와 개인적으로 만나고 싶었지만, 그녀는 나뿐 아니라 모든 사람들에게 쌀쌀한 태도를 보였습니다. 최고의 그리스도인들이 아무리 큰 감동을 준다 해도, 그들 역시 우리처럼 절대로 창조자가 될 수 없는 한낱 피조물에 지나지 않은 것입니다.

그러나 하나님께서 우리에게 결코 쌀쌀한 모습을 보이시는 분이 아니라는 사실은 얼마나 멋진 일입니까? 우리는 우주를 다스리시는 하나님께 가까이 다가갈 수 있는 것입니다. 하나님의 자녀로서, 하나님께서 우리를 사랑의 팔로 안아 주실 것을 알기에, 우리는 완전한 자신감을 가지고 하나님 앞에 나아갈 수 있습니다. 어떻게 우리가 기뻐하지 않을 수 있겠습니까? 어떻게 하나님과의 만남의 시간을 마치 기억해야 할 필요성이 있는 일인 듯, 오늘 할 일들 중 하나로 하루의 계획표에 올릴 수가 있겠습니까? 이 질문이 여러분 마음에 진실하게 와 닿고 있습니까? 만일 우리가 진실로 하나님의 성품을 이해한다면, 우리는 하나님의 품안으로 **달려갈 것입니다. 마치 어린아이처럼,** 우리는 하나님께 껑충껑충 뛰어서 달려갈 것입니다. 그러나 종종 우리는 하나님께 달려가는 대신 사람들에게로 달려갑니다. 그렇지만 가장 고귀한 사람이라 할지라도 인간은 우리를 실망시킬 것입니다. 가장 선한 마음을 지니고 있으며 성숙한 영성이 있는 친구라 할지라도 하나님과 같은 지혜와 성품을 지니고 있지는 못합니다. 인간을 선택한 그 다음 순간 당신은 위험에 직면하게 될 것입니다. 기억하십시오. 당신은 하나님께 매달릴 수도, 전화기에 매달릴 수도 있습니다. 어느 쪽을 선택하시겠습니까?

언젠가 내 딸 레아를 디즈니랜드에 데려간 일이 생각납니다. 애니메이션 영화 "미녀와 야수"(Beauty and the Beast)의 미녀 분장을 한 연기자를 보자 레아는 매우 좋아서 어쩔 줄 몰라 했습니다. 무척 신이 나서 금방이라도 껑충껑충 뛸 것만 같았습니다. 레아는 만화 속의 주인공처럼 분장한 스무 살 가량의 여자를 보는 것만으로도 흥분을 가라앉힐 수가 없었나 봅니다. **그러나 우리는 하나님 앞에 나아가려는 시도조차도 하고 있지 않습니다. 그리고 하나님 앞에 나아가려 시도할 때조차도, 잠이 반쯤 깨어 있는 상태일 때가 많습니다.** 도대체 무엇이 잘못된 것일까요?

이제 성경책을 펴고 공부할 시간입니다. 여기에 대해서 당신에게 큰 영향을 줄 수 있을 것으로 보이는 결정적인 성경 구절인 이사야 40장을 통해서 하나님의 성품을 살펴보십시오.

무엇보다도 하나님께서 과연 어떤 분이신지에 대한 다음의 진리들을 당신이 주목하기를 바랍니다.

- **영원무궁하심**: "우리 하나님의 말씀은 영영히 서리라 하라"(8절)
- **주권**: "보라 주 여호와께서 장차 강한 자로 임하실 것이요 친히 그 팔로 다스리실 것이라"(10절) 하나님께서는 하늘과 땅의 모든 권능과 권세를 지니고 계십니다.
- **온유하심**: "어린 양을 그 팔로 모아 품에 안으시며 젖 먹이는 암컷들을 온순히 인도하시리로다"(11절)

하나님의 권능과 위엄을 바라볼 때, 하나님께서는 당신이나 나 또는 그 누구도 필요치 않으시다는 것을 명확히 알 수 있습니다. 다만 그분이 스스로 이루시는 역사에 우리가 동참할 수 있는 특권을 주기로 선택하신 것입니다. 물론 이를 입증할 수는 없습니다. 그러나 나는 하나님께서 깨지기 쉬운 인간들을 사용하셔서 천국의 메시지를 주신다고 느끼고 있습니다. 가끔씩 하늘을 올려다보면서, 가브리엘 천사의 옆구리를 툭툭 치시며 저것 좀 보라고 속삭이시는 하나님의 모습을 나는 그릴 수 있습니다. 올스타를 기용한 게임에서라면 누구든지 승리할 수 있습니다. 그러나 하나님께서는 벤치를 지키는 후보 선수들이나 볼보이 혹은 어떤 감독도 기용하지 않을 선수를 내보내서 자신의 권능을 드러내 보이십니다 (그리스도께서 이미 궁극적인 승리를 거두셨지만, 아직 이 세상에는 싸워야 할 전투가 많이 남아 있기에 하나님께서는 계속해서 선수들을 선발하고 계십니다).

복음 전파를 예로 들어 봅시다. 하나님께서는 천사들을 보내서 일을 훨씬 빨리 그리고 간단하게 하실 수도 있습니다. 그렇게 되었다면 어땠을까요? 천사들로 이루어진 군대는 매일 다른 도시를 방문했을 것입니다. 그들은 트럼펫을 불고 빛을 발하고 훌륭한 찬송을 부르면서 완벽하게 복음을 선포했을 것입니다. 얼마나 많은 사람들이 이와 같은 성스러운 부름에 응답했으리라 생각하십니까? 꽤 많은 사람들이 응답했으리라 확신합니다. 나는 빌리 그래함 목사를 그 누구보다도 좋아합니다. 사실 개인적으로 그분의 설교를 듣는 것은 그리스도인으로서 내 삶 가운데에서 가장 행복하던 순간 중 하나였습니다. 그러나 효과를 따진다면 천사를 사용하시는 편이 훨씬 더 효과적이지 않을까 하는 생각이 문득 들 때가 있는 것도 사실입니다.

여기에 하나님께서 사용하실 수 있었던 또 하나의 시나리오가 있습니다. 만일 메시지를 전하는 사람의 능력과 효율성 그리고 자격이 중요한 문제라면, 하나님께서는 아마도 1년에 한 번 정도 예수 그리스도를 다시 이 땅에 보내셨을지도 모릅니다. 예수님은 영광과 광채에 둘러싸여서 오셨을 것입니다. 하나님께서는 "나는 하나님이고 너는 사람이다. 지금 당장 내게 경배하라." 하고 말씀하실 수도 있었을 것입니다. 여러분에게 말씀드리고 싶은 점은 바로 이것입니다. 물론 이렇게 하면 큰 효과를 거두어들일 수 있을 것이고, 사람이라는 그릇을 통해서 메시지를 전달하는 지루한 과정보다도 훨씬 더 쉽게 일이 진행이 될 것입니다.

그러나 하나님께서는 왜 그런 식으로 역사하시지 않는 것일까요? 이런 멋진 아이디어를 생각해 내지 못하셨기 때문일까요? 결코 그렇지 않을 것입니다. 그분은 하나님이십니다. 하나님께서는 이 세상이 창조되기 전부터 그런 멋진 전술도 이미 알고 계셨습니다. 정확히 말해서 하나님께서는 이 세상에서 역사하시는 데 있어서 가장 능률적이고 효과적인 방법을 쓰시는 것에는 관심이 없으신 것입니다. 이런 생각을 해 본 적이 없으십니까? 하나님께서 깊은 관심을 가지고 계시는 것은 바로 당신과 나입니다. 또 이 지구상에 살고 있는 수십억의 사람들입니다. 하나님께서는 자신의 외아들을 닮아 갈 수 있도록 우리를 빚으시고 변화시키시는 일에 깊은 관심이 있으신 것입니다. 하나님께서는 다가올 하나님의 왕국을 위해서 우리를 준비시키고 계시며, 그때가 되면 우리는 예수 그리스도와 함께 하늘나라의 상속인으로서 군림하게 될 것입니다.

시간을 갖고 깊이 묵상해 보십시오. 하나님께서 쓰실 수 있는 그릇의 자격에 대한 당신의 생각이 근본적으로 바뀌게 될 것입니다.

1. 지금 하나님께서 당신을 구원하실 수 없는 상황에 있다고 생각하십니까? 배운 정답을 적으십시오. 그런 뒤 당신의 태도와 행동을 비추어 볼 때 당신이 실제로 믿고 있는 바를 적어 보십시오.

2. 하나님께서 당신을 지금의 상황에 그대로 머물도록 하시는 이유는 무엇입니까? 하나님께서는 당신에게 무엇을 가르치길 원하시는 걸까요?

3. 오늘의 공부에서 배운 중요한 교훈은 무엇입니까?

 요점 정리

• 비록 하나님께서는 우리의 도움을 필요로 하지 않으시지만, 우리의 삶을 통해서 하나님의 목적하신 바를 이루기로 선택하셨습니다.

• 하나님께서는 어떤 상황에서든지 우리를 구원하실 수 있습니다. 만일 하나님께서 우리가 시련 가운데 있기를 허락하신다면, 그 이유는 시련을 통해서 우리가 무언가 배우기를 원하시기 때문입니다.

셋 · 째 · 날

하나님의 열망

인간 역사의 시작을 살펴봅시다. 하나님께서는 우주를 창조하셨고 살아있는 피조물들로 그 우주를 가득 채우셨습니다. 그곳은 아름답고도 완벽한 곳이었습니다. 그런데 왜 하나님께서는 아담과 하와를 창조하셔서 그 가운데 두시고 아름다운 우주를 망치게 하신 것일까 하는 의문이 생깁니다. 어떤 동기 때문에 하나님께서는 흙으로 사람의 형상을 창조하신 걸까요? 왜 하나님께서는 처음부터 인간을 만들기로 작정하셨을까요? 그 이유는 하나님께서 우리와 친구가 되기를 원하셨기 때문입니다. 하나님께서는 자녀 한 사람 한 사람과 개인적으로 깊은 교제 나누기를 열망하시기 때문에, 우리가 하나님을 외면하면 슬퍼하시는 것입니다. 예루살렘에서 고통스러워하시는 예수 그리스도를 생각해 보십시오.

"예루살렘아 예루살렘아 선지자들을 죽이고 네게 파송된 자들을 돌로 치는 자여

암탉이 그 새끼를 날개 아래 모음 같이 내가 네 자녀를 모으려 한 일이 몇 번이냐 그러나 너희가 원치 아니하였도다"(마 23:37)

　그렇습니다. 이것이 바로 우리를 향하신 하나님의 마음입니다. 그러나 우리는 그런 마음을 무시하고 있습니다. 우리는 하나님을 알아 가는 데 시간 들이는 것을 원하지 않습니다. 하나님의 말씀을 듣는 데 시간을 투자하기를 원하지 않습니다. 기도를 통해서 하나님과 대화하는 것을 즐겨하지 않습니다. 매일의 삶 속에서 하나님께 순종하며 하나님과 함께 걸어가기를 좋아하지 않습니다. 당신의 무관심이 하나님의 마음을 얼마나 아프게 했는지 한 번쯤 생각해 보신 적이 있습니까?

　만일 사랑하는 누군가가 당신을 무시한다면 그때 어떤 기분이 들겠습니까? 당신에게 편지 한 장 쓰지 않는다면? **당신이 가장 사랑하는 누군가가 우리가 하나님을 대우하는 방식 그대로 당신을 취급한다면 그때 당신의 기분은 어떻겠습니까?** 만일 당신이 하나님을 사랑한다면 그 마음을 하나님께 보이십시오. 하나님께서는 당신을 갈망하고 계십니다.

　누군가를 갈망해 보신 적이 있습니까? 특별히 사랑하는 누군가와 전쟁으로 인해 몇 달 동안 헤어졌던 경험이 있습니까? 당신이 처음으로 사랑에 빠졌을 때 그 사람을 얼마나 갈망했는지를 기억해 보십시오. 하루 정도 떨어져 있는 것도 견디기 어려웠을 것입니다. 이것이 바로 하나님께서 우리에 대해 느끼시는 감정입니다. 상상할 수 있습니까? 하나님께서는 당신을 갈망하고 계십니다.

　당신은 하나님을 갈망합니까? 만일 그렇지 않다면 당신은 누구를, 무엇을 열망하고 있습니까? 부와 안락함, 안전, 로맨스, 아름다움과 짜릿한 흥미를 갈망하고 있습니까? 다시 한 번 묻겠습니다. 만일 하나님을 갈망하고 있지 않다면 당신은 누구를, 무엇을 갈망하고 있습니까? 이 질문을 깊이 생각해 보고 당신의 실제 마음 상태와 이 질문을 함께

묵상해 보십시오.

1. 마태복음 23장 37절에서 예수 그리스도는 하나님의 자녀인 우리에 대한 감정을 어떻게 말씀하고 계십니까?

2. 실제로 하나님께서 당신을 갈망하고 계심을 믿고 있습니까? 이 질문이 실제적으로 의미하는 바가 무엇이라고 생각하십니까?

3. 예수 그리스도가 당신에 대해 "나와의 관계를 원치 않던 사람"이라고 말씀하시지는 않을까요? 당신은 어떤 방법으로 하나님과 사랑의 관계 지속하기를 거부해 왔습니까?

4. 혹시 하나님보다도 더 갈망하는 것이 있습니까? 그 사람 또는 그것은 무엇입니까? 그런 것에 대한 갈망이야말로 당신이 사랑의 관계를 지속하는 데 방해가 되는 것입니다. 바로 지금 하나님 앞에서 고백하고 회개하십시오. 그리고 하나님을 갈망하는 마음을 달라고 기도하십시오.

5. 오늘의 공부에서 배운 중요한 교훈은 무엇입니까?

 요점 정리

• 하나님께서는 우리와 교제하기를 원하십니다.
• 하나님과의 교제에서 주된 방해 요소는 그 교제를 우리가 달가워하지 않고 있다는 것입니다.

넷 · 째 · 날

말씀을 통해 자신을 나타내시는 하나님

이제 당신의 토기장이가 어떤 분이신지 어렴풋이 알게 되었을 것입니다. 나는 성경을 통해서 하나님을 알고자 하는 당신의 태도에 변화가 생겼기를 바랍니다. 일종의 의무감으로 또는 자기 개선 프로그램 정도로 성경을 대하는 한, 우리가 말씀을 읽는 행위는 밑 빠진 독에 물 붓는 것에 지나지 않습니다. 우리가 하나님의 자녀로 일컬음을 받는 권리가 얼마나 믿을 수 없는 특혜인지를 깨달을 때에야 비로소 하나님의 말씀 속에서 기쁨을 누릴 수 있게 됩니다.

앞으로 이틀에 걸쳐 우리는 아주 실제적인 면을 다루게 될 것입니다. 나는 이 교재가 많은 분들에게 복습의 기회로 사용될 것이라는 사실을 알고 있습니다. 그러나 만일 이 교재를 통해서 한두 가지의 새로운 생각을 가지게 된다면, 교재를 공부하는 시간이 헛되지 않았다고 말할 수 있을 것입니다. 만일 하나님께서 쓰실 수 있는 그릇이 되길 원한다면, 당신의 토기장이를 반드시 알아야 하며 신뢰해야 합니다. 하나님과 깊은 교제를 나누기 위해서 당신은 무릎 꿇고 하나님의 말씀에 귀를 기울여야 합니다. 최소한 성경책을 한 권이라도 소유할 수 있는 놀라운 특권을 가진 그리스도인이라면 누구나 1년에 한 번은 성경을 통독해야 합니다. 왜냐하면 이 세상과 역사를 통틀어서 살펴볼 때 대부분의 사람들이 이런 특권을 누리지 못하고 있기 때문입니다.

> "모든 성경은 하나님의 감동으로 된 것으로 교훈과 책망과 바르게 함과 의로 교육하기에 유익하니 이는 하나님의 사람으로 온전케 하며 모든 선한 일을 행하기에 온전케 하려 함이니라"(딤후 3:16-17)

지속적인 성경 읽기를 돕는 한 가지 방법을 소개하겠습니다. 열두 개의 색인표를 구입하고 성경을 열두 파트로 균등하게 나누십시오. 각각의 표에 1월부터 12월까지를 써 넣으십시오. 각 색인표는 당신이 어느 곳을 언제 읽어야 할지를 표시하는 역할을 하게 될 것입니다. 떼었다 붙였다 할 수 있는 색인표를 사용하면, 당신은 매년 성경 읽기 프로그램을 다시 조정할 수 있게 되는 것입니다. 매일 성경을 읽기 전에 다섯 페이지를 미리 넘겨서 거기에 책갈피를 꽂아 두십시오. 이렇게 함으로써 당신은 할당된 부분을 다 읽었음을 자동으로 알게 될 것입니다. 당신이 읽어야 하는 페이지 수는 약간씩 다를 수 있습니다. 예를 들어서 당신이 가지고 있는 성경에 주석이 포함되어 있다든가, 글자가 아주 크거나 작을 경우에는 하루에 다섯 페이지 이상이나 이하로 조절해서 읽을 수 있습니다. 당신의 성경에 맞추어서 계산하고 나누면 됩니다.

매일 읽어야 하는 분량을 계산하기 위해서 성경 전체 페이지 수를 365로 나누십시오. 365일 성경 통독 프로그램에서 당신은 하나님의 말씀을 좀 더 깊이 묵상하는 데 시간을 투자해야만 합니다.

공식적인 성경 공부에 활발히 참여하지 않을 때, 나는 94쪽에 나와 있는 경건의 시간 일지를 사용합니다. 당신은 이 일지를 성경 통독 프로그램에도 사용할 수 있을 것입니다. 이 일지의 형식을 복사하거나 아니면 자신만의 성경 공부 일지를 위한 노트를 마련해서 답을 쓰도록 하십시오. 성경 공부를 그룹으로 하든 개인으로 하든 간에 중요한 점은 성경 말씀을 힘써 공부하고 또 깊이 이해해야 한다는 것입니다.

만일 당신이 말씀을 통해서 하나님을 알게 될 때 기쁨에 넘칠 것이라는 하나님의 약속이 여기에 있습니다.

> "복 있는 사람은 악인의 꾀를 좇지 아니하며 죄인의 길에 서지 아니하며 오만한 자의 자리에 앉지 아니하고 오직 여호와의 율법을 즐거워하여 그 율법을 주야로 묵상하는 자로다 저는 시냇가에 심은 나무가 시절을 좇아 과실을 맺으며 그 잎사귀가 마르지 아니함 같으니 그 행사가 다 형통하리로다"(시 1:1-3)

위의 성경 구절이 말하는 내용의 진행 과정을 주목해 보십시오. 맨 먼저 당신은 당신을 유혹하는 상황 곁을 지나갑니다. 그런데 당신의 주의를 끄는 무언가가 눈에 들어오고 당신은 멈추어 서서 그것을 자세히 보게 됩니다. 그런 다음에는 방해꾼들과 함께 앉아 있는 자신을 발견하게 될 것입니다. 텔레비전이 바로 그 좋은 예라고 할 수 있습니다. 거실을 가로질러 가는 동안 당신의 눈은 텔레비전 쇼에 꽂힐 수도 있습니다. 몇 분 동안 서서 지켜보다가 다음 순간 어느새 소파에 털썩 앉아 있는 자신을 발견합니다. 그리고 네 시간 후쯤 당신의 마음 상태는 엉망이 되어 있을 것입니다. 당신은 하나님의 말씀을 묵상하는 귀한 시간을 망치게 된 것입니다. 만일 당신의 사역이 결실 맺기를 원한다면, 하나님께서 쓰실 수 있는 그릇이 되길 원한다면, 하나님의 말씀 안에 거하십시오.

그렇게 하면 하나님께서는 하나님 자신을, 하나님의 뜻을, 그리고 당신을 위한 그분의 방법을 점점 더 드러내 보이실 것입니다. 하나님의 말씀을 통해서 당신은 하나님의 목소리를 듣는 법을 배우게 될 것입니다. 당신의 토기장이가 어떤 분이신지 알아 가십시오!

1. 우리가 축복 받기를 원한다면 금해야 할 행동들이 있는데, 하나님께서 명하신 이 세 가지가 무엇인지 적어 보십시오.

2. 당신의 삶을 살펴보십시오. 혹시 가지 말아야 할 곳, 서 있지 말아야 할 곳, 앉지 말아야 할 곳에 있지는 않습니까? 언제나 이것을 분명히 하십시오.

3. 하나님께서는 말씀을 묵상하는 사람에게 어떤 약속을 하고 계십니까?

4. 당신은 하나님의 말씀을 위하여 보내는 시간이 하루에 얼마나 됩니까? 만일 시간이 없다면, 또는 시간이 거의 없다는 것이 당신의 대답이라면, 말씀을 읽는 데 좀 더 많은 시간을 투자하려는 당신을 방해하는 것들에는 어떤 것들이 있는지 생각해 보십시오.

5. 오늘의 공부에서 배운 중요한 교훈은 무엇입니까?

 요점 정리

• 하나님께서는 말씀을 통해서 자신을 드러내고 계십니다.

• 만일 진실로 하나님을 알기 원한다면, 우리는 하나님의 말씀을 공부하는 데 시간을 드려야만 합니다.

• 하나님의 축복은 하나님의 법을 기뻐하며 그 법을 주야로 묵상하는 사람에게 임합니다.

경건의 시간을 위한 연습

본문 말씀 : "모든 성경은 하나님의 감동으로 된 것으로 교훈과 책망과 바르게 함과 의로 교육하기에 유익하니 이는 하나님의 사람으로 온전케 하며 모든 선한 일을 행하기에 온전케 하려 함이니라" (딤후 3:16-17)

날   짜 : ....

핵심 구절 : ....

1. 이 성경 구절이 의미하는 바가 무엇인지 몇 문장으로 요약해 보십시오.

2. 내가 본받아야 할 점이 나타나 있습니까?

3. 내가 피해야 할 실수로는 어떤 것이 있습니까?

4. 내가 순종해야 할 명령이 들어 있습니까?

5. 내가 버려야 할 죄가 나타나 있습니까?

6. 오늘 내 삶 속에 이 성경 구절을 어떻게 적용시킬 수 있겠습니까?

다·섯·째·날

하나님의 말씀을 마음에 간직하기

"청년이 무엇으로 그 행실을 깨끗케 하리이까 주의 말씀을 따라 삼갈 것이니이다 내가 전심으로 주를 찾았사오니 주의 계명에서 떠나지 말게 하소서 내가 주께 범죄치 아니하려 하여 주의 말씀을 내 마음에 두었나이다 내가 주의 법도를 묵상하며 주의 도에 주의하며 주의 율례를 즐거워하며 주의 말씀을 잊지 아니하리이다" (시 119:9-11, 15-16)

쓰임받을 수 있는 그릇이 되기 위해서는 당신이 하나님의 말씀 안에 거해야 하지만, 또한 하나님의 말씀이 당신 안에 임해야 합니다. 그렇지 않고서야 하나님께서 어떻게 하나님을 알아야 하는 사람들이나 하나님의 위로가 필요한 사람들에게로 당신을 인도하실 수가 있겠습니까? 불행히도 뉴 에이지 사상의 지도자들과 동양의 신비주의자들로 인해 명상이라는 단어에 좋지 않은 딱지가 붙어 버렸습니다. 흔히 명상이라고 하면 나쁜 업보를 몰아내기 위해 책상다리를 하고 앉아서 조용히 주문을 외는 모습을 떠올리게 됩니다.

그렇지만 명상 또는 묵상은 하나님께서 쓰실 수 있는 그릇으로 빚기 위한 중요한 수단이 될 수 있습니다. 우리가 전도 폭발 프로그램을 우등으로 수료하지 못한다고 해서 하나님께서 우리를 쓰지 않으실까요? 결코 그렇지 않습니다. 하나님께서 선택하시는 사람은 누구나 쓰임을 받을 수 있습니다. 그러나 하나님께 쓰임받기 위해 우리 자신을 좀 더 잘 준비하면 할수록 우리는 토기장이가 빚으시기에 더욱 합당한 그릇이 될 수 있는 것입니다.

하나님의 말씀을 묵상하기 전에, 우리는 반드시 하나님의 말씀을 마음속에 감춰 두어야 합니다. 성경 암송이란 바로 이를 뜻합니다. 1992년에 필라델피아에서 빌리 그래함 전도 집회가 열렸습니다. 남편과 나는 상담자 훈련 프로그램에 참석했는데, 8주간의 강습과 함께 방대한 양의 성경 암송이 포함되어 있었습니다. 내 기억으로는 우리 결혼 생활에서 그렇게 한 목적을 위해 서로 화합해 본 적이 없었던 것 같습니다. 식탁에 함께 앉아서 남편이 성경의 장절을 부르면 나는 그 성경 구절을 암송하였습니다. 남편은 외우는 일을 참 쉽게 하는 사람이어서 거의 힘을 들이지 않고 성경을 암송할 수 있었습니다. 그뿐 아니라 그는 몇 년 후까지도 그 구절들을 암송할 수 있었습니다. 나는 자꾸만 남편과 비교가 되어 주눅이 들었습니다.

자신을 좀 더 채찍질하는 데 약간의 우호적인 경쟁만큼 효과적인 것도 드물다는 생각이 듭니다. 내가 그에게 뒤떨어지지 않는 길은 늘 성경 구절을 지니고 다니는 방법뿐이었습니다. 나는 다섯 개나 여섯 개 정도의 빈 카드에 각각의 성경 구절을 적었고, 내 눈에 띄는 곳 어디에나 성경 구절이 있게 만들었습니다. 내 코트 주머니 안에도, 지갑 안에도, 그리고 바지 주머니 안에도 말씀이 들어 있었습니다. 성경책 안에도 넣어 놓았고, 선반 위나 부엌 싱크대 위에도 붙여 놓았습니다. 차 안에도, 책상 위에도, 심지어 베개 밑에도 넣어 두었습니다. 남편은 우리 집이 마치 암송 카드 부대의 습격이라도 받은 것 같다고 말했습니다.

좀 엉뚱한 생각 같기도 하고 너저분해 보이기도 했지만 효과는 만점이었습니다. 사람들은 종종 복음 전도와 관련된 성경 구절을 선택합니다. 그러나 당신 자신을 그런 구절에만 제한하지 마십시오. 성경 암송은 당신을 도와서 특별한 시험이나 우울증을 물리쳐 줄 것입니다. 성경 암송을 함으로써 당신은 자녀들과 남편에게 용기를 북돋아 주는 말을 할 수 있게 됩니다.

성경 암송은 우리에게 많은 유익함을 줍니다. 그중 가장 중요한 점은 우리의 생각을 순결하게 유지시켜 준다는 사실입니다. 여러분은 어떤지 모르겠지만 내 마음은 늘 전쟁터와 다름없었습니다. 그러나 내가 성경 말씀으로 마음을 가득 채울 때면 그동안 내가 매달려 오던 쓸데없는 생각들은 더는 차지할 자리를 얻지 못하게 되는 것입니다.

성경 암송을 하게 되면 다른 여성들이 우리에게 상담을 부탁할 정도로 뛰어난 영적 민감성을 지니게 됩니다. 그렇게 될 때 우리는 자기 연민에 빠져서 눈물을 흘리던 모습에서 벗어나 좀 더 생산적인 일을 하게 되는 것입니다. 나는 어린 시절부터 우울증에 시달려 왔습니다. 그렇지만 다른 사람을 도울 때보다 더 빨리 이 우울증에서 벗어날 수 있는 길이란 없다는 것을 알게 되었습니다.

또 당신이 성경을 알 때, 사탄의 공격에 직면했을지라도 하나님께서 주시는 자신감을 가질 수 있습니다. 사탄이 광야에서 예수님을 시험했을 때(마 4:1-11) 예수님은 자신 있게 대답하셨습니다. 그분은 하나님께서 말씀하시던 것들을 잘 알고 계셨습니다. 사탄의 가장 오래된 수법,

즉 "하나님이 참으로 너희더러 … 하시더냐"(창 3:1) 하는 말에 넘어간 하와처럼 속지 마십시오. 이 점을 기억하십시오. 사탄은 거짓말의 대가 입니다. 그러므로 그 거짓말을 꺾는 유일한 길은 진리 안에 거하는 것입니다. 예수님은 이렇게 말씀하셨습니다. "진리를 알지니 진리가 너희를 자유케 하리라"(요 8:32) 우리는 하나님의 말씀을 알아야 합니다. 그리고 우리의 주님이 누구이신지를 알아야 합니다.

몇 년 전 나는 운전하는 도중에 라디오를 통해서 척 스윈돌(Chuck Swindoll) 목사의 설교를 들은 적이 있었습니다. 그의 설교가 매우 훌륭했기 때문에 나는 차를 길가에 세우고 그 말씀의 요점을 노트에 적었습니다. 어디에 적었는지 추측이 되십니까? 바로 성경 암송 카드 위에 적었습니다. 나는 그만큼 성경 암송 카드를 많이 사용하고 있었습니다. 그리고 당신 역시 성경 암송 카드를 많이 사용하게 되기를 희망합니다. 여기 제가 그때에 적은 내용이 있습니다.

성경 암송 - 외워라, 자신의 것으로 만들어라, 분석하라

1. 하루에 15분 정도 성경 암송을 위해 떼어 놓으십시오.
2. 당신의 결점을 다루고 있는 성경 구절을 선택하십시오. 그렇게 함으로써 그 구절들을 외우는 데 훨씬 더 많은 관심을 가지게 될 것입니다.
3. 성경 구절을 큰 소리로 반복해서 읽으십시오.
4. 성경 구절을 논리 정연하게 분류하십시오. 그리고 전체 구절을 외울 때까지 하나하나의 구로 나누어서 한 개씩 차례로 배우십시오.
5. 말씀의 장절을 여러 번 반복하십시오. (성경을 펼쳐 들고 스파게티 소스의 광고 문구처럼 혹시 여기에 있을까 하고 되뇌면서 얼마나 많은 시간을 구절 찾기에 낭비했습니까?)
6. 제대로 암송하지 못하는 구절을 건성으로 많이 알기보다는, 단 몇 구절이라도 충실히 배우는 것이 중요합니다.

7. 어려운 용어나 중요 단어들은 밑줄을 그어 놓으십시오. 그런 뒤 사전이나 성경의 용어 색인, 또는 성경 주석에서 찾아보십시오.

8. 당신이 암기한 구절을 적으십시오. 지금이 아주 중요한 단계입니다. 펜을 들고 종이에 적음으로써 좀 더 영구적으로 마음속에 새길 수 있습니다.

이제 성경 암송을 위해 내가 사용하고 있는 전략을 말씀드리겠습니다. 물론 이상하게 들릴 수도 있겠지만 확실히 효과가 있음을 보장합니다. 나는 성경 구절을 보면서 그 구절 안에 있는 단어들의 첫번째 글자를 적습니다. 그리고 잠시 동안 그대로 놓아 둡니다. 그런 후에 적어 놓은 첫 글자들을 보면서 다른 모든 단어를 기억해 내려고 노력합니다. 이 과정을 여러 차례 반복하다 보면 **몇 년 후**에도 당신이 그 구절을 외우고 있다는 사실에 놀랄 것입니다.

별다른 힘을 들이지 않고도 아주 효과적으로 성경을 외우는 또 한 가지의 방법은 성경 구절을 가사로 하는 노래입니다. 현대의 많은 찬양들이 성경 말씀과 음악을 결부시켜 만든 것들입니다. 당신이 찬양을 부르는 동안 하나님의 말씀은 우리 마음에 새겨질 것입니다.

암송 카드와 성구로 만든 찬양, 또는 다른 어떤 방법을 사용하든지 하나님께서 하신 말씀을 마음에 새기십시오. 하나님께서는 우리가 시험을 받을 때 피할 길을 내신다고 약속하고 계십니다(고전 10:13). 성경 구절은 종종 자유를 향한 문을 열어 주는 열쇠 구실을 합니다. 가능한 한 당신이 이러한 많은 열쇠들을 소유하기 바랍니다.

이번 주 동안 우리는 토기장이를 알아 가는 데 역점을 두어 왔습니다. 우리는 하나님의 위엄을 보았으며 하나님께서 쓰실 수 없는 그릇이란 존재하지 않는다는 것을 깨닫게 되었습니다. 이는 우리가 뭔가를 해내야 한다는 정신적 압박감을 없애 줍니다. 우리는 하나님의 충만하심을 공부했습니다. 하나님의 영원하신 계획에는 우리의 힘이 필요치 않지만, 하나님께서 우리의 삶을 통해서 일하기를 기뻐하신다는 사실을 알게 되었기 때문에 마음의 평안도 얻게 되었습니다. 우리는 하나님의 열망을 어렴풋이나마 볼 수 있었으며 하나님께서 우리와 교제하기를 고대하고 계신다는 놀라운 사실 또한 이해하게 되었습니다. 이 교제에 방해가 되는 단 한 가지는 우리가 이를 원치 않는다는 사실뿐입니다.

지난 이틀 동안 우리는 하나님의 말씀을 잘 알 수 있는 전략을 실생활과 연관시켜서 알아보았고, 이는 우리의 토기장이를 좀 더 깊이 이해할 수 있는 방법이었습니다. 당신은 하나님께서 쓰실 수 있는 그릇이 되길 원하십니까? 그렇다면 한평생을 바쳐서 당신의 토기장이를 알아 가는 데 수고를 아끼지 마십시오.

1. 여성들이 자신의 삶을 고결하게 지켜 나갈 수 있는 방법에는 어떤 것이 있을까요? (힌트: 연속극이나 시시한 TV쇼를 보는 것은 제외하고 답을 생각해 보세요.)

2. 죄의 권세에서 벗어나기 위한 그리고 시험에 들지 않기 위한 가장 좋은 방법은 무엇일까요?

3. 성경 구절을 마음에 새겼더라면 도움이 되었을 것이라고 생각되는 일이 최근에 있었습니까?

4. 최근 들어서 하나님의 말씀을 마음에 새김으로써 긍정적인 효과를 거둔 일이 있었습니까? 만일 그런 적이 없다면 이 사실이 뜻하는 바는 무엇일까요?

5. 당신이 가장 어려움을 겪고 있는 것은 어떤 부분입니까? 또 해당되는 적절한 구절을 찾아서 암기할 수 있도록 성경 용어 색인을 찾아보십시오. 아래에 그 구절들의 리스트를 써 본 뒤에 색인 카드나 포스트잇에 옮겨 적으십시오.

6. 성경을 암기하기 위한 여덟 가지 단계를 적으십시오.

7. 과거에 만일 성경 구절을 암송하는 데 문제가 있었다면 방해되는 요소는 무엇이었습니까? 그러한 장애들을 극복하기 위해 세운 계획 몇 가지를 적어 보십시오. (힌트: 성경 암송 파트너가 있다면 더 효과적입니다.)

8. 오늘의 공부에서 배운 중요한 교훈은 무엇입니까?

9. 이번 주의 핵심은 무엇입니까?

 요점 정리

• 당신이 하나님의 말씀에 거하는 것만으로는 부족합니다. 하나님의 말씀이 **당신 속에 거해야 합니다.**
• 지속적인 성경 암송이야말로 당신이 어디에 있든, 언제든 하나님의 지시를 받을 수 있도록 고안된 최고의 방법 중 하나입니다.

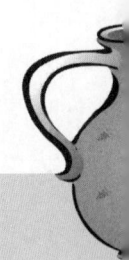

하나님께서 빚으신 그대로의 자신을 받아들이자

이번 주의 주제

.
.
.

하나님께서 빚으신 그대로의 자신을 받아들이기

이번 주의 핵심 성경 구절

.
.
.

"그런즉 누구든지 그리스도 안에 있으면 새로운 피조물이라

이전 것은 지나갔으니 보라 새것이 되었도다

모든 것이 하나님께로 났나니

저가 그리스도로 말미암아 우리를 자기와 화목하게 하시고

또 우리에게 화목하게 하는 직책을 주셨으니" (고후 5:17-18)

나는 질그릇이다

이번 주의 공부에서 우리는 하나님께서 쓰실 수 있는 그릇이 되는 첫 번째 조건을 배우게 됩니다. 그 조건은 하나님께서 당신을 빚으신 대로 자신을 받아들이는 것입니다. 물론 당신이 누구인지를 받아들이는 가장 확실한 방법은 당신을 만드신 분을 받아들이는 것입니다. 그리고 이것이 바로 우리가 첫 3주 동안 신뢰의 초석을 다지는 데 시간을 들인 이유입니다. 당신의 토기장이가 누구이신지, 하나님께서 얼마나 신뢰할 만한 분이신지, 당신을 쓰시는 데 얼마나 유능하신지를 이해할 때 비로소 당신은 하나님께서 빚으신 대로의 자신을 받아들이기가 훨씬 수월해질 것입니다.

요즘의 문화에 따르면 우리의 가치는 거울에 비치는 외모와 아주 밀접하게 관련되어 있습니다. 만일 우리가 날씬하고 아름답다면, 가치 있는 사람으로 평가받을 것입니다. 그러나 우리의 몸무게가 이상적인 기준을 넘어서기 시작하는 순간부터 우리의 이미지는 더럽혀지기 시작합니다. **조심하십시오!** 교회는 우리가 아주 영적으로 보여야 한다고 주장합니다. 그렇게 보이지 않는다면, 심지어 하나님께서 우리 삶 속에 강력히 역사하셨다 할지라도 그리스도에 대한 대의명분을 손상시키는 신자로 간주됩니다.

그러나 이는 결코 하나님께서 우리를 바라보시는 방법이 아닙니다. 하나님께서는 우리에게 썩지 않을 몸과 도덕적으로 흠 없는 성품을 손쉽게 허락하실 수 있는 분입니다. 하나님께서는 또한 우리를 결코 늙지 않고 결점도 없으며 실패도 하지 않는 피조물로 만드실 수 있습니다. 그러나 그 대신 하나님께서는 우리를 진흙으로 빚으셨습니다.

> "우리가 이 보배를 질그릇에 가졌으니 이는 능력의 심히 큰 것이 하나님께 있고 우리에게 있지 아니함을 알게 하려 함이라"(고후 4:7)

하나님께서는 **왜** 우리를 진흙으로 만드셨을까요? 그 사실을 앎으로써 우리 삶을 통해 성취되는 영원한 가치는 어떤 것이든 하나님께로서 온 것이지 결코 우리가 한 것이 아님을 명백히 알 수 있게 됩니다. 하나님께서는 스스로 영광을 받으시기 위해서 우리를 창조하셨습니다. 지난 수 주 동안 하나님께서는 "나는 내 영광을 그 누구와도 나누지 아니하리라"는 단순한 진리를 우리에게 거듭 가르쳐 주고 계십니다.

우리는 우리 자신을 평가할 때, 만유의 하나님께서 우리 삶을 통해 역사하시기로 선택했다는 사실을 제외하면 모든 면에서 별 볼일 없는 질그릇 같은 존재라고 믿으면서 살아가고 있습니까? 아마 그렇지 않을 것입니다. 우리는 우리 자신을 꾸미려고 애쓰고 있습니다. 특히 다른 그리스도인들이 우리 주위에 있을 때는 더욱 신경을 씁니다. 우리는 외관상 좋은 모습을 보이길 원합니다. 나는 지금 수백억 달러가 왔다 갔다 하는 화장품 업계에 대해 얘기하고 있는 것이 아닙니다! 우리는 영적으로 훌륭해 보이길 원하고 있습니다. 우리는 다른 사람들에게서 "오! 그녀는 정말 탁월한 여성이야. 그리고 얼마나 탁월한 그리스도인인지 모르겠어." 하는 말을 듣기 원합니다.

그러나 그 생각은 잘못된 것입니다. 사람들이 우리를 보고 이렇게 말해야만 옳은 것입니다. "그녀가 섬기는 하나님께서는 정말 놀라운 분이야. 만일 하나님께서 그녀처럼 평범한 사람을 통해서 역사하실 수 있다면 분명히 나를 통해서도 역사하실 수 있으실 거야." 하나님께서는 뜻하신 바가 있으셔서 진흙으로 빚은 우리를 택하신 것이기 때문에 우리는 절대로 하나님의 영광을 가로채는 짓을 해서는 안 됩니다. 그러나 우리는 지금 그 영광을 훔치려 하고 있습니다! "우리가 이 보배를 질그릇에 가졌으니 이는 능력의 심히 큰 것이 하나님께 있고 우리에게 있지 아니함을 알게 하려 함이라"

하나님께서 쓰실 수 있는 여성은 자신의 가치가 어디에서 왔는지잘 알고 있는 사람입니다. 그녀는 누가 자신을 창조하였는지를 알기 때문에 귀한 존재가 된 것입니다. 하나님께서 사용하신 재료 때문도 아니며, 하나님께서 어떻게 그녀를 사용하시는가 하는 방법 때문도 결코 아닙니다. 그녀는 바로 자신 안에 거하시는 하나님 때문에 귀중한 존재가 된 것입니다.

내가 필라델피아 근교에서 자랄 때 우리 학교는 연례 행사로 도시의 역사적 유물을 답사했습니다. 우리는 벤저민 프랭클린(Ben Franklin)과 베시 로스(Betsy Ross), 그리고 다른 애국자들의 집을 방문했습니다. 그리고 첫 미국 의회 의원이 식사를 하던 바로 그 레스토랑에 앉아 보기도 했으며 자유의 종도 만져 보았습니다(그 당시에는 이런 행동이 허락

되었지만 요즘은 허락되지 않고 있습니다. 만졌다가는 구속이 되는 수도 있으니까요). 그 지역 전체가 집집마다 "조지 워싱턴이 여기서 잠을 잤다."는 문구가 씌어진 간판들을 자랑스럽게 붙여 놓고 있었습니다.

역사적인 많은 유적들은 작고 허름한 것들이었습니다. 여행 가이드가 당신의 주의를 환기시키지 않는다면 아마 눈길조차 주지 않고 그냥 지나쳐 버릴지도 모릅니다. 그 유적들은 모두 별 볼일 없던 것입니다. 그러나 단 한 가지, 그 안에 살던 사람들 때문에 이 초라한 유적지들은 대단한 중요성을 띠게 된 것입니다.

이처럼 세상은 별로 눈에 띄지 않는 당신을 그냥 지나쳐 갈지도 모릅니다. 그러나 만일 당신이 예수 그리스도를 알게 되면, 바로 우주를 창조하신 하나님께서 성령을 통해서 당신 안에 거하시게 됩니다. 하나님께서는 자신이 거하실 장소로 당신을 선택하셨고 당신을 통해서 역사하기를 원하고 계십니다.

1. 로마서 9장에 따르면 하나님께는 어떤 권리가 있습니까?

2. 당신을 가치 있게 만드는 것은 무엇입니까?

3. 사람들이 당신의 삶을 보고 무엇이라고 말해야 할까요?

4. 사람들이 우리에 대해서 "당신은 정말 훌륭한 그리스도인입니다. 나는 도저히 당신처럼 될 수 없을 거예요"하고 말한다면 그것은 왜 잘못된 것일까요?

5. 오늘의 공부를 통해서 배운 중요한 교훈은 무엇입니까?

 요점 정리

• 하나님께서는 토기장이이십니다. 하나님께서는 우리를 자신이 원하시는 그 어떤 모습의 토기로도 만드실 수 있으십니다.

• 우리는 질그릇입니다. 오직 우리가 할 일은 삶 속에서 하나님의 역사하심에 순종하는 것입니다.

둘·째·날

당신을 만드신 분과 말다툼을 하고 있는가?

당신은 하나님과 다투어 본 적이 있습니까? 이런 질문을 받은 당신의 첫 반응은 아마도 다음과 같은 것이 아닐까요? "물론 하나님과 다투어 본 적은 없지요. 나는 그 정도로 어리석지는 않습니다." 그런데 하나님과 다툰다는 것은 어떤 의미가 있을까요? 성경에서는 이렇게 말하고 있습니다.

"이 사람아 네가 뉘기에 감히 하나님을 힐문하느뇨 지음을 받은 물건이 지은 자에게 어찌 나를 이같이 만들었느냐 말하겠느뇨 토기장이가 진흙 한 덩이로 하나는 귀히 쓸 그릇을, 하나는 천히 쓸 그릇을 만드는 권이 없느냐"(롬 9:20-21)

우리 자신을 남들과 비교할 때마다 우리를 만드신 분과 다투고 있다는 생각을 해 본 적이 있습니까? 당신은 이렇게 말하고 있습니다. "하나님, 당신은 이번에 정말 실패작을 만드셨습니다. 저를 왜 이 모양으로 만드셨습니까? 저를 이렇게 저렇게 만들어 주셨어야 했습니다." 그러나 시편 139편과 다른 많은 구절에 따르면 하나님께서는 뜻하신 바대로 정성스럽게 당신을 **지금 있는 그대로의 모습**으로 창조하셨습니다. 하나님께서는 당신이 그 어떤 사람도 할 수 없는 독특한 방법으로 하나님을 섬기고 하나님께 영광을 돌릴 수 있도록 창조하셨습니다. 하나님께서는 당신에게 재능과 육체적 특성, 정신적 기질, 성품 그리고 독특한 인생의 경험을 허락하셔서 세상에서 둘도 없는 사람이 되게 하셨습니다. **하나님께서 당신을 창조하실 때 당신과 함께 싸서 보내 주신 꾸러미를 완전히 받아들이지 않는 한, 당신은 하나님의 뜻에 합당한 여성이 될 수 없습니다.**

여기에 의외로 까다로운 문제가 있습니다. 하나님께서 당신에게 맡기시지 않은 사역을 할 때, 또는 하나님께서 당신에게 명하시지 않은 프로젝트를 맡을 때, 당신은 자신을 창조하신 분과 다툼을 벌이게 됩니다. 당신은 이렇게 말할 것입니다. "하나님, 하나님께서 가지고 계신 것보다 더 멋진 아이디어가 제게 있습니다. 이 교회에서 필요한 것은 제가 하나님보다 더 잘 알고 있습니다. 제 인생을 통해서 이루어져야 할 일들은 제가 더 잘 알고 있습니다."

토기장이가 흙으로 테이블을 꾸미는 아름답고 섬세한 꽃병을 만들고, 또 물을 끓이는 튼튼한 냄비를 만드는 것처럼, 하나님께서는 다양한 사람들을 다양한 목적에 맞게 창조하셨습니다. 하늘에는 대량 생산 공장이 없습니다. 그러므로 우리는 모두 완전히 유일한 존재들입니다. 하나님께서는 성취하기를 원하시는 특별한 목적이 있으시기 때문에 뜻하신 바대로 당신을 만드셨습니다.

우리 남편은 대학에서 부전공으로 미술을 공부했습니다. 나는 남편이 토기장이가 쓰는 녹로를 가지고 일하던 모습을 기억합니다. 어느 날 남편이 내게 그것을 써 볼 수 있는 기회를 주었습니다. 매사에 지나치게 자신감이 있던 나는 그 일도 쉬울 것이라고 생각했습니다. 대강 어슬렁거리면서 녹로 바퀴를 몇 번 돌리기만 하면 아주 아름다운 꽃병이 탄생하리라 생각한 것입니다. 나는 진흙이 마치 장난감 찰흙처럼 아주 부드럽고 모양을 만들기도 쉬우리라 기대했습니다. 그런데 전혀 그렇지 않았습니다. 진흙은 믿을 수 없을 만큼 무거웠습니다. 녹로가 돌기 시작했지만 나는 아무것도 만들 수가 없었습니다. 일정한 방향으로 힘을 주어 미는 일이 그렇게 어려울지는 상상도 하지 못했습니다. 계속해서 진흙과 중력의 힘에 맞서 격투를 벌여야만 했습니다. 내가 한쪽 방향으로 밀려고 하면 진흙은 다른 쪽으로 밀려 나갔습니다. 그 흉하고 고약한 냄새까지 나는 진흙더미가 내게 협조하기를 완강히 거부하고 있었던 것입니다.

가끔씩 남편은 진흙으로 뭘 만드느라 시간을 보내곤 했습니다. 애써서 거의 완성된 아름다운 형태를 만들지만, 갑자기 모든 것이 무너져 버리는 때도 있었습니다. 그런 때는 다 부수어 버리고 다시 만들기 시작하는 수밖에 다른 선택의 여지가 없었습니다. 만일 그 진흙 더미가 쓸모없는 흙덩이로 무너지지만 않았어도 아름다운 그릇이 되었을 것입니다.

그런데 성경에서는 우리가 단지 진흙에 불과하다고 말하고 있습니다. 하나님께서는 우리를 특별한 목적을 이루는 데 쓰시기 위해 수고를 아끼지 않고 우리를 아름다운 형태로 빚으십니다. 우리는 거의 사용될 수 있는 마지막 단계까지 와 있습니다. 그런데 우리의 태도는 어떻습니까? 진흙처럼 무너지고 맙니다. 우리는 하나님의 말씀 공부를 그만두고 기도도 빼먹습니다. 하나님과 교제하지 않음으로써 그 어떤 책임감도 느끼지 못하게 됩니다. 그러면 하나님께서는 우리를 꾸짖으시고 처음부터 다시 시작할 수 있는 중심으로 모으셔서 하나님께서 쓰실 수 있는 그릇으로 빚으십니다.

처음부터 진흙이 협조를 잘 했더라면 얼마나 더 쉽게 끝날 일이었을까요! 만일 우리가 토기장이의 손길이 닿는 중간에 머물면서 좀 더 빚기 쉬운 상태로 있었다면 쓸모 있는 그릇이 되기까지 수많은 시간을 단축시킬 수 있었을 것입니다.

내가 하나님과 다툰 일에 대해 이야기하겠습니다. 내가 기독 작가가 되었기 때문에 하나님께서 내게 영원한 즐거움을 주시고 주위의 인기를 독차지하는 여성으로 만들어 주셔야 한다고 나는 믿었습니다. 그러나 하나님께서는 그렇게 하시지 않았습니다.

그 대신 하나님께서는 평생을 조울증과 싸워야 하는 짐을 지도록 하셨습니다. 나는 지금 생리통이나 가끔씩 발작적으로 나타나는 우울증을 말하고 있는 것이 아닙니다. 나는 이미 병원에서 뇌 속에 있는 화학 물질인 세라토닌(seratonin)의 불균형으로 인한 조울증의 쌍극성 장애라는 판정을 받은 상태입니다. 일생 동안 나를 괴롭히던 이 병마는 고통스러운 것은 물론이며 때로는 도저히 이해하기 힘든 증세까지 수반합니다. 내가 지면을 통해서 용기 있게 이 사실을 고백할 수 있으리라고는 생각해 본 적도 없습니다. 그러나 하나님께서 나를 통해서 역사하실 수 있게 하기 위해, 그리고 나는 모든 면에서 투명해지고 싶은 마음에서 이런 고백을 합니다.

우울증 증세가 심해지는 날에는 몸을 움직이는 것조차 힘이 듭니다. 그런 때면 침대에서 일어나 화장실로 걸어가는 것도 힘에 부칠 만큼 피곤합니다. 나를 업고 갈 수 있는 사람은 천하장사밖에 없을 거라는 농담도 가끔씩 합니다. 그러나 어떤 날은 마음속으로 품고 있는 어떤 무모한 계획이라도, 또 아무리 장애물이 많다 할지라도 다 해낼 것 같은 때도 있습니다. 가끔씩은 우스운 결과가 나올 때도 있고 훌륭한 결과를 거둘 때도 있습니다. 그렇지만 나는 더 많은 시간을 고통과 굴욕감에 사로잡혀 살아가고 있었습니다.

그렇습니다. 하나님께서는 쾌활하고 인기 많은 여성들을 쓰실 수도 있습니다. 그리고 하나님께서 그런 여성들을 내 이웃으로 아주 많이 보내시지 않는 한, 나 역시 그들과 나를 비교하느라 마음을 쓸 필요가 없을 것입니다. 여기서 중요한 진실은 하나님께서 나와 같은 여성도 쓰실 수 있으며, 전능하신 하나님께서 그 일에 대해서 직접 책임을 지신다는 것입니다. 그리고 내가 '미스 성격 대회'의 입상자같이 되려고 열망할수록 왜 하나님께서 자신의 방식대로 나를 만드셨는지를 더욱 잘 이해할 수 있게 되었습니다. 물론 우울증의 그늘에서 시달리고 싶지는 않지만, 내가 인생의 격심한 고통을 경험해 오는 동안 하나님께서 나를 통해서 역사해 오셨음을 나는 정확히 알고 있습니다. 기쁨과 매력으로 가득 찬 성격 대회 수상자처럼 사람들에게 감동을 줄 능력이 내게는 없습니다. 그러나 이렇게 글을 씀으로써 나 나름대로 변화를 만들어 낼 수 있게 되는 것이 바로 내 마음속에 있는 가장 깊은 열망입니다. 그래서 "주님, 저를 사용해 주십시오." 하고 기도해야만 했을 때도 "주님, 저를 치유해 주십시오." 하는 기도를 자주 드렸습니다. 그러나 하나님께서는 어두움의 골짜기를 헤매던 나를 만나 주셨습니다. 그러므로 하나님께서는 오늘 당신이 어떤 골짜기를 걸어가든지 만나 주실 것이라는 사실도 나는 잘 알고 있습니다.

당신은 하나님과 무엇에 대해서 다투기를 원하십니까? 하나님께서 당신을 다른 사람들을 위한 사역자로 쓰기 원하시는 바로 그 문제 때문이었을 수도 있을 것입니다. 당신은 지금 토기장이와 다투고 있습니까? 하나님께서 당신에게 순종을 요구하실 때마다 불평을 하거나 어색해하며 저항하고 있지는 않습니까? 하나님께서 중요한 변화를 시도하실 때마다 맥없이 쓰러지지는 않습니까? 그러나 만일 당신이 기분 좋게 하나님의 역사에 동참하기만 한다면 당신의 삶은 훨씬 더 나아질 것입니다. 나는 종종 이렇게 기도드립니다. "하나님, 삶을 통해서 어렵게 배우지 않고 당신에게서 직접 듣게 해 주십시오." 비록 어떤 교훈들은 오로지 삶의 어려움을 통해서만 배울 수 있는 것도 있지만 이런 경우 나는 기도드립니다. "주님, 저를 도와주셔서 올바른 교훈을 단 한 번에 배울 수 있게 해 주십시오. 그래서 고통을 다시 겪는 일이 없도록 해 주십시오."

당신은 어떻습니까? 하나님께서 빚으실 수 있는 진흙이 되기로 결심하겠습니까? 토기장이이신 하나님께서 당신을 쓰실 수 있는 그릇으로 만들기 원하실 때 토기장이에게 당신을 맡기기로 결심하겠습니까?

1. 하나님과 다툰다는 것은 무엇을 의미합니까?

2. 당신을 만드신 분과 어떤 방법으로 다투어 보았습니까?

3. 당신이 빚어지기를 거부해 오던 다섯 가지 구체적인 면이 있다면 어떤 것들입니까? 당신은 토기장이의 손길을 받아들이고 하나님께서 의도하신 바대로 쓰실 수 있도록 자신을 내어 드릴 수 있습니까?

4. 오늘의 공부를 통해서 배운 중요한 교훈은 무엇입니까?

 요점 정리

• 당신을 만드신 분과 다투지 마십시오. 하나님께서 만들어 주신 당신 자신을 그대로 받아들이십시오.

• 당신 자신을 다른 사람들과 비교하지 마십시오. 하나님께서는 당신을 정확히, 하나님께서 쓰시기 원하는 그릇으로 만드셨습니다.

새로운 사람으로 거듭나기

당신이 예수 그리스도를 만난 그 순간부터 이전의 당신이 누구였는
지는 전혀 문제가 되지 않습니다. 당신이 어디에 살았건, 당신이 무슨
일을 했건 그런 것은 중요하지 않습니다. 가장 중요한 것은 하나님 안에
서 당신이 누구이며 어떤 사람이 될 것인가 하는 문제입니다. 성경에서
는 **누구나** 그리스도 안에 있으면 새로운 피조물이며, 하나님과 화목한
사람이면 과거의 잘못은 전혀 문제가 되지 않는다고 말하고 있습니다.
우리는 우물가에 있던 이름 모를 한 사마리아 여인의 삶을 통해서 이 진
리의 아름다운 예를 찾아볼 수 있습니다.

"사마리아 여자 하나가 물을 길러 왔으매 예수께서 물을 좀 달라 하시니 이는 제
자들이 먹을 것을 사러 동네에 들어갔음이러라 사마리아 여자가 가로되 당신은
유대인으로서 어찌하여 사마리아 여자 나에게 물을 달라 하나이까 하니 이는 유

대인이 사마리아인과 상종치 아니함이러라 예수께서 대답하여 가라사대 네가 만일 하나님의 선물과 또 네게 물 좀 달라 하는 이가 누구인 줄 알았더면 네가 그에게 구하였을 것이요 그가 생수를 네게 주었으리라 여자가 가로되 주여 물 길을 그릇도 없고 이 우물은 깊은데 어디서 이 생수를 얻겠삽나이까 우리 조상 야곱이 이 우물을 우리에게 주었고 또 여기서 자기와 자기 아들들과 짐승이 다 먹었으니 당신이 야곱보다 더 크니이까 예수께서 대답하여 가라사대 이 물을 먹는 자마다 다시 목마르려니와 내가 주는 물을 먹는 자는 영원히 목마르지 아니하리니 나의 주는 물은 그 속에서 영생하도록 솟아나는 샘물이 되리라 여자가 가로되 주여 이런 물을 내게 주사 목마르지도 않고 또 여기 물 길러 오지도 않게 하옵소서 가라사대 가서 네 남편을 불러 오라 여자가 대답하여 가로되 나는 남편이 없나이다 예수께서 가라사대 네가 남편이 없다 하는 말이 옳도다 네가 남편 다섯이 있었으나 지금 있는 자는 네 남편이 아니니 네 말이 참 되도다"(요 4:7-18)

당신에게 한 가지 물어보겠습니다. 이 여인이 하나님께서 쓰실 수 있는 그릇으로서 합당한 후보였다고 생각합니까? 지금 막 읽은 성경 구절만으로 평가해 볼 때, 그녀의 신앙적 미래가 어떻게 되리라 기대할 수 있습니까? 정직하게 말하자면 아마 우리는 사마리아 여인이 하나님께 쓰임받을 수 있을 것이라 생각되는 우리의 이상형이 아님을 시인할 것입니다. 왜냐하면 우리는 그 여인의 마음속에 무슨 변화가 일어났는지 알 수 없기 때문입니다. 그러나 사마리아 여인이 예수 그리스도를 만난 지 2천 년이 지난 지금까지도 기억되는 이유는 그녀가 새 사람이 되었고 하나님께서 참으로 그녀에게 화목의 직무를 맡겨 주셨기 때문입니다.

"여자의 말이 그가 나의 행한 모든 것을 내게 말하였다 증거하므로 그 동네 중에 많은 사마리아인이 예수를 믿는지라 사마리아인들이 예수께 와서 자기들과 함께 유하기를 청하니 거기서 이틀을 유하시매 예수의 말씀을 인하여 믿는 자가 더욱 많아 그 여자에게 말하되 이제 우리가 믿는 것은 네 말을 인함이 아니니 이는 우리가 친히 듣고 그가 참으로 세상의 구주신 줄 앎이니라 하였더라"(요 4:39-42)

사마리아 여인이 영적으로나 사회적으로 또한 다른 모든 면에서 적격으로 보이지 않는 것은 사실입니다. 그러나 그녀는 예수님의 말씀을 충분히 이해했으며 하나님의 요구를 자신의 삶에 반영했습니다. 사마리아 여인은 정답을 알고 있는 체하지 않았으며 또한 올바른 질문을 하는데도 주저하지 않았습니다. 그리고 사람들에게 앞장서서 그리스도를 알렸습니다. 그래서 이웃 사람들 역시 그리스도의 말씀에 대해서 스스로 결단을 내릴 수가 있었습니다. 그녀의 마음속에는 사람들을 전도해서 그리스도를 믿게 하려는 것 외의 다른 생각은 없었습니다. 그리고 누구든지 붙잡고 "이봐요, 나처럼 될 생각 없어요?" 하고 말하는 것 외에 다른 마음도 없었습니다.

그렇다면 사마리아 여인은 어떤 사실을 알고 있었을까요? 그녀는 자신이 예수 그리스도를 직접 만나게 된 죄인이란 사실을 알고 있었습니다. 그 사건은 그녀를 변화시키기에 충분한 것이었습니다. 자신이 과거에 저지른 잘못은 문제가 되지 않는다는 사실도 그녀는 알았습니다. 그리고 예수 그리스도에 관한 모든 사실들을 가능한 한 많은 사람들에게 알리게 되었습니다. 사마리아 여인은 완벽하지 않았지만 하나님께서 쓰실 수 있는 그릇이 된 것입니다.

당신이 어떤 사람이건, 과거에 무슨 잘못을 했건 문제가 되지 않습니다. 다만 당신 자신에 대해서 스스로 알아야 하는 가장 중요한 점은 당신이 그리스도를 만났는가, 그렇지 않은가에 있다고 하겠습니다. 예수 그리스도께서 지금 이 순간 우리가 살고 있는 이곳에서 우리를 만나 주시고 우리가 가진 조건을 고려치 않으신 채 우리를 받아 주신 것을 기뻐합시다. 우리가 어제 저지른 일들은 문제가 되지 않습니다. 중요한 것은 바로 미래입니다. 우리가 오직 믿음으로 나아간다면 하나님께서는 당신을 쓰임받는 그릇으로 변화시켜 주실 것입니다.

1. 인간적인 관점으로 볼 때, 사마리아 여인에 대해 떠오르는 생각은 무엇입니까? 왜 그녀는 하나님께서 쓰시는 그릇으로서 우리의 이상형이 되지 못할까요? 그 이유를 구체적으로 적어 보십시오.

2. 어떤 사람이라도 자기 자신에 대해서 알 수 있는 가장 중요한 점은 무엇입니까?

3. 당신이 누구였는지가 전혀 문제되지 않는 시점은 언제입니까?

4. 오늘의 공부를 통해서 배운 중요한 교훈은 무엇입니까?

 요점 정리

• 사마리아 여인은 예수님께서 그녀의 삶 속에서 하신 일을 잘 알고 있었습니다. 그녀는 그 메시지가 전파되는 것만이 중요한 문제임을 알고 있었습니다.

• 당신이 누구건, 무슨 실수를 저질렀건 문제가 될 수 없습니다. 당신이 자신에 대해서 알아야 할 가장 중요한 것은 당신이 그리스도를 만났는가, 그렇지 못한가에 달려 있습니다.

하나님께서는 내 안과 밖을 하나하나 바꾸어 주신다

"내가 너희 중에서 예수 그리스도와 그의 십자가에 못 박히신 것 외에는 아무것도 알지 아니하기로 작정하였음이라 내가 너희 가운데 거할 때에 약하며 두려워하며 심히 떨었노라 내 말과 내 전도함이 지혜의 권하는 말로 하지 아니하고 다만 성령의 나타남과 능력으로 하여 너희 믿음이 사람의 지혜에 있지 아니하고 다만 하나님의 능력에 있게 하려 하였노라" (고전 2:2-5)

혹시 외모가 멋지게 보이길 원하지 않습니까? 이는 바로 대부분 여성들의 한결같은 바람입니다. 화장품과 성형 수술은 미국에서 이미 수백억 달러 가치의 산업이 되었습니다. 대개 여성에 대한 평가는 외모가 어떻게 보이느냐에 달려 있기 때문입니다. 자신의 행복과 만족을 위해서라면 어떤 방법도 개의치 않겠다는 생각에 자신의 가슴을 절개하여 화학 물질이 든 플라스틱 주머니를 넣어야 하는 여성의 절망적인 심정을 생각해 보십시오.

'이 사람이 왜 성형 수술 얘기를 하고 있지? 나는 결코 성형 수술을 할 생각이 없는데, 지방 제거 수술이라면 몰라도….' 당신은 아마 이런 생각을 하고 있을지도 모릅니다. 그러나 오늘날 많은 성경 교사들이 마치 성형 수술 전문가처럼 되어 가고 있습니다. 사람들을 도와서 인상을 좋게 만들고, 이기심의 주름살을 쫙 펴야 하며, 죄라는 지방을 보이지 않는 곳에 쑤셔 넣는 법을 가르칩니다. 부끄럽게도 우리는 지금 성형 수술과 같은 유혹에 빠져 있습니다. 우리는 단지 그릇의 외형을 좋게 보이길 원하고 있으며 내면이야 어떻든 신경 쓰지 않습니다. 일회용 밴드로 덮어 버리면 된다고 생각하기 때문입니다.

나는 '비밀의 열쇠들', '22가지 방법들' 그리고 '성공을 보장하는 계획'이란 말들에 염증을 느끼고 있습니다. 나는 지금 겉만 번지르르한 자칭 교회 전문가들, 말과 행동이 완전히 다른 부정직한 사람들에 대해서도 염증을 느끼고 있습니다. 이런 사람들이 타락할 때 교회가 어려움을 겪는 유일한 이유는 교인들이 성령의 힘에서 증거를 구하기보다는 사람의 그럴듯한 설득력을 좇고 있기 때문입니다.

하루하루 지날수록 나는 그리스도께서 십자가상에서 죽으신 것 외의 그 어떤 것도 알 필요가 없다는 결심을 하게 되었습니다. 나는 물론 모든 해답을 알지는 못합니다. 아직 가야 할 길이 많이 남아 있습니다. 내 결혼이 완벽한 것도 아니고, 내 자녀가 완벽한 것도 아닙니다. 다만 내가 아는 것은 예수 그리스도께서 내 삶 속에서 도저히 믿을 수 없을 만큼 놀라운 일을 하셨다는 것입니다. 나는 한때 길을 잃었으나 지금은 구원받았습니다. 한때는 소경이었지만 이제는 잘 볼 수 있습니다. 이전에는 낙제점을 받았지만 지금은 60점 정도의 성적은 됩니다. 물론 지금

100점이 되었다는 이야기도 아니고 천국에 들어간 것도 아닙니다. 다만 목표를 향해서 달려 나갈 뿐입니다. 내가 어떻게 처음 시작한 곳에서 오늘 이곳까지 오게 되었는지를 설명할 수 있는 유일한 방법은 오직 하나, 바로 하나님께서 일하셨기 때문입니다.

내 외모는 완벽하지 않지만 내면은 바뀌어 가고 있습니다. 나는 한 파운드나 되는 죄를 제거해 버렸고 한 온스나 되는 좋지 못한 태도도 없애 버렸습니다. 아마도 이 시대 최고의 그리스도인의 자리까지는 차지할 수 없겠지만 나는 믿음을 가지고 앞을 향해 나아가고 있습니다. 내가 하나님께서 하시는 일이라 이름 붙인 일들을 내 창조주께서 내 삶 속에서 이룩하셨습니다. 그것은 아주 강력하고도 설명하기 힘든 것으로 그 누구라 해도 나에게서 빼앗아 갈 수 없는 소중한 것입니다. 내 삶의 하루하루가 별 볼일 없다 할지라도 지금의 나는 예전의 내가 아니고, 예전에 되고자 했던 나도 아닙니다. 나는 지금 하나님께서 하시는 일에 두 손으로 꽉 매달려 있습니다. 그리고 하나님께서 나를 안전하게 다른 쪽으로 옮겨 주실 때까지 절대로 놓지 않을 것입니다.

다른 사람을 심판하는 일은 죽어야 할 운명을 지닌 인간들이 신경 쓸 문제가 아닙니다. 다른 사람이 아무리 먼 곳으로 영적 여행을 떠났다 해도 그것은 우리가 알 바 아니라는 것입니다. 그 사람이 비록 낙제점의 수준에 머물러 있다 해도 하나님께서는 그 사람을 끌어 올리기 위해서 전능하신 손길로 역사하셨을 것입니다. 그녀는 아마도 '하나님께서 하시는 일'이라는 처방을 경험할 수 있었을 것입니다. 그와는 대조적으로 모든 것을 가진 것으로 보이는 여성, 중상 정도의 수준에 있는 것으로 보이는 여성이라 할지라도 그 여성은 하나님의 처방을 아주 조금 받아 보았거나 아니면 한 번도 받아 보지 못했을 수도 있습니다. 그러니 사람을 외모로 판단해서는 안 될 것입니다. 성경에서는 여기에 대해서 이렇게 말하고 있습니다.

"여호와께서 사무엘에게 이르시되 그 용모와 신장을 보지 말라 내가 이미 그를 버렸노라 나의 보는 것은 사람과 같지 아니하니 사람은 외모를 보거니와 나 여호와는 중심을 보느니라"(삼상 16:7)

바로 당신이 들어 본 중 가장 멋진 뉴스가 아닌가요?

당신 자신을 다른 사람들과 비교하는 일은 이제 그만두십시오. 그릇의 외관상의 모습 때문에 안절부절 못하는 일은 멈추십시오. 하나님께서 당신의 구석까지 샅샅이 변화시키시도록 해야 합니다. 하나님께서 당신의 삶 속에 그분의 역사를 이루시도록 해야 합니다.

1. 그리스도인으로서 우리가 알아야 할 것은 무엇입니까?(고전 2:2-5)

2. '하나님께서 하시는 일'을 정의해 보십시오.

3. 왜 우리는 다른 사람을 판단하거나 남들이 우리를 어떻게 판단할지 걱정하는 일을 버려야만 할까요?

4. 성경은 하나님께서 무엇을 보고 계시며, 하나님께서 무엇을 심판의 기준
   으로 삼으신다고 말하고 있습니까?

5. 당신의 삶 속에서 하나님께서 하시는 일이 차지하고 있는 부분은 얼마나
   됩니까? 지금 당신은 몇 점 정도에 와 있으며 출발점은 어디였습니까?

6. 오늘의 공부에서 배운 중요한 교훈은 무엇입니까?

 요점 정리

- 하나님께서 하시는 일은 당신이 출발한 곳에서 지금 있는 위치까지의 거리라고도 할
  수 있습니다.
- 외면만을 보고 다른 사람을 판단하지 마십시오. 그 사람들의 삶 속에서 역사하신 하나
  님의 권능을 과소평가하거나 과대평가할 수가 있기 때문입니다.
- 하나님께서는 마음의 중심을 보십니다. 하나님의 심판의 기준은 우리가 어디에 있느냐
  가 아니라 우리가 얼마나 멀리 왔느냐를 보시는 것입니다.

다 · 섯 · 째 · 날

그리스도 안에 있을 때 나는 누구인가?

오늘 하루를 마칠 때 당신은 아주 만족스러운 기분이 들 것입니다. 왜냐하면 이번 과는 내가 지금껏 준비한 공부 중에서 가장 많은 격려를 주는 것이기 때문입니다. 성경이 끊임없이 우리에게 말하는 것은 그리스도 안에서 우리는 누구인가에 대한 것과 그 사실이 얼마나 기쁜 소식인가에 대한 것입니다. 그러나 다음 순간 당신은 또 다른 여성을 보면서 이런 생각을 하게 됩니다. '내가 저 여자처럼 _____ 하게 된다면 얼마나 좋을까!' 왕 되신 우리 하나님의 딸로서 당신이 얼마나 큰 축복을 받았는지 묵상해 보십시오. 아래에 나오는 당신의 자격들을 볼 때 당신은 열등감에서 오는 콤플렉스를 느낄 하등의 이유가 없습니다.

• **하나님의 자녀** : "영접하는 자 곧 그 이름을 믿는 자들에게는 하나님의 자녀가

되는 권세를 주셨으니"(요 1:12)

"보라 아버지께서 어떠한 사랑을 우리에게 주사 하나님의 자녀라 일컬음을 얻게 하셨는고, 우리가 그러하도다 그러므로 세상이 우리를 알지 못함은 그를 알지 못함이니라"(요일 3:1)

- **승리자** : "대저 하나님께로서 난 자마다 세상을 이기느니라 세상을 이긴 이김은 이것이니 우리의 믿음이니라 예수께서 하나님의 아들이심을 믿는 자가 아니면 세상을 이기는 자가 누구뇨"(요일 5:4-5)

- **새로운 피조물** : "그런즉 누구든지 그리스도 안에 있으면 새로운 피조물이라 이전 것은 지나갔으니 보라 새것이 되었도다"(고후 5:17)

- **화목케 하는 자** : "모든 것이 하나님께로 났나니 저가 그리스도로 말미암아 우리를 자기와 화목하게 하시고 또 우리에게 화목하게 하는 직책을 주셨으니 이는 하나님께서 그리스도 안에 계시사 세상을 자기와 화목하게 하시며 저희의 죄를 저희에게 돌리지 아니하시고 화목하게 하는 말씀을 우리에게 부탁하셨느니라"(고후 5:18-19)

- **그리스도의 사신** : "이러므로 우리가 그리스도를 대신하여 사신이 되어 하나님이 우리로 너희를 권면하시는 것같이 그리스도를 대신하여 간구하노니 너희는 하나님과 화목하라"(고후 5:20)

- **구속받은 자** : "… 너희는 너희의 것이 아니라 값으로 산 것이 되었으니 그런즉 너희 몸으로 하나님께 영광을 돌리라"(고전 6:19-20)

- **그리스도 예수와 함께 하늘에 앉은 자** : "또 함께 일으키사 그리스도 예수 안에서 함께 하늘에 앉히시니 이는 그리스도 예수 안에서 우리에게 자비하심으로써 그 은혜의 지극히 풍성함을 오는 여러 세대에 나타내려 하심이니라"(엡 2:6-7)

- **제사장** : "너희도 산 돌같이 신령한 집으로 세워지고 예수 그리스도로 말미암아 하나님이 기쁘게 받으실 신령한 제사를 드릴 거룩한 제사장이 될지니라"(벧전 2:5)

- **미리 안 자, 미리 정한 자, 부르심을 받은 자, 의롭게 된 자, 영화롭게 된 자** : "하나님이 미리 아신 자들로 또한 그 아들의 형상을 본받게 하기 위하여 미리 정하셨으니 이는 그로 많은 형제 중에서 맏아들이 되게 하려 하심이니라 또 미리 정하신 그들을 또한 부르시고 부르신 그들을 또한 의롭다 하시고 의롭다 하신 그들을 또한 영화롭게 하셨느니라"(롬 8:29-30)

• **하나님의 후사로 그리스도와 함께한 후사** : "자녀이면 또한 후사 곧 하나님의 후사요 그리스도와 함께한 후사니"(롬 8:17)

　아버지의 후사가 된다는 것이 무엇을 의미하는지 함께 생각해 봅시다. 왜냐하면 하나님께서는 왕이시고 우리는 평화의 임금이신 예수 그리스도와 함께하는 하나님의 후사로 모두 공주이기 때문입니다. 멋지지 않습니까? 잠깐, 제 왕관은 어디에 있을까요? 나는 이미 여러분에게 어린 시절 내게 붙어 있던 마약 가족이라는 꼬리표에 대해 이야기했습니다. 그러나 어릴 때부터 그렇게 원했는데도 결코 달 수 없었던 꼬리표가 있습니다. 바로 공주님이라는 꼬리표였습니다. 나는 다른 여느 소녀들처럼 꼬마 공주님이 되고 싶었습니다.

　길 건너편에 살던 칼랜드 씨가 자기 딸 샤론을 늘 공주님이라고 부르던 것이 아직도 기억납니다. 칼랜드 씨는 늘 샤론에게 성경을 읽어 주었고 매일 밤 샤론이 잠들기 전에 "날 사랑하심(Jesus Loves Me)"이라는 찬송가를 불러 주었습니다. 얼마나 멋진 분입니까? 나는 샤론처럼 사랑받기를 얼마나 갈망했는지 모릅니다. 그래서 어느 날 나는 칼랜드 씨에게 다가가서 나도 샤론처럼 칼랜드 씨의 공주님이었으면 좋겠다고 말했습니다. 그러자 칼랜드 씨는 이렇게 대답했습니다. "너는 너희 아빠의 공주님이란다." "정말이에요?" 그 얘기에 깜짝 놀라서 나는 되물었습니다. "물론이란다." 칼랜드 씨가 말했습니다. "너희 아빠에게 가서 여쭤 보렴. 아빠가 그렇다고 말씀하실 거야." 그 말을 듣고 나는 쏜살같이 집으로 달려갔습니다.

　그날은 여름날처럼 화창한 가을의 어느 아름다운 토요일 오후였습니다. 저녁으로 소시지 샌드위치를 준비하고 있던 어머니의 모습이 아직도 내 머리 속에 생생하게 남아 있습니다. 아버지는 부엌 식탁 테이블에 앉아 친구들과 맥주를 마시고 있었습니다. 그것은 주말마다 하는 아버지의 취미 생활이었습니다. 나는 집으로 뛰어 들어가자마자 가쁜 숨을 몰아쉬며 아버지에게 물었습니다. "아빠, 나 아빠의 공주 맞아요?" 아버지는 잠시 어리벙벙한 표정으로 나를 바라보더니 머리를 뒤로 젖힌 채 마구 웃었습니다. "아니! 너는 오리 주둥이에다 문둥이 다리 아가씨야!" 이 두 가지는 아버지가 내게 붙여 준 별명이었습니다. 오리 주둥이는 내 치아가 썩고 누렇게 변했기 때문이었고, 문둥이 다리는 모기에 물려서 온 다리가 빨갛게 붓고 긁어서 피가 난 탓에 붙여진 것이었습니다. 우리는 뉴저지의 습기 차고 모기가 들끓는 지역에서 살고 있었습니다. 하루 종일 바깥에서 뛰어 놀던 나는 지저분한 곤충들에게 늘 맛좋은 공격 대상이 되었던 것입니다. 술 취한 남자 어른들이 테이블을 두드려 대면서 크게 웃던 소리가 아직도 귓가에 쟁쟁합니다. 나는 아버지에게도, 그 누구에게도 특별한 존재가 되지 못하리라고 절망하던 그때의 느낌을 아직도 지우지 못하고 있습니다.

나는 여기서 우리 아버지가 무서운 분이었다는 이야기를 하고자 하는 것이 아닙니다. 사실 나는 아버지를 절대적으로 존경합니다. 나이가 든 후에는 그때 아버지가 나를 놀리느라고 그랬다는 것을 이해하게 되었습니다. 그러나 어린아이인 나는 아버지의 말을 장난이 아닌 사실로 받아들였기 때문에 깊은 상처를 입었던 것입니다. 자녀들에게 꼬리표를 달아 주는 일에 주의하십시오. 놀리거나 별명을 붙일 때도 아주 조심해야 합니다. 우리 집에서는 서로 놀리는 어떠한 행동도 금지하고 있습니다. 그리고 여러분들도 이 점에 대해 유념하시기를 간곡히 부탁드립니다. 물론 한순간 재미있자고 하는 이야기지만 그 대가는 엄청날 수 있기 때문입니다.

자녀들에게 그리스도 안에서 그들이 누구인지를 가르치십시오. 그리고 당신 자신에게도 그 사실을 가르치십시오. 그렇습니다. 당신은 질그릇입니다. 그러나 당신은 하늘의 보화를 담고 있는 질그릇입니다. 당신은 질그릇입니다. 그러나 당신은 왕의 궁전에 거하도록 선택되었습니다. 그뿐 아니라 왕의 딸로 뽑히게 되었습니다. 당신은 바로 공주입니다.

이번 주 동안 우리는 하나님께서 당신을 특별하게 만드신 목적에 대해서 공부했습니다. 우리는 질그릇이 무엇을 의미하는지 알아보았으며 당신을 만드신 분과의 다툼을 단호히 거부해야 하는 중요성에 관해서도 배웠습니다. 또 우물가의 사마리아 여인이 '새 사람'으로 거듭남으로써 전도를 위한 강력한 그릇으로 사용되었고 마침내 그녀의 삶을 위한 하나님의 목적이 완성되는 것을 지켜보았습니다.

그리고 그릇의 겉모습만을 말쑥하게 단장하는 방법을 찾기보다는 하나님께서 당신의 내면과 외모를 샅샅이 바꾸어 놓으실 수 있도록 해 드리는 것의 중요성에 대해 이야기하였습니다. 오늘 그리스도 안에서 우리가 누리는 놀라운 자격에 대해서도 다시 한 번 짚어 보았습니다. 하나님께서는 우리를 당신의 공주들로 창조하셨습니다. 그 사실을 받아들이고 그 안에서 기쁨을 누리시기 바랍니다.

하나님께서 쓰실 수 있는 그릇이 되는 첫째 조건은 하나님께서 창조하신 그대로 당신 자신을 '받아들이는 것' 입니다.

1. 그리스도 안에서 누릴 수 있는 당신의 자격 중 가장 의미 있는 것은 무엇입니까? 자격을 주신 하나님께 감사의 기도를 적어 보십시오.

2. 오늘의 공부에서 배운 중요한 교훈은 무엇입니까?

3. 이번 주의 핵심은 무엇입니까?

4. 하나님께서 쓰실 수 있는 그릇이 되는 첫번째 조건은 무엇입니까?

 요점 정리

- 그리스도 안에서 당신의 자격은 믿을 수 없을 만큼 놀라운 것입니다.
- 당신은 공주입니다. 공주처럼 살아가십시오.

하나님 안에서 자신을 비우기

이번 주의 주제

·
·
·

자신을 비움으로써 하나님께서 당신의 삶을 통해서
원하시는 바를 이루실 수 있도록
자리를 내어 드려야 합니다.

이번 주의 핵심 성경 구절

·
·
·

"아무 일에든지 다툼이나 허영으로 하지 말고
오직 겸손한 마음으로 각각 자기보다 남을 낫게 여기고
각각 자기 일을 돌아볼 뿐더러 또한 각각 다른 사람들의 일을
돌아보아 나의 기쁨을 충만케 하라" (빌 2:3-4)

첫 · 째 · 날

그리스도, 우리의 본

　하나님께서 쓰실 수 있는 그릇이 되기 위한 두 번째 조건은 자신을 비움으로써 하나님께서 당신의 삶 속에서, 그리고 당신의 삶을 통해서 원하시는 바를 이룰 수 있도록 공간을 내어 드려야 한다는 것입니다. 불행히도 우리의 삶은 매우 이기적인 목적만으로 가득 채워져 있습니다. 실로 우리가 직면하고 있는 가장 큰 장애물은 바로 나 자신, 내 목표, 내 아이디어, 내 계획 등으로 점철된 나 중심의 삶이라고 할 수 있을 것입니다. 세상은 이렇게 말하고 있습니다. "너 자신이 주인인 삶을 살아라. 자신과 자신의 업적을 자랑스럽게 여겨라. 자신감을 최대한 살려라. 힘이 필요할 때는 언제나 자신을 바라보고 자신의 능력을 믿어야 한다. 신에게 돌아가는 것은 약한 자들의 변명에 불과하다. 세상 사람들의 눈에 맞추어 자신을 포장하고 세상의 기준에 합당한 성공을 거두어야 한다."

그러나 만일 우리가 하나님께 쓰임받기를 원한다면 우리는 세상의 기준에서 방향을 180도 바꾸어야 합니다. 즉, 우리 자신의 목표를 비우고 하나님의 목표로 방향을 완전히 전환해야 하는 것입니다. 이것이 바로 하나님의 나라를 먼저 구하는 것인데, 행하기가 말처럼 그렇게 쉬운 것은 아닙니다. 이는 오로지 한 분이신 하나님 안에 당신의 자존심을 맡기는 것입니다. 이는 하나님께 온전히 자신을 의탁했음을 인정하는 겸손함을 요구합니다.

성경은 이렇게 말씀하고 있습니다.

"아무 일에든지 다툼이나 허영으로 하지 말고 오직 겸손한 마음으로 각각 자기보다 남을 낫게 여기고 각각 자기 일을 돌아볼 뿐더러 또한 각각 다른 사람들의 일을 돌아보아 나의 기쁨을 충만케 하라 너희 안에 이 마음을 품으라 곧 그리스도 예수의 마음이니 그는 근본 하나님의 본체시나 하나님과 동등됨을 취할 것으로 여기지 아니하시고 오히려 자기를 비어 종의 형체를 가져 사람들과 같이 되었고 사람의 모양으로 나타나셨으매 자기를 낮추시고 죽기까지 복종하셨으니 곧 십자가에 죽으심이라 이러므로 하나님이 그를 지극히 높여 모든 이름 위에 뛰어난 이름을 주사 하늘에 있는 자들과 땅에 있는 자들과 땅 아래 있는 자들로 모든 무릎을 예수의 이름에 꿇게 하시고 모든 입으로 예수 그리스도를 주라 시인하여 하나님 아버지께 영광을 돌리게 하셨느니라 그러므로 나의 사랑하는 자들아 너희가 나 있을 때뿐 아니라 더욱 지금 나 없을 때에도 항상 복종하여 두렵고 떨림으로 너희 구원을 이루라 너희 안에서 행하시는 이는 하나님이시니 자기의 기쁘신 뜻을 위하여 너희로 소원을 두고 행하게 하시나니 모든 일을 원망과 시비가 없이 하라 이는 너희가 흠이 없고 순전하여 어그러지고 거스리는 세대 가운데서 하나님의 흠 없는 자녀로 세상에서 그들 가운데 빛들로 나타내며"(빌 2:3-15)

여기서 "자기를 비어"라는 말은 희랍어인 'kenoo'에서 온 것으로 글자 그대로의 뜻은 '비우다' 또는 '명성을 바라지 않다'는 의미를 지니고 있습니다. 그리스도께서 자신을 비우고 십자가에 달리셨듯이, 우리 역시 자신만의 목표, 마음속 깊이 품고 있는 바람, 이기적인 꿈과 욕망을 비워야 합니다. 종종 우리는 자신만의 좁은 세계에 둘러싸여 있기에, 물에 빠져 허우적대는 주위 사람들을 볼 수 없는 것입니다.

다음의 만화는 이러한 점을 잘 지적하고 있습니다.

간단한 질문을 한 가지 하겠습니다. 당신 주위 사람 중 물에 빠져 허우적대는 이는 없습니까? 예수 그리스도는 자신의 문제에만 몰두한 나머지 주위에서 물에 빠져 허덕이는 사람들을 모른 체 하신 적이 결코 없었습니다. 십자가에 달렸을 때도 하나님께서는 양 옆에 있는 사람들, 자신을 비난해 온 사람들, 그리고 당신과 나를 걱정하셨습니다.

심지어 고통스러운 죽음의 순간에도 예수님은 자신을 돌보지 않고 우리를 돌보셨습니다. 간단히 말해서 자신을 비우신 것입니다. 만일 우리가 하나님께서 쓰실 수 있는 그릇이 되길 원한다면 그 길을 향한 첫 걸음은 자신을 비우는 것입니다. 이는 마땅히 우리가 해야 할 첫번째 단계인 것입니다. 그러나 이미 꽉 차 버린 인생에는 하나님께서 역사하실 공간이 없습니다. 그리고 거기에는 하나님께서 우리에게 부어 주기 원하시는 축복을 위한 공간도 없는 것입니다.

자신을 비움으로써 하나님께서 우리 삶 속에서 역사하실 수 있는 공간을 만드는 일을 오늘부터 당장 시작하십시오. 시간을 마련해서 다음의 기도문을 묵상해 보십시오. 이 기도문은 일상의 삶 속에서 어떻게 우리가 그리스도를 닮아 갈 수 있는지를 아름답게 그리고 있습니다. 이 기도가 당신의 삶 속에서, 그리고 마음에서 우러나오는 기도가 되기를 바랍니다.

17세기 어느 수녀의 기도

주님, 주님은 제가 나이를 먹어 가고 있고 언젠가는 늙게 되리란 사실을 저보다도 더 잘 알고 계십니다. 어떤 주제나 어떤 경우에나 뭔가 한마디 거들어야겠다고 생각하는 치명적인 습관을 멀리하게 해 주십시오. 모든 사람들의 삶을 바로잡아 보겠다는 열망에서 벗어나기를 원합니다. 저를 사려 깊게 만드시되, 침울한 사람은 되지 않게 하시고, 남을 도와주되 으스대지 않게 해 주십시오. 제가 모은 막대한 지혜의 저장고를 다 활용할 수 없음은 안타깝지만, 주님, 마지막까지 함께 갈 몇 명의 친구도 제게는 필요합니다.

사소한 이야기들을 끝없이 늘어놓으려는 태도는 버리게 하시고, 이야기의 요점을 간략하게 말하게 하며, 아픔이나 고통에 대해서는 제 입을 막아 주시기를 간구합니다. 아픔과 고통이 나날이 더해 가듯, 그들을 숙달시키려는 사랑 역시 해가 갈수록 더욱 진해집니다. 다른 이들의 고통에 대한 이야기들을 즐거운 마음으로 들어 줄 수 있는 은총은 감히 청할 수 없사오나, 저를 도와주시어 인내심을 가지고 그 이야기들을 끝까지 들어 줄 수 있게 해 주십시오.

기억력을 좋게 해 달라고 감히 청할 수는 없사오나, 제 기억이 다른 이들의 기억과 상이할 때를 위해서 겸손이 나날이 깊어지게 하시고, 독단적인 태도를 누그러뜨릴 수 있게 해 주시기를 간구합니다. 저도 가끔씩은 잘못 판단할 수 있다는 훌륭한 교훈을 주십시오. 또 분별력 있는 상냥함을 허락하여 주십시오. 나는 성자가 되기를 원하지 않습니다. 그러나 그들 중 몇몇 사람들은 함께 살기에는 매우 힘든 이들입니다. 그러나 심술궂은 늙은이 역시 되지 않게 하여 주십시오. 그것은 악마의 자랑스러운 작품 중 하나이기 때문입니다. 뜻밖의 장소에서 선한 것을 알아볼 수 있으며, 기대치 않았던 사람들 속에서 좋은 재능을 알아볼 수 있는 능력을 제게 허락하여 주십시오. 그리고 주님, 그러한 것들을 이야기해 줄 수 있는 은혜를 허락하여 주시기를 원합니다. 아멘.

1. 그리스도는 자신을 비우심으로 우리의 본보기가 되셨습니다. 빌립보서를 읽고, 당신이 비워야 할 것들을 가능한 한 많이 적어서 목록을 만들어 보십시오.

2. "너희 안에 이 마음을 품으라 곧 그리스도 예수의 마음이니"(빌 2:5) 여기서 그리스도 예수의 마음이란 과연 어떤 마음입니까? 구체적으로 적어 보십시오.

3. 이 과의 만화에 나오는 주인공과 같은 행동 방식을 가지고 있지는 않습니까? 물에 빠져 허우적대는 주위 사람들을 무시한 채 자신의 관심사에만 몰두하고 있지 않습니까?

4. 지금 어려움에 빠져 있는 사람들의 명단을 적어 보십시오. 당신은 그들에게 어떤 도움을 줄 수 있습니까?

5. '17세기 어느 수녀의 기도'를 본보기로 삼아서, 인생이라는 항해를 끝마쳤을 때 당신이 소유하게 되기를 갈망하는 성품을 자신만의 기도로 표현해 보십시오.

6. 오늘의 공부에서 배운 중요한 교훈은 무엇입니까?

 요점 정리

- 그리스도는 우리의 본이 되십니다. 하나님께서는 자신을 비우셨습니다. 우리는 마음속 깊이 숨겨 둔 자신의 목표나 비밀스러운 갈망, 욕구와 권리 주장 등을 버려야만 합니다.
- 눈을 열어 물에 빠진 이웃들에게 관심을 가져 보십시오.
- 당신의 기도가 나날이 그리스도의 성품을 닮아 갈 수 있도록 힘쓰십시오.

둘 · 째 · 날

그리스도를 닮는 삶

어제 공부한 빌립보서 2장 3~15절에서 우리는 그리스도를 닮아 가는 삶, 즉 자신을 비운 삶을 살기 위한 다섯 가지 중요 요소를 배울 수 있었습니다.

자기중심적이며 자신의 안이함을 추구하는 삶에서 벗어나 **하나님과 하나님의 목표에 중심을 두는 삶을 살아야 합니다.** 만일 그리스도께서 자신의 안위나 현세의 안락만을 추구하셨다면 결코 십자가 위에서 죽지 않으셨을 것입니다. 겟세마네 동산에서 하신 예수님의 기도를 떠올려 보십시오. "조금 나아가사 얼굴을 땅에 대시고 엎드려 기도하여 가라사대 내 아버지여 만일 할 만하시거든 이 잔을 내게서 지나가게 하옵소서 그러나 나의 원대로 마옵시고 아버지의 원대로 하옵소서 하시고"(마 26:39) 예수님은 하나님의 영원하신 계획에 자신을 맞추셨기 때문에 십자가에 달리셨습니다.

우리는 바로 다음의 성경 구절에 나오는 제자들의 행동이 예수님과 지극히 대조를 이루고 있음을 볼 수 있습니다. 제자들의 행동을 보십시오. "제자들에게 오사 그 자는 것을 보시고 베드로에게 말씀하시되 너희가 나와 함께 한 시 동안도 이렇게 깨어 있을 수 없더냐"(마 26:40) 제자들은 마음의 중심에 무엇을 두고 있었습니까? 하나님의 목표였습니까? 아닙니다. 그들의 유일한 관심사는 자신들의 안위와 안락이었습니다. 우리는 여기서 많은 것을 배울 수 있습니다.

사도 바울이 서신에서 적은 것을 기억해 봅시다. "우리의 잠시 받는 환난의 경한 것이 지극히 크고 영원한 영광의 중한 것을 우리에게 이루게 함이니"(고후 4:17)

감사의 태도를 가지도록 노력하십시오. 불평과 논쟁 없이 모든 일을 할 수 있는 비밀이 바로 여기에 있습니다. 진실로 비워진 삶을 살기 원한다면, 그래서 사역의 효과를 최대한 거두어들이기 원한다면, 이보다 더 생동감 넘치는 방법은 없을 것입니다. 하나님께 더 많은 것을 받기 원하는 당신은, 하나님께서 이미 당신에게 내려 주신 축복의 작은 한 부분도 받을 가치가 없는 존재임을 깨달아야만 합니다. 감사한 것들을 하나하나 적어서 목록을 만들어 보는 것은 어떻겠습니까?

당신은 그 목록을 성경책에 끼워 두고 매일 읽을 수도 있습니다. 그렇게 하면 당신은 확실히 변할 것입니다. 기쁨이 당신을 떠나 버린다면 다시 새로운 목록표를 만드십시오. 자리에 앉아서 기억나는 것을 적기 시작할 때 이 경험이 당신을 얼마나 겸손하게 만들 수 있는지 정말 놀라게 될 것입니다. 나는 1982년에 감사 목록을 만들기 시작해서 수년 동안 계속해 왔습니다. 이제는 내가 받은 축복 중 127가지나 되는 중요한 일들을 감사 목록에 적게 되었습니다. 나는 감사 목록에서 최고 20위까지의 축복들을 목록 카드에 따로 정리해 놓고, 이 카드를 매일 꺼내서 읽어 봅니다. 그래서 내면이 하나님보다도 나 자신으로 가득 차 있을 때, 또는 인간적인 욕구가 생겨날 때 이 카드를 통해서 나 자신의 감정을 조절해 나가고 있습니다.

당신보다 남을 낮게 여기고 더 소중하게 대해 주십시오. 그러나 불행히도 남을 사랑하고 섬기기보다, 혹은 남에게 대접을 받고자 하는 대로 남을 대접하기보다 우리는 남을 판단하기에 급급합니다. 우리는 남을 비판하고 비난하는 데 주저하지 않습니다. 비판하는 데 급급한 여성은 하나님께서 쓰실 수가 없습니다. 야고보서 4장 12절은 우리에게 이렇게 말하고 있습니다. "입법자와 재판자는 오직 하나이시니 능히 구원하기도 하시며 멸하기도 하시느니라 너는 누구관대 이웃을 판단하느냐" 우리는 자신을 완전히 비울 수 있을 때까지 겸손해짐으로써, 다른 사람이 우리가 완전히 이해할 수 없는 이야기를 할지라도 받아들이는 마음을 지녀야만 합니다. 한 사람이 어떻게 살아왔는지, 얼마나 힘들게 살아왔는지를 완전히 안다는 것은 불가능합니다. 왜 그럴까요? 그 이유는 우리가 하나님이 아니기 때문입니다. 자신이 마치 하나님인 것처럼 행동할 수 있을지는 모르지만, 우리는 결코 하나님이 될 수 없습니다.

기도하는 심정으로 당신의 삶을 사십시오. 예수님의 제자들은 잠을 자거나 휴식을 취하느라, 또는 매우 바쁜 나머지 기도할 시간이 없었습니다. 우리와 상황이 아주 비슷하지 않습니까? 나 역시 마찬가지입니다. 우리가 하나님 아버지의 뜻을 분별할 수 있는 유일한 길은 예수 그리스도께서 하나님의 뜻을 분별하신 방법과 같은 것입니다. 그것은 바로 기도입니다. 그러나 단지 흉내 내는 정도의 저녁식사 기도나 잠자기 전 잘 자게 해 달라는 등의 각종 기도를 의미하는 것이 아닙니다. 데살로니가전서 5장 16~18절에서는 다음과 같이 말하고 있습니다. "항상 기뻐하라 쉬지 말고 기도하라 범사에 감사하라 이는 그리스도 예수 안에서 너희를 향하신 하나님의 뜻이니라"

하나님을 이용하려고 애쓰기보다는 하나님께서 당신을 사용하실 수 있기를 진정으로 갈망해야 합니다. 전능하신 예수님께서 하늘의 권세를 사용하셨다면 굳이 십자가를 지지 않으셔도 되었을 것입니다. 그러나 예수님은 제자들에게 이렇게 말씀하십니다. "너는 내가 내 아버지께 구하여 지금 열두 영 더 되는 천사를 보내시게 할 수 없는 줄로 아느냐 내가 만일 그렇게 하면 이런 일이 있으리라 한 성경이 어떻게 이루어지리요 하시더라"(마 26:53-54)

다시 강조하고 싶은 것은, 예수님은 자신의 안위를 위해서 하나님의 일을 하신 것이 아니라는 사실입니다. 그 대신 예수님은 성경 말씀을 완성시키시기 위해서 기꺼이 하나님의 쓰임을 받으신 것입니다.

그러나 우리는 얼마나 자주 하나님을 이용하려고 합니까! 또 얼마나 자주 하나님을 우리의 집사 정도로 생각하고 있습니까? 우리는 처리해야 할 이런저런 문제들을 하나님 앞에 자주 던져 놓습니다. 우리의 이러한 요구 사항을 '제발', '아멘' 등의 말로 포장해 보지만 결국 우리는 하나님께 명령하고 있는 것입니다. 거기에 숨겨진 메시지는 이러한 것입니다. '하나님, 만일 이 기도를 들어주지 않으시면, 하나님께서 눈치도 못 채실 정도로 재빨리 당신 곁을 떠날 것입니다.' 심지어 하나님을 섬기고 있다고 생각할 때조차도 우리가 정말 원하고 있는 것은 자신의 영광이나 흥미, 아니면 의미 있는 일을 한다는 자부심 등입니다. 그러나 그것은 잘못된 태도입니다. 그분이 하나님이기 때문에 사랑하는 것이지, 하나님께서 우리를 위해 해 주신 일 때문에 사랑하는 것이 아닙니다. 물론 하나님께서 주시는 기쁨이나, 하나님께서 행하시는 기적을 바라고 그분을 사랑해서도 안 될 것입니다.

지금껏 살아오면서 하나님께서 실제로 내가 알아들을 수 있게끔 명확히 말씀해 주신 적은 몇 번 되지 않습니다. 가장 처음 하나님의 음성을 들은 것은 1980년 7월, 내가 그리스도인으로 거듭난 뒤 며칠이 지난 때였습니다. 나는 펜실베이니아 주의 투스카로라 캠프에서 델라웨어 강변을 걷고 있었습니다. 늦은 저녁 시간, 달빛이 밤하늘을 수놓고 있었습니다. 그 순간 하나님께서는 내 삶을 위해 계획하신 일을 펼쳐 보여 주셨습니다. 내 평생 결코 잊지 못할 영광스러운 순간이었습니다.

두 번째 기회 역시 영광스러움 그 자체였습니다. 그 당시 나는 기쁨을 송두리째 앗아가 버린 가혹한 시련을 겪고 있었습니다. 내게 남은 것은 하나님과 세상에 대한 원망과 증오의 감정뿐이었습니다. 주일 아침, 교회에 앉아 불쌍한 내 처지를 생각하며 탄식하고 있었는데, 별안간 놀랍게도 어디선가 고통스럽게 흐느껴 우는 소리가 들려 왔습니다. 그 소리는 나로 하여금 가슴속까지 깊은 고통을 느끼게 하였고, 그 고통은 차츰 내 폐부(肺腑)를 파고들었습니다. 그 고통은 바로 내가 주님께 안겨 드린 고통이었습니다. 그때 하나님께서 내게 하신 말씀은 결코 잊을 수가 없습니다. "도나야, 내게서 무엇을 더 원하느냐? 내가 널 위해 해 줄 수 있는 일이 또 무엇이 있겠느냐? 나는 내 모든 것을 네게 주었다. 바로 너를 위해 내 아들을 내어 주지 않았느냐?"

예수 그리스도는 바로 나를 위해 십자가 위에서 자신을 버리셨던 것입니다. 그분은 나를 위해 목숨까지도 바치셨는데 나는 더 많은 것을 내어 놓으라고 요구하고 있었던 것입니다. 나는 자신만을 위하는 생각으로 가득 차 있었기에 주신 것보다 더 많은 것을 주님께 요구하고 있었습니다. 어떻게 하면 그리스도처럼 우리도 자신을 비울 수 있을까요? 어떻게 하면 우리들 마음속에 숨겨진 목표와 꿈, 그리고 욕망들을 버릴 수 있을까요?

도대체 얼마나 더해야 우리의 마음이 충족될 수 있을까요? 아버지 되신 하나님께서 우리를 그토록 사랑하셔서 독생자를 주시고 영생을 얻게 하셨다는 사실을 아는 기쁨보다 더 우리를 기쁘게 해 줄 수 있는 것이 과연 무엇이란 말입니까? 우리는 더 많은 것을 요구할 수가 없습니다. 하나님께서는 이미 모든 것을 우리에게 넘치도록 주셨기 때문입니다.

1. 빌립보서에 나온 그리스도를 닮아 가는 다섯 가지 삶이란 무엇입니까?

2. 일상생활을 하면서 당신은 어떤 점에서 하나님보다 자신에게 더 초점을 맞추고 살아가고 있습니까?

3. 당신은 누구를 위해서 살아가고 있습니까? 하나님입니까, 아니면 당신 자신입니까? 당신이 진실로 하나님을 위해서 살아간다면 일상의 삶에서 어떤 변화가 일어날까요?

4. 당신은 감사의 태도를 갖기 위해 노력하고 있습니까, 아니면 불만스러운 모습을 보이고 있습니까? 만일 불만스러운 생활을 하고 있다면, 어떤 점을 고쳐야 할까요?

5. 당신은 하나님만이 심판하실 권리가 있음을 믿고 다른 사람들에 대해서 긍정적인 시각을 갖기 위해 노력하고 있습니까, 아니면 비판적인 시각으로 다른 사람들을 보고 있습니까?

6. 당신이 판단하고 있는 한 사람의 이름을 구체적으로 적어 보십시오. 만일 자신이 그 사람을 심판하는 일을 포기하고 하나님께 심판을 맡겨 드린다면 어떤 일이 일어나리라 생각하십니까? 지금 당장 그 사람을 하나님께 맡기십시오.

7. 당신은 늘 기도와 함께 하루를 보내고 계십니까? 만약 그렇지 못하다면 당신 삶에서 오늘 당장 어떤 변화를 가져야만 할까요?

8. 당신의 마음은 하나님께 쓰임받는 것을 원합니까, 아니면 자신의 목표를 위해 하나님을 이용하려 하고 있습니까?

9. 당신은 하나님께 뭔가를 요구하고 있었습니까? 그렇다면 과감히 그 요구를 포기할 각오가 되어 있습니까?

10. 오늘의 공부를 통해서 배운 가장 큰 교훈은 무엇입니까?

 요점 정리

- 당신의 개인적인 목적보다는 하나님의 계획을 따르십시오.
- 감사하는 태도를 가지십시오.
- 다른 사람들에 대해서 긍정적인 시각을 갖도록 노력하십시오.
- 하나님을 이용하려 하지 말고 하나님께 쓰임받기를 열망하십시오.
- 하나님께서는 우리들에게 필요한 모든 것, 즉 하나님의 독생자 예수 그리스도를 통한 구원을 이미 주셨습니다.

셋 · 째 · 날

과거의 자부심을 버려라

그리스도는 자신을 비우는 삶에 대한 가장 위대한 본을 보여 주셨습니다. 그러나 그리스도 이외에도 성경은 그러한 삶을 산 또 한 사람에 대해 기록하고 있습니다. 사도 바울은 자신을 비우는 법, 즉 하나님께 보여 드리고 싶은 자신의 모든 것까지도 버리는 것에 대해 말하고 있습니다. 그는 자신이 이룬 모든 업적과 열성, 그리고 지식까지도 주님께서 하신 일에 비할 때, 배설물 더미일 뿐임을 알고 있었던 것입니다.

"그러나 무엇이든지 내게 유익하던 것을 내가 그리스도를 위하여 다 해로 여길 뿐더러 또한 모든 것을 해로 여김은 내 주 그리스도 예수를 아는 지식이 가장 고상함을 인함이라 내가 그를 위하여 모든 것을 잃어버리고 배설물로 여김은 그리스도를 얻고 그 안에서 발견되려 함이니 내가 가진 의는 율법에서 난 것이 아니요 오직 그리스도를 믿음으로 말미암은 것이니 곧 믿음으로 하나님께로서 난 의라 내가 그리스도와 그 부활의 권능과 그 고난에 참예함을 알려 하여 그의 죽으심을 본받아 어찌하든지 죽은 자 가운데서 부활에 이르려 하노니 내가 이미 얻었다 함도 아니요 온전히 이루었다 함도 아니라 오직 내가 그리스도 예수께 잡힌 바 된 그것을 잡으려고 좇아가노라 형제들아 나는 아직 내가 잡은 줄로 여기지 아니하고 오직 한 일 즉 뒤에 있는 것은 잊어버리고 앞에 있는 것을 잡으려고 푯대를 향하여 그리스도 예수 안에서 하나님이 위에서 부르신 부름의 상을 위하여 좇아가노라 그러므로 누구든지 우리 온전히 이룬 자들은 이렇게 생각할지니 만일 무슨 일에 너희가 달리 생각하면 하나님이 이것도 너희에게 나타내시리라 오직 우리가 어디까지 이르렀든지 그대로 행할 것이라"(빌 3:7-16)

사도 바울은 그리스도를 얻기 위해서 과거 자신이 쌓은 업적들을 배설물로 여겼습니다. 바울은 그 두 가지가 상호 배타적이라는 사실을 말하고 있습니다. 당신도 이에 동의하십니까, 아니면 한편으로는 세속적인 자격을 붙잡고 또 한편으로는 그리스도를 따르고 있습니까?

바울은 자신에 대해 자신감을 가질 자격이 충분했습니까? 세속적인 기준으로 볼 때 그는 확실히 자격이 있었습니다. 사실 자신이 가진 모든 것을 배설물로 여기기 전까지는 바울 자신도 그런 세속적인 기준을 자랑했습니다. 빌립보서 3장 4~6절을 보십시오.

"그러나 나도 육체를 신뢰할 만하니 만일 누구든지 다른 이가 육체를 신뢰할 것이 있는 줄로 생각하면 나는 더욱 그러하리니 내가 팔 일 만에 할례를 받고 이스라엘의 족속이요 베냐민의 지파요 히브리인 중의 히브리인이요 율법으로는 바리새인이요 열심으로는 교회를 핍박하고 율법의 의로는 흠이 없는 자로라"

당신이 하나님을 섬기는 데 어떤 자격이 필요한지 나는 잘 모릅니다. 그러나 사도 바울의 자격과 비교할 때 그리 자신만만한 대결은 할 수 없을 것입니다. 혹시 당신의 선조 중에 베냐민 지파이던 분이 있습니까?

당신은 바리새인들의 교육을 받았습니까? 율법에 관한 한 전문가입니까? 단 한 주 동안만이라도 율법의 의의 기준으로 볼 때 흠 없이 지낸 적이 있습니까? 그러나 히브리인 중 히브리인이며, 제자들 중 으뜸이었고 그 누구보다도 신약의 많은 부분에 큰 공헌을 한 바울은 그리스도 앞에서 자신의 모든 것을 배설물로 여겼습니다. 사도 바울은 완전히 자신을 버리고 예수 그리스도께 의지한 것입니다.

정직하게 말해 보십시오. 과연 당신은 자신의 힘과 장점, 이룩한 모든 업적들을 배설물로 여길 수 있습니까? 어쩌면 당신은 내 남편처럼 좋은 가정에서 자라났을지도 모릅니다. 혹은 당신은 명문가 출신일 수도 있을 것입니다. 아니면 대학 시절 미의 여왕이나 미스 스마일로 뽑혀서 지금껏 유명세를 누리며 살아왔을 수도 있을 것입니다. 당신은 어떻게 하면 친구를 이길 수 있는지, 사람들에게 영향력을 행사할 수 있는지에 대해서 잘 알고 있을지도 모릅니다. 늘 우등상을 도맡아 차지하고 결국 명문 아이비리그의 대학을 다녔을 수도 있을 것입니다. 또는 훌륭한 외모에 완벽한 결혼을 할 만한 매력을 갖추었을지도 모릅니다.

아마도 당신은 모든 것을 갖춘 여성 중 한 사람일 수도 있을 것입니다. 회사에서는 고속 승진을 하고 있고, 영리하고 잘생긴 아이들을 기르며 더할 나위 없이 행복한 결혼 생활을 영위해 나가면서, 하루에 약 5킬로미터씩 조깅하고, 자선 단체에 나가 봉사 활동을 하는 사람일지도 모릅니다. **정말 멋진 인생입니다.** 그러면 이제 최종 테스트를 해 보겠습니다. 당신은 자신이 누리는 이 모든 것을 과연 배설물이라고 부를 수 있습니까?

나는 그런 좋은 조건 속에서 인생을 시작하지 못했습니다. 만일 나를 흥분시킬 수 있는 무엇이 있었다면 그것은 바로 아이리시 위스키였을 것입니다. 우리 친척들 중 한 사람의 말을 인용해 본다면 이렇습니다.

우리 집안은 말 도둑에 술고래, 그것도 모자라서 술집을 난장판으로 만들어 놓는 조상들로 이루어진 혈통을 지니고 있습니다. 정말 대단한 혈통 아닙니까? 그런데도 나는 세상의 기준으로 봤을 때 성공적이라 불릴 만한 일들을 한두 가지 이루어 놓았습니다. 그래서 나는 도저히 그 업적들을 배설물이라고 부르지 못하고 있는 것입니다. 만일 당신이 나와 같은 상태라면 오직 한 가지 설명만이 가능합니다. 당신의 속마음은 아직도 자기 자신으로 가득 차 있습니다. 그동안 진실로 자신을 비우지 못한 것입니다. 당신 자신이 그대로 남아 있는 한, 그리스도는 당신의 삶 속에 그분이 원하시는 공간을 만드실 수가 없습니다. 결국 그리스도는 당신을 완전히 변화시켜서 하나님께서 쓰실 수 있는 그릇으로 만드실 수가 없는 것입니다.

아침에 눈을 뜨자마자 과거에 지녔던 자존심을 모두 창문 밖으로 던져 버리는 것은 어떻습니까? 과연 그런 일들이 마법에 걸린 순간에만 갑자기 일어날 수 있는 것일까요? 물론 나도 그런 경험을 해 보지 못했습니다. 과거의 자랑 등 자기 자신을 비우는 과정은 평생이 걸리는 일입니다. 그러니 하루에 한 가지씩만 실천하십시오.

1. 사도 바울은 자신을 비워야 하는 까닭에 대해서 뭐라고 말했습니까? 그리고 그는 무엇을 얻기를 희망했습니까?

2. 당신은 지금 무엇을 붙잡고 있습니까? 당신이 그리스도께 자랑 삼아 보여 드릴 수 있는 조건에는 어떤 것들이 있습니까? 이 세상 사람들이 감명받을 수 있는 모든 조건들을 나열해 보십시오. 당신의 집안 배경, 교육 정도, 사역 경험, 훌륭한 업적들 그리고 다른 자격 조건이 될 수 있는 모든 것들이 여기에 해당됩니다.

3. 당신은 솔직히 위에 나열한 모든 것을 배설물이라고 부를 자신이 있습니까? 당신의 눈에 그 모든 것이 정말 쓸모없는 것으로 보입니까? 시간을 갖고 이 점에 대해서 깊이 생각해 보십시오.

4. 당신에게 '강한 인상을 주는' 목록을 종이 한 장에 하나씩 적으십시오. 그런 다음 찢어 버리든가 아니면 내열성이 강한 그릇 속에 넣은 뒤 태워 버리십시오. 만일 당신이 소그룹에서 이 공부를 하고 있다면 다음 시간에 리스트를 가지고 와서 위의 방법대로 해 보십시오.

5. 오늘의 공부를 통해서 배운 중요한 교훈은 무엇입니까?

 요점 정리

• 사도 바울이 그러했듯 당신 역시 자신이 이룩한 가장 큰 업적을 배설물이라 여길 수 있어야 합니다.
• 과거에 대한 자랑을 버리는 것은 평생에 걸쳐서 이루어지는 과정입니다.

넷 · 째 · 날

과거의 고통을 버려라

　최근 들어서 과거를 생각해 내는 것이 오락의 하나로 각광받고 있습니다. 상점에 나와 있는 과거 알아내기 게임의 열두 단계를 모두 섭렵할 수 있는 자격을 갖춘 사람으로서, 나는 과거를 이해하는 것이 확실히 가치가 있음을 알고 있습니다. 그러나 만일 진정으로 하나님께 쓰임받는 그릇이 되고 싶다면 우리는 과거의 고통에 얽매이지 말아야 합니다. 우리는 배운 교훈들을 마냥 흘려버려서는 안 됩니다. 즉 고통이 우리의 내면에서 활동하기 시작하는 그러한 사역의 기회를 놓치지 말아야 할 뿐 아니라, 상처를 봉합해서 치유가 되도록 해야 합니다. 그러나 우리는 상처에 앉은 딱지를 뜯어내는 일을 하지 말아야 합니다. 오랜 세월 동안 상처의 딱지를 지속적으로 뜯어내기만 한다면 상처는 절대로 낫지 않습니다. 오히려 고통만 더 커질 뿐입니다.

과거의 상처가 자신의 삶을 더는 지배하지 못하도록 노력한 어느 여성의 예를 들어 보겠습니다. 몇 년 전 나는 그리스도인 작가 세미나에서 연설할 기회가 있었는데, 그곳에서 아주 쾌활한 성격의 여성을 만나게 되었습니다. 그녀는 내게 자신의 삶의 경험을 글로 쓰고 싶다고 말했습니다. 처음에 나는 '누군들 그러고 싶은 생각이 없을까?' 하는 생각이 들었습니다. 그러나 밸러리의 이야기를 다 듣고 나서, 나는 그녀의 이야기가 널리 알려져야 한다는 생각이 들었습니다.

1년 후 나는 '하나님께서 쓰실 수 있는 그릇이 되어 가기'라는 주제로 열리는 어느 집회를 위해 말씀을 준비하고 있었습니다. 그때 주님은 계속해서 밸러리의 이야기를 상기시켜 주셨습니다. 그런데 집회가 열리기 한 주 전 밸러리가 갑자기 내게 전화를 걸어 왔고 하나님께서 그녀의 삶 속에서 나를 어떻게 사용하셨는지에 관한 간증을 들려주었습니다. 지난번 우리의 만남 이후 밸러리는 '상처받은 용사들'이라 불리는 자신의 사역이 이제는 전국적으로 뻗어 나가서 수천 명의 사람들에게 영향을 미치고 있다는 것이었습니다. 이어서 밸러리는 내가 집회와 이 책을 통해서 자신의 이야기를 많은 사람들과 함께 나누어도 좋다고 허락해 주었습니다.

나는 결혼한 지 얼마 되지 않았을 때 남편이 포르노물에 중독되어 있다는 사실을 알았습니다. 그는 포르노 잡지를 사 모으기 시작했습니다. 약 1년 후 남편은 매달 빠짐없이 성인전용 영화관을 드나들기 시작했습니다. 그러다가 결국 그는 그 영화관에 한 주에 한 번씩 가게 되었습니다. 반면 남편은 이중적인 생활을 하고 있었습니다. 교회에서는 음악부에서 활동하며 예수 그리스도가 자신의 삶 속에서 어떤 일을 하고 계시는지 솔선수범하여 입증하고 싶어했지만 집으로 돌아오면 계속해서 포르노 영화만 보았습니다. 교회에 같이 다니는 어느 한 자매는 제게 "저렇게 믿음이 좋은 남편을 만나다니 당신은 정말 행운아군요." 하는 말을 하기도 했습니다. 그 사람들은 실상을 모르니까요.

비디오가 대중화되자 남편은 집에서 포르노 영화를 보기 위해 비디오 플레이어를 한 대 구입했습니다. 그리고 나는 우리 집을 침입해 들어온 그 쓰레기 같은 영화들에서 아이들을 보호하기 위해 새벽 세 시까지 아이들을 차에 태우고 밤거리를 헤매야 했습니다.

시간이 갈수록 영화는 더욱더 대담하고 난폭해졌습니다. 남편은 내가 영화 이야기를 듣고 싶어하는지의 여부와 상관없이 늘 그 이야기만 했습니다. 그리고 결혼한 지 9년째 되던 해, 남편의 중독 증세는 나날이 심각해져서 이제는 암거래되는 잡지를 구입할 뿐 아니라 극도로 저질적인 X등급의 포르노 영화를 매주 보기 시작했습니다. 내가 만일 남편의 이러한 행동을 저지하려 했다면 그는 화를 내면서 폭력을 휘둘렀을 것입니다. 계속 그런 영화들만을 보아 온 사람이라면 이미 변태적이고 폭력적인 사람이 되어 있는 것이 분명할 테니까요. 나는 그 상황을 극복할 수가 없었습니다. 오직 그를 정신이상자로밖에 볼 수 없었습니다.

그러는 사이에 그는 사랑 가득한 남편에서 가족을 육체적으로 학대하고, 나를 성적으로 학대하는 사람으로 변했습니다. 마침내 나는 그에게 맞서기 시작했고, 이중적인 생활을 더는 참을 수 없으니 이제 선택하라고 말했습니다. 나는 도저히 거짓말을 할 수가 없었습니다. 그래서 남편에게 포르노를 택하든지 아니면 가족과 하나님을 택하든지 결정을 내리라고 말한 것이었습니다.

그 다음날, 남편은 자살하고 말았습니다.

밸러리와 같은 처지에 있는 사람이라면 오늘 공부의 교훈을 어떻게 받아들일 수 있을까요? 만유의 주재이신 하나님께서 밸러리에게 이렇게 가슴 아픈 경험을 하도록 허락하신 것을 어떻게 받아들여야 할까요? 이 책은 이론이 아닌 실생활의 이야기를 다루고 있습니다. 그렇기 때문에 여기서 소개된 내 원칙들에 밸러리가 동의하는지의 여부를 그녀에게 단도직입적으로 묻기로 작정했습니다. 그녀는 주저함 없이 "예" 하고 대답했습니다. "제 과거의 경험이 오늘날 상처받는 여성들을 위한 사역에 가치 있게 쓰일 것입니다. 하나님께서 저를 어느 곳에 쓰고 싶어하시는지 잘 알고 있습니다. 만일 제가 먼저 그런 고통을 경험하지 않았더라면 나는 이런 일을 하고 있지도 않을 것입니다." 밸러리가 외치고 있는 구호는 바로 이것이었습니다. "하나님께서는 다른 사람의 미래를 변화시키시기 위해서 우리의 과거를 사용하십니다."

그렇다면 어떻게 우리는 과거의 지배력에서 벗어날 수 있을까요? 어떻게 우리는 과거를 완전히 떠나 보냄으로써 더는 과거가 우리를 지배하지 못하도록 만들 수 있을까요? 그 답은 오직 한 가지, 바로 예수 그리스도를 통해서만 이루어질 수 있습니다. 복음주의 신학자인 토니 캄폴로(Tony Campolo)는 이렇게 말했습니다. "당신이 그리스도를 영접하게 되는 그날까지는 당신의 과거가 현재 행동에 대한 변명거리가 될 수 있을 것입니다. 그러나 이제는 뒤돌아보지 마십시오. 변명거리도 찾지 마십시오. 토기장이를 바라보며 과거의 자신을 비우십시오. 만일 당신이 그렇게 한다면 하나님께서는 당신의 삶을 통해서 세상이 깜짝 놀랄 정도로 큰일을 성취하실 것입니다."

밸러리는 과거의 아픔을 승화시켜 나갔으며, 마침내 오늘날 하나님께서 쓰실 수 있는 그릇의 아름다운 본보기가 되었습니다. 하나님께서는 당신이 삶 속에서 고통스러운 시련의 시간들을 견디어 나갈 수 있도록 하셨습니다. **그 고통을 통해서 당신은 무엇을 할 수 있습니까?** 그렇다면 이 질문만이 남을 것입니다. 당신은 과거의 경험을 깨끗이 치유받고 나아가 상처받은 세상을 위한 하나님의 사역에 쓰일 수 있는 그릇이 될 것입니까, 아니면 과거로 인해 더욱 비참한 삶을 살 것입니까?

1. 과거의 고통에서 벗어난다는 것은 무엇을 의미합니까?

2. 과거의 고통에 우리가 버리지 말아야 할 부분은 무엇입니까?

3. 당신은 어떤 고통에서 자유로워져야 합니까?

4. 당신의 고통이 다른 이들을 위한 사역에 쓰임받음으로써 당신이 고통에서 자유로워질 수 있는 이유는 무엇일까요?

5. 오늘의 공부를 통해서 당신이 배운 중요한 교훈은 무엇입니까?

 요점 정리

• 과거의 고통이 당신의 미래를 지배하도록 놔 두지 마십시오.
• 당신의 고통스러운 경험이 다른 사람들을 위한 사역에 쓰임받을 수 있도록 하십시오.

다 · 섯 · 째 · 날

미래에 대한 희망에서 손을 떼라

"형제들아 나는 아직 내가 잡은 줄로 여기지 아니하고 오직 한 일 즉 뒤에 있는 것
은 잊어버리고 앞에 있는 것을 잡으려고 푯대를 향하여 그리스도 예수 안에서 하
나님이 위에서 부르신 부름의 상을 위하여 좇아가노라" (빌 3:13-14)

이번 한 주 동안 우리는 비우는 과정에 대해서 살펴보았습니다. 우리
자신의 과거뿐 아니라 미래를 위한 계획과 꿈 역시 비워야 합니다. 빌립
보서 3장에서 알 수 있듯이 사도 바울의 유일한 초점은 오로지 천국을
향하고 있었습니다. 사도 바울은 자신의 미래를 내다보면서 은퇴 후 고
향 애리조나 주에서 여생을 보내며 큰 레저용 차를 몰고 시골로 여행을
다니는 모습을 떠올리지 않았습니다. 그는 오로지 하늘에서 받을 상급
을 꿈꾸었습니다. 솔직히 말해서 당신은 미래를 꿈꿀 때 마음에 품고 있
는 유일한 곳이 천국이라고 말할 수 있습니까? 당신은 자신이 기대하는

유일한 상급이 하늘나라의 다양한 상급 중 하나라고 자신 있게 말할 수 있습니까? 시간을 내서 당신이 지금 가슴 속에 지니고 있는 **꿈과 희망**에 대해 진실한 기도를 드려 보십시오. 그리고 하나님께 더 많은 공간을 내어 드리기 위해서 버려야 할 것들이 무엇인지 보여 달라고 기도하십시오.

이번 주 교재를 쓰기 시작한 지 나흘이 지났을 때 나는 그 유명한 엘리엇[Elisabeth Elliot, 에콰도르 원주민을 위해 사역하다가 28세에 순교한 짐 엘리엇(Jim Elliot) 선교사의 아내—역자 주]이 주강사로 참여하는 집회에 참석하는 특권을 누리게 되었습니다. 집회의 첫째 날 저녁 그녀는 참석자들에게 다음과 같은 질문을 던졌습니다. "당신은 무엇을 두려워하십니까?" 나는 그리 두려움을 타는 편이 아니었기 때문에 잠시 동안 곰곰이 그 말을 생각해 보았습니다. 다음 순간 아주 천천히, 거의 무의식적으로 내 손은 배를 쓸어내리고 있었습니다. 그때 임신 4개월이던 나는 배가 놀랄 만큼 많이 불렀는데 어머니는 쌍둥이를 가진 것이 틀림없다고 확신할 정도였습니다. '아이를 잃는 것보다 더 끔찍한 일은 이 세상에 없을 거야.' 이러한 생각이 내 머릿속을 떠다니고 있었습니다. "여호와는 나의 산업과 나의 잔의 소득이시니 나의 분깃을 지키시나이다"라는 시편 16편 5절의 말씀이 그날의 핵심 성경 구절이었습니다. 하나님께서는 우리가 하나님의 독생자의 형상을 닮아 갈 수 있도록 각자에게 알맞은 시련을 주십니다.

우리는 또한 토요일 아침에 "당신은 무엇을 믿습니까?" 하는 질문을 탐구하기 시작했습니다. 엘리엇 여사는 하나님 나라와 사랑에 대해서 이야기했습니다. 그녀는 자신이 두 남편을 모두 잃어버리는 참담한 고통 속에서도 어떻게 하나님에 대한 굳건한 신뢰를 저버리지 않을 수 있었는지를 간증했습니다. 점심시간에 나는 옆에 앉아 있던 여성에게 이렇게 말했습니다. "정말 놀라운 일이군요. 나는 그렇게까지 큰 비극은 경험해 보지 못했어요. 저도 제 몫의 혼란과 어려움을 겪어 왔지만 엘리 엇 여사가 겪은 그런 종류의 비극은 아니었답니다." 그런데 그 집회가 있은 지 얼마 지나지 않아 나는 유산하게 되었습니다.

그 후로 나는 고통과 눈물 그리고 죄책감과 기도로 얼룩진 두 주를 보내야 했습니다. 그러나 이 모든 일들을 통해서 하나님의 평강과 은혜 가 넘쳐났습니다. 왜 하나님께서는 열두 살밖에 안 되는 어린 소녀는 건 강한 아기를 낳게 하시면서, 나처럼 결혼한 지 12년 만에 겨우 아기를 가진 여성은 제대로 아기를 낳아 보지도 못하게 하시는 것인지에 대해 이해하기란 무척 힘이 듭니다. 그렇지만 나는 확신하고 있는 것이 있습 니다. 그것은 하나님께서 모든 일을 주관하신다는 믿음입니다. 나는 하 나님께서 나를 사랑하고 계심을 믿습니다. 그리고 내가 겪은 일이 궁극 적으로 선을 이루는 데 쓰일 것이라고 믿고 있습니다. 내 유산 경험은 하나님의 사랑과 온전하신 뜻 앞에 나 자신을 비우게 했고 동시에 내 희 망과 꿈을 포기하게 했습니다.

의사에게서 퇴원 허가서를 받고 집으로 돌아온 나는 옷장으로 가서 임부복들을 꺼냈습니다. 그리고 남편은 그 옷들을 우리 집 차고의 깜깜 한 구석으로 가져가 모두 버렸습니다. 나는 이러한 과정 역시 자신을 비 우는 확실한 예임을 깨달았습니다. 말 그대로 하나님께서 내 삶 속에 들 어오셔서 그리고 내 삶을 통해서 역사하실 수 있는 공간을 만들어 드리 기 위해 내 계획은 모두 다 없애 버려야만 했습니다.

상실감에서 회복되어 가는 동안 나는 유명한 CCM 가수인 트와일라 패리스(Twila Paris)의 노래 "당신을 아는 마음(A Heart That Knows You)"의 가사에서 많은 위안을 받을 수 있었습니다. 트와일라 패리스가 어떤 경험을 하고 이 가사를 썼는지 상세히 알 수는 없지만 그녀가 자신을 비우는 과정에 있었다는 사실을 나는 잘 알 수 있었습니다. 그녀는 그 노래에서 하나님께서 하시는 일을 거부하려고 몸부림을 쳐 보지만 결국은 하나님의 뜻을 받아들이게 된다는 내용을 아름답게 묘사하고 있습니다. 우리가 완전히 자신을 버릴 때까지, 하나님의 뜻을 완전히 받아들일 때까지, 지금 자신이 가는 길을 고집하지 않고 하나님께서 주신 시간을 기다리는 법을 배우게 될 때까지, 우리는 결코 그리스도 안에서 진정한 자유를 누릴 수 없습니다.

극도로 힘든 환경들을 지나면서 오랜 시간 동안 그리스도를 좇아 온 사람들조차 그 마음속에서 반항의 덩어리를 발견하고 놀라게 됩니다. 우리는 우리 자신이 원하는 것을 위해 그 힘든 환경들을 버텨 왔을 뿐, 하나님께서 원하시는 것과는 아무런 상관도 없는 시간들을 지내 온 것입니다. 당신이 자신을 비우는 과정을 거치도록 하나님께서 이끄실 때, 당신은 내가 받아오던 위로, 즉 길을 내려갈 때의 느낌과 같은 위로를 받게 될 것을 나는 확실히 믿습니다. 하나님께서는 우리 앞에서 먼저 길을 내려가십니다. 그리고 우리가 내딛는 모든 발걸음, 즉 우리가 성장해 나가는 것을 돕거나 우리가 다른 사람들에게 길을 제시해 주도록 돕게 될 것이라는 사실은 태초에 이미 약속된 것입니다.

고린도후서 1장 3~5절을 보십시오. "찬송하리로다 그는 우리 주 예수 그리스도의 하나님이시요 자비의 아버지시요 모든 위로의 하나님이시며 우리의 모든 환난 중에서 우리를 위로하사 우리로 하여금 하나님께 받는 위로로써 모든 환난 중에 있는 자들을 능히 위로하게 하시는이시로다 그리스도의 고난이 우리에게 넘친 것같이 우리의 위로도 그리스도로 말미암아 넘치는도다"

지금까지 우리는 자신을 비운다는 것이 어떤 의미인지를 알아보기 위해 함께 힘든 한 주간을 보냈습니다. 우리는 그리스도와 사도 바울이 자신을 비우는 모습을 지켜보았습니다. 그리고 그들의 삶과 사역을 통해서 중요한 교훈을 배웠습니다. 우리는 자랑도, 그리고 과거의 고통도 버려야 하며, 동시에 미래에 대한 희망과 꿈에서도 손을 떼어야 한다는 것의 중요성도 강조했습니다. 왜 우리는 이 모든 것에서 자유로워져야 할까요? 바로 하나님께서 우리 안에 거하시면서 우리를 통해 역사하실 수 있는 공간을 마련하기 위해서입니다.

하나님께서 사용하실 수 있는 그릇이 되기 위한 두 번째 조건은 바로 **하나님을 위한 공간을 마련하기 위해서 자신을 비우는 것입니다.**

1. 미래를 위한 당신의 목표를 적어 보십시오. 세상적인 소망과 천국을 향한 소망을 모두 솔직하게 적어 보십시오.

2. 당신은 그 목표들을 기꺼이 포기할 수 있습니까? 그중 단 하나도 통과되지 못한다면 당신은 어떻게 반응하시겠습니까?

3. 당신이 붙잡고 있는 목표 중 어느 것이라도 당신에게 극심한 고통을 가져다줄 수 있는 잠재력을 지니고 있습니다. 그 사실은 당신이 아직 자신을 더 비워야 한다는 것을 의미합니다. 당신의 눈이 영원한 것을 향할 수 있도록 계속 주관해 주실 것을 간구하는 기도를 적으십시오.

4. 당신의 가장 큰 소망은 무엇입니까 당신은 온 마음으로 하나님께서 그 소망을 채워 주실 것을 기다리고 있습니까, 아니면 아직도 하나님의 품을 벗어나려고 안간힘을 쓰고 있습니까? 이 문제에 대해서 기도해 보십시오.

5. 오늘의 공부를 통해서 배운 가장 큰 교훈은 무엇입니까?

6. 이번 주의 핵심은 무엇이었습니까?

7. 하나님께서 사용하실 수 있는 그릇이 되기 위한 처음 두 가지 자격은 무엇입니까?

 요점 정리

• 당신은 과거뿐 아니라 미래를 향한 당신의 희망과 꿈 역시 포기해야만 합니다.
• 우리가 붙잡고 있는 것이면 무엇이든지 우리 삶에 큰 고통을 주는 요소가 될 수 있습니다.
• 하나님께서는 우리가 그리스도께 받은 위로를 다른 사람들에게도 전해 주길 원하십니다.

하나님께 자신의 죄를 드러내기

이번 주의 주제

. . .

고통스러운 과정이 따를지라도 하나님께서
당신의 죄를 깨끗이 씻어 주실 수 있도록 해야 합니다.

이번 주의 핵심 성경 구절

. . .

"만일 우리가 죄 없다 하면 스스로 속이고
또 진리가 우리 속에 있지 아니할 것이요
만일 우리가 우리 죄를 자백하면
저는 미쁘시고 의로우사 우리 죄를 사하시며
모든 불의에서 우리를 깨끗케 하실 것이요" (요일 1:8-9)

첫 · 째 · 날

죄를 씻겨 주는 참모들 – 하나님의 사람들

　처음부터 이런 이야기를 꺼내게 되어서 미안하지만 이번 주는 그다지 재미있는 내용이 될 것 같지 않습니다. 당신 자신을 비우는 것 외에도 죄 씻음은 하나님께서 쓰실 수 있는 그릇이 되기 위한 여정 중 가장 힘든 부분입니다. 특히 하나님께서 하늘나라의 성스러운 세제로 당신을 깨끗이 닦으셔야만 할 경우는 더욱 그렇습니다. 하나님께서 사용하실 수 있는 그릇이 되기 위한 세 번째 조건은 바로 고통스러운 과정이 따를지라도 하나님께서 당신을 깨끗이 씻어 주실 수 있도록 해 드려야 한다는 것입니다.

　단도직입적으로 말하자면 바로 이 부분이야말로 많은 그리스도인들이 간과하는 점이라고 생각합니다. 하나님께서는 고백하지 않은 죄까지 용서하겠다는 약속은 하지 않으셨습니다. 한 번 더 강조하여 말한다면,

성경 어느 곳에도 고백하지 않은 죄에 대하여서도 하나님께서 용서하실 것이라는 대목은 없습니다. 이번 주의 주제가 되는 성경 구절에서는 실제로 이렇게 말하고 있습니다. "만일 우리가 죄 없다 하면 스스로 속이고 또 진리가 우리 속에 있지 아니할 것이요" 그러므로 우리가 깨끗함을 입기 위해서는 반드시 먼저 죄를 고백해야 하는 것입니다. 그러나 종종 길고도 어려운 과정을 거쳐서 영적 거울을 통해 자신의 죄와 직접 대면하기 전까지는 죄를 고백할 수 없을 때가 있습니다.

불행히도 죄악은 가끔씩 알지 못하는 사이에 우리 곁으로 다가옵니다. 어느 날 정신을 차리고 보면 몇 달씩 더러운 죄악에 빠져 있는 자신의 모습을 보게 됩니다. 대개 경종을 울리는 신호는 자신이 저지른 일의 결과로 나타납니다. 만일 우리가 다행히도 삶 속에서 올바른 사람들과 함께할 수 있다면 경종을 울리는 신호는 신뢰하는 친구에게서 올 수도 있을 것입니다. 이제 다윗의 이야기를 들려 드리겠습니다.

"여호와께서 나단을 다윗에게 보내시니 와서 저에게 이르되 한 성에 두 사람이 있는데 하나는 부하고 하나는 가난하니 그 부한 자는 양과 소가 심히 많으나 가난한 자는 아무것도 없고 자기가 사서 기르는 작은 암양 새끼 하나뿐이라 그 암양 새끼는 저와 저의 자식과 함께 있어 자라며 저의 먹는 것을 먹으며 저의 잔에서 마시며 저의 품에 누우므로 저에게는 딸처럼 되었거늘 어떤 행인이 그 부자에게 오매 부자가 자기의 양과 소를 아껴 자기에게 온 행인을 위하여 잡지 아니하고 가난한 사람의 양 새끼를 빼앗아다가 자기에게 온 사람을 위하여 잡았나이다 다윗이 그 사람을 크게 노하여 나단에게 이르되 여호와의 사심을 가리켜 맹세하노니 이 일을 행한 사람은 마땅히 죽을 자라 저가 불쌍히 여기지 않고 이 일을 행하였으니 그 양 새끼를 사 배나 갚아 주어야 하리라 나단이 다윗에게 이르되 당신이 그 사람이라 이스라엘의 하나님 여호와께서 이처럼 이르시기를 내가 너로 이스라엘 왕을 삼기 위하여 네게 기름을 붓고 너를 사울의 손에서 구원하고 네 주인의 집을 네게 주고 네 주인의 처들을 네 품에 두고 이스라엘과 유다 족속을 네게 맡겼느니라 만일 그

것이 부족하였을 것 같으면 내가 네게 이것저것을 더 주었으리라 그러한데 어찌
하여 네가 여호와의 말씀을 업신여기고 나 보기에 악을 행하였느뇨 네가 칼로 헷
사람 우리아를 죽이되 암몬 자손의 칼로 죽이고 그 처를 빼앗아 네 처를 삼았도다
이제 네가 나를 업신여기고 헷 사람 우리아의 처를 빼앗아 네 처를 삼았은즉 칼이
네 집에 영영히 떠나지 아니하리라 하셨고 여호와께서 또 이처럼 이르시기를 내
가 네 집에 재화를 일으키고 내가 네 처들을 가져 네 눈 앞에서 다른 사람에게 주
리니 그 사람이 네 처들로 더불어 백주에 동침하리라 너는 은밀히 행하였으나 나
는 이스라엘 무리 앞 백주에 이 일을 행하리라 하셨나이다 다윗이 나단에게 이르
되 내가 여호와께 죄를 범하였노라 하매 나단이 다윗에게 대답하되 여호와께서도
당신의 죄를 사하셨나니 당신이 죽지 아니하려니와 이 일로 인하여 여호와의 원
수로 크게 훼방할 거리를 얻게 하였으니 당신의 낳은 아이가 정녕 죽으리이다 하
고"(삼하 12:1-14)

나단은 무슨 용기가 생겨서 이스라엘의 왕, 특히 쉽게 격노하며 어떤
때는 화내기보다 칼 쓰기를 더 빨리 하는 다윗에게 이처럼 맞설 수 있었
을까요? 나단은 위험을 충분히 감안하고 있었지만 신중한 태도로 맞섰
습니다. 그리고 무엇보다도 중요한 점은 하나님께서 다윗의 잘못을 깨
우치게 하기 위해 나단을 그릇으로 쓰셨다는 사실입니다. 그렇다면 이
점을 여러분에게 묻고 싶습니다. 누군가가 당신의 눈을 들여다보면서
"당신이 바로 그 여자군요!" 하고 말하는 것을 마지막으로 들어 본 적이
있었습니까? 누군가가 당신이 저지른 특별한 죄에 대해서 명백히 지적
해 주고 당신을 회개의 길로 가도록 해 주었던 적이 있었습니까? 아주
특별한 교회 또는 극히 헌신적인 소그룹에 속한 경우를 제외하고는,
"꽤 오래되었습니다." 나 혹은 "그런 일이 한 번도 없었습니다." 하고 대
답하는 사람들이 대부분일 것입니다.

만일 그런 경우라면 당신은 다음의 세 가지 가능성 중 하나에 해당된
다고 볼 수 있습니다.

(1) 당신은 죄가 없습니다. 따라서 맞서 싸워야 할 그 무엇도 없는 것입니다. 그러나 성경은 인간에게 죄가 없다는 것은 불가능한 사실이라고 말하고 있습니다. "모든 사람이 죄를 범하였으매 하나님의 영광에 이르지 못하더니"(롬 3:23) 그러면 또 다른 사항을 살펴봅시다.

(2) 당신은 위선자적인 기질이 놀랄 만큼 강한 사람입니다. 그렇기 때문에 그 누구도 당신의 남 모를 죄를 의심하지 못했습니다. 그러나 예수님은 위선자에 대해서 그리 좋게 말씀하지 않으셨습니다. "화 있을진저 외식하는 서기관들과 바리새인들이여 회 칠한 무덤 같으니 겉으로는 아름답게 보이나 그 안에는 죽은 사람의 뼈와 모든 더러운 것이 가득하도다"(마 23:27)

(3) 그 누구도 당신의 삶에 대해서 아는 이가 없거나 아니면 당신을 그리스도 앞으로 인도할 만큼의 관심이 없는 것입니다. 실패의 문이 바로 당신 앞에 열려 있는 듯하군요.

오늘날 미국의 교회가 냉담과 무력감에 시달리는 이유 중 하나는 감히 그 누구도 진리를 앞에 놓고 서로 대립하지 않으려 하기 때문이 아닐까 하고 나는 생각합니다. 하나님께서 각 사람들의 삶 속에서, 그리고 교회 속에서 이루시는 역사를 보고 미래를 말하는 예언의 은사를 받은 사람들이 경멸당하고 있습니다. 그 누구도 하나님께서 자신의 마음속에 심어 주신 통찰력에 귀를 기울이려 하지 않으며, 오히려 무언가 힘을 북돋워 주는 다른 것만을 찾고 있는 실정입니다.

왜 제가 지금 선지자에 대해서 이토록 많은 이야기를 하고 있다고 생각하십니까? 그 이유는 하나님께서 당신의 인생행로에도 선지자를 보내 주셨기 때문입니다. 빙빙 돌리지 않고 당신이 저지른 잘못의 핵심을 지적해 주는 사람, 당신을 올바로 꿰뚫어 보는 사람, 당신이 불편해할 직언을 해 주는 사람, 이런 사람들을 생각해 보십시오. 이들이야말로 선지자들인 것입니다. 만일 하나님께서 당신의 죄를 씻어 주시길 진정으로 원한다면, 당신은 그들을 멀리해서는 안 됩니다. 오히려 그 사람들을 당신의 삶의 친구로 초대해야 할 것입니다.

우리는 모두 우리에게 맞서서 진실을 떳떳이 말해 줄 나단과 같은 사람이 필요합니다. 선지자의 말이 늘 우리 마음에 들 수는 없겠지만 진정으로 하나님께서 사용하실 수 있는 그릇이 되기를 원한다면 우리는 지속적으로 죄 씻음을 받아야만 합니다. 여기에는 고백과 회개가 반드시 필요합니다. 그리고 당신의 삶 속에서 죄와 맞서 나가려는 자세가 필요합니다. 또 당신 앞에 있는 진리의 거울을 지탱해 줄 친구가 필요한 것입니다. 만일 그런 친구가 없다면, 지금이라도 한 사람을 꼭 만드십시오.

1. 나단은 무엇에 대해서 다윗과 맞섰습니까?

2. 다윗과 맞서는 것이 나단에게 쉬운 일이었다고 생각하십니까? 그 이유는 무엇입니까?

3. 혹시 예언의 은사를 받은 것으로 추측되는 사람이 떠오릅니까? 그렇다면 그들이 당신에게 반대하여 말한 것을 되돌아보십시오. 그들이 진정한 진리를 가지고 당신과 대립했는지의 여부를 놓고 기도해 보십시오. 실제 당신의 귀에 들리는 모든 비판들에는 적어도 어느 정도의 진실이 내포되어 있습니다.

4. 모든 사람들에게는 삶을 살아가는 데 있어서 적어도 한 사람의 나단이 필요합니다. 만일 당신 곁에 그런 사람이 있다면, 당신의 삶 속에서 중요한 역할을 해 준 그 사람에게 감사하십시오. 만일 없다면 지금 당장 찾으십시오. 그리고 그 사람이 당신의 죄를 알아낼 수 있도록 가까이 초대하고 또한 그가 당신과 맞서도록 허락하십시오. 오늘 당장 실천하십시오.

5. 오늘의 공부를 통해서 배운 교훈은 무엇입니까?

 요점 정리

• 하나님께서는 사람들을, 특히 예언자들을 쓰셔서 고백하지 않은 죄에 대한 우리의 관심을 이끄십니다.
• 당신 삶 속에서 만난 선지자를 무시하지 마십시오. 당신과 맞서서 당신의 죄를 지적해 주는 사람들을 환영하십시오.

둘 · 째 · 날

깨끗이 되기 위한 도구 – 기도와 묵상

최근 들어서 나는 1828년 남아프리카공화국에서 태어난 목사이자 선교사인 앤드류 머레이(Andrew Murray)의 책 중 구할 수 있는 것은 전부 구해서 읽었습니다. 앤드류 머레이의 「성숙한 그리스도인을 위한 시리즈」(Andrew Murray Christian Maturity Library)에는 「신자의 철저한 헌신」(The Believer's Absolute Surrender), 「모든 그리스도인에게 주신 사명」(The Believer's Call to Commitment), 「거룩 이제는 거룩한 그리스도인에게」(The Believer's Secret of Holiness)를 포함한 열세 권의 책이 있습니다. 또 네 권의 「기도 시리즈」(Andrew Murray Prayer Library)를 비롯해서 다섯 권의 「경건 시리즈」(Andrew Murray Devotional Library) 등도 있는데 이 중에서 「하나님만 바라라」(The Believer's Secret of Waiting God)는 요즘 내가 읽고 있는 보석 같은 책입니다.

여기에 그 내용을 조금 옮겨 보겠습니다.

"오늘날 우리 그리스도인에게 가장 결핍되어 있는 것은 우리가 하나님을 모른다는 사실이다. 나약함과 실패에 대한 모든 불평불만의 해답, 거룩함을 가르치는 모든 모임과 집회에 던지는 메시지, 이것들은 한 마디로 말해서 '당신의 하나님께서는 어디에 계시는가?' 하는 질문으로 단순화해야 할 것이다. 만일 당신이 진실로 하나님을 믿는다면 하나님께서는 늘 올바른 해답을 제시하실 것이다. 하나님께서는 성령을 통해서 기꺼이 역사하실 것이다. 당신 자신이나 다른 사람들에게서 문제의 해답이나 해결책을 기대하지 말라. 하나님께서 당신 안에서 역사하실 수 있도록 자신을 온전히 하나님께 드려라. … 영향력 있는 삶이란 평생에 걸친 우리의 생각이나 상상력 혹은 노력의 산물이 아니라, 평생 동안 온전히 하나님만을 바라며 성령의 능력에 의지할 때 – 예를 들어, 묵상을 통해 – 얻어지는 것이라는 올바른 개념을 갖도록 기도해야 한다."

여기에 덧붙이고 싶습니다. 즉 죄 씻음을 위해서 하나님만을 바라라는 것입니다. 우리가 기도 속에서 하나님 앞에 나아갈 때 우리에게 필요한 목록은 지참하지 않도록 해야 할 것입니다. 매우 자주 우리는 자신만의 필요와 욕구, 그리고 요구 사항에만 급급해합니다. 오로지 하나님께만 중심을 맞추도록 합시다. 하나님 앞에 나아가 침묵하면서 하나님께서 새롭고 개인적인 방법으로 우리에게 자신을 보여 주시는 것에 집중합시다.

그러면 앞에서 말한 내용이 어떻게 죄 씻음의 과정을 도울 수 있을까요? 간단히 말해서 이러합니다. 하나님이 누구신지 알면 알수록 우리는 더욱 하나님의 거룩하심을 바라보게 되며, 죄 씻음의 필요성을 더욱 절실히 느끼게 된다는 것입니다. 이는 당연한 논리입니다. 이사야 선지자처럼 우리가 하나님을 만나게 된다면, 역시 같은 반응을 보일 것입니다.

"그때에 내가 말하되 화로다 나여 망하게 되었도다 나는 입술이 부정한 사람이요 입술이 부정한 백성 중에 거하면서 만군의 여호와이신 왕을 뵈었음이로다"(사 6:5)

당신이 하나님을 기도 중에 뵙게 될 때 그리고 하나님께서 당신에게 지속적으로 자신의 더 많은 부분을 보여 주실 때 거룩함은 자연히 생기게 될 것입니다. 성령께서 당신의 삶 속에 들어오셔서 죄 씻음의 역사를 이루실 수 있도록 당신이 허락하고 있는지의 여부를 알 수 있는 테스트가 여기 준비되어 있습니다.

당신이 지난주에 어떤 특별한 죄를 지었음을 성령께서 깨닫게 해 주셨습니까? 당신의 어떤 특별한 행위나 말 또는 하려다 실패한 행위나 말에 대해서 성령께서 회개해야 함을 가르쳐 주셨습니까? 만일 당신이 이 질문에 대답할 말을 갖고 있지 않다면 그것은 **당신이 죄를 짓지 않았기 때문이 아닙니다.** 그것은 바로 성령께서 원하시는 시간에 당신의 죄를 깨닫게 하시고 깨끗이 씻어 주시는 것을 당신이 허락하지 않았기 때문입니다.

죄 씻음에 대해서 묵상하기에 시편 51편보다 더 좋은 성경 구절은 없습니다. 선지자 나단이 다윗의 간통에 대해서 정면으로 일침을 가한 뒤 다윗이 이 구절을 적었다는 것은 단순한 우연의 일치로 볼 수 없습니다. 우리도 먼저 죄와 맞서거나 대결을 해야 합니다. 그 후 죄 씻음의 과정이 시작될 수 있는 것입니다. 오늘은 이 과를 빨리 끝마치도록 하겠습니다. 그러니 이 과가 끝난 뒤 당장 하나님 앞에 당신의 죄를 보여 드리십시오. 그리고 다윗의 고백에 당신 자신을 비추어 보십시오. 그렇다고 급하게 서두르지는 마십시오. 오늘 당신이 할 일 중 하나님께서 당신을 깨끗이 해 주시는 것보다도 더 중요한 일은 없을 테니까요.

"하나님이여 주의 인자를 좇아 나를 긍휼히 여기시며 주의 많은 자비를 좇아 내 죄과를 도말하소서 나의 죄악을 말갛게 씻기시며 나의 죄를 깨끗이 제하소서 대저 나는 내 죄과를 아오니 내 죄가 항상 내 앞에 있나이다 내가 주께만 범죄하여 주의 목전에 악을 행하였사오니 주께서 말씀하실 때에 의로우시다 하고 판단하실 때에 순전하시다 하리이다 내가 죄악 중에 출생하였음이여 모친이 죄 중에 나를 잉태하였나이다 중심에 진실함을 주께서 원하시오니 내 속에 지혜를 알게 하시리이다 우슬초로 나를 정결케 하소서 내가 정하리이다 나를 씻기소서 내가 눈보다 희리이다 나로 즐겁고 기쁜 소리를 듣게 하사 주께서 꺾으신 뼈로 즐거워하게 하소서 주의 얼굴을 내 죄에서 돌이키시고 내 모든 죄악을 도말하소서 하나님이여 내 속에 정한 마음을 창조하시고 내 안에 정직한 영을 새롭게 하소서 나를 주 앞에서 쫓아내지 마시며 주의 성신을 내게서 거두지 마소서 주의 구원의 즐거움을 내게 회복시키시고 자원하는 심령을 주사 나를 붙드소서 그러하면 내가 범죄자에게 주의 도를 가르치리니 죄인들이 주께 돌아오리이다 하나님이여 나의 구원의 하나님이여 피 흘린 죄에서 나를 건지소서 내 혀가 주의 의를 높이 노래하리이다 주여 내 입술을 열어 주소서 내 입이 주를 찬송하여 전파하리이다 주는 제사를 즐겨 아니하시나니 그렇지 않으면 내가 드렸을 것이라 주는 번제를 기뻐 아니하시나이다 하나님의 구하시는 제사는 상한 심령이라 하나님이여 상하고 통회하는 마음을 주께서 멸시치 아니하시리이다" (시 51:1-17)

1. 시편 51편을 묵상하면서 마음에 와 닿은 중요한 생각들을 기록해 보십시오.

2. 성령께서 특별히 죄 씻음을 받아야 할 죄를 당신의 마음속에 새겨 주셨습니까? 만일 그렇다면 고백과 회개의 기도를 적어 보십시오. 그렇지 않다면 좀 더 시간을 들여 기도에 힘쓰십시오.

3. 기도생활을 통해서 매일의 삶에 변화가 있습니까? 어떻게 변화되고 있습니까? 만일 그렇지 않다면 하나님보다는 자신에게 더 중심을 두고 있기 때문에 기도가 당신의 삶을 변화시키지 못하고 있는 것이 아닐까요?

4. 오늘의 공부를 통해서 배운 중요한 교훈은 무엇입니까?

 요점 정리

• 하나님께 기도드리고 하나님의 말씀을 묵상하는 것은 죄 씻음의 과정을 더 원활하게 해 줍니다.

• 우리가 죄를 고백할 때 하나님께서는 우리에게 깨끗한 마음과 다시 새로워진 영혼을 선사해 주십니다.

• 만일 성령께서 최근 들어 당신의 죄를 깨우쳐 주지 않으셨다면 그것은 당신에게 죄가 없기 때문이 아니라 성령께서 죄를 씻어 주심을 당신이 허용하지 않았기 때문입니다.

셋 · 째 · 날

죄 씻음의 과정 – 시련

올리브 열매를 짜지 않고는 올리브기름을 얻지 못합니다.
포도송이를 짜지 않고는 포도주를 만들 수 없습니다.
꽃잎을 으깨지 않고는 향수를 얻을 수 없습니다.
슬픔을 맛보지 않고는 진정한 기쁨을 누릴 수 없습니다.

– 바바라 존슨, 『당신을 우울하게 하는 것들을 크고 멋진 상자에 담아』
(Pack Up Your Gloomies In a Great Big Box)

여기 도나 파토우 버전의 재미없는 구절이 하나 있습니다. "내 자매
들아, 네 남편이 너와 함께 외출하여 저녁식사를 하거나 영화를 보러 갈
때마다, 그리고 니만 마르쿠스(미국의 고급 백화점—편집자 주)에서 마
음껏 쇼핑할 수 있는 기회가 주어질 때마다 온전히 기쁘게 여겨라." 물

론 성경에는 이런 구절이 없지만, 오랫동안 우리는 그것이 성경의 가르침인 것처럼 믿으며 살고 있는 것 같습니다.

이 구절의 원본이 되는 진짜 성경 구절은 다음과 같습니다. "내 형제들아 너희가 여러 가지 시험을 만나거든 온전히 기쁘게 여기라 이는 너희 믿음의 시련이 인내를 만들어 내는 줄 너희가 앎이라 인내를 온전히 이루라 이는 너희로 온전하고 구비하여 조금도 부족함이 없게 하려 함이라"(약 1:2-4) 그러면 지금부터 죄 씻음 과정의 핵심에 대해 알아보도록 하겠습니다. 그러나 그리 재미있는 여행은 아닐지도 모릅니다.

앞의 구절 중 '이는'이라는 단어가 나오는 문장을 자세히 살펴보십시오. 거기에는 우리가 **모든 종류의 시련을 견디어 내야 하며**, 이는 우리가 온전하고 구비하여 조금도 부족함이 없게 하려는 것이라고 되어 있습니다. 문제는 우리가 "조금도 부족함이 없게 하려 함이라"는 부분만을 좋아한다는 것입니다. 그런데 우리는 '온전하고 구비하게 된다'는 것이 한두 가지의 어려운 상황만 막으면 되는 일이라고 생각함으로써 자신을 바보로 만들어 온 것입니다. 조금도 부족함이 없이 되려면 시련을 인내로 온전히 이루지 않으면 안 됩니다. 힘든 시간을 겪지 않는 한 성장도 성숙도 이룰 수가 없습니다. 이것은 '일괄 거래(package deal)'와도 같습니다. 즉 하나의 가격에 두 가지를 모두 받게 되는 것입니다.

그러나 여러분 중 얼마나 많은 사람들이 니만 마르쿠스에서 흥청망청 쇼핑하는 것을 더 좋아하고 있습니까? 여기서 나는 아주 이상하게 들릴 수도 있는 사실을 말하려고 합니다. 즉 이 책을 보고 있는 모든 여성들은 절대적으로 **완벽한 삶**을 살고 있다는 것입니다. 여러분은 정말 행운아들입니다! 여러분은 완벽한 부모님 밑에서 완벽한 어린 시절을 보냈습니다. 여러분은 완벽한 이웃에 완벽한 학교를 다녔습니다. 여러분은 성장해서 완벽한 남편과 결혼했든지, 아니면 더없이 행복한 독신

생활을 누리고 있습니다.

　이것은 사실입니다. 당신은 지금껏 자신에게 주어진 완벽한 삶을 영위해 왔습니다. 즉 하나님께서는 정확하게, 엄밀하게, 완벽하게 당신이 그분의 완벽한 그릇이 되는 데 필요한 경험들을 당신에게 부여해 오신 것입니다. 당신 삶의 매 순간 하나님께서는 자신이 무엇을 해야 하는지 정확히 알고 계셨습니다. 그러나 한 가지 짚고 넘어갑시다. 하나님께서는 죄를 그대로 넘기지 않으십니다. 다시 말해서 하나님께서는 당신에게 마음의 고통을 주지도, 당신의 고통을 보고 즐기지도 않으십니다. 그러나 하나님께서는 하나님 나라 안에서 어려움을 허락하십니다.

　하나님께서는 당신의 결점과 실패를 보면서 즐거워하는 분이 아닙니다. 오히려 자비하심으로 당신의 결점과 실패들을 바라보시며, 그 모든 여정 속에서 이러한 것들이 당신의 발전을 위해 사용되게 하십니다. 하나님의 손으로 직접 만드시고 하나님의 사역을 위해 선택된 그릇으로서, 당신은 자신감을 가져야 할 것입니다. 왜냐하면 그 어떤 환경에서도 당신이 자신을 하나님 앞에 내어 드리기만 한다면 하나님께서는 당신이 하나님의 외아들 예수 그리스도의 형상을 닮아 갈 수 있도록 이끌어 주시기 때문입니다. "우리가 알거니와 하나님을 사랑하는 자 곧 그 뜻대로 부르심을 입은 자들에게는 모든 것이 합력하여 선을 이루느니라"(롬 8:28)

　얼마 전에 나는 동료 기독 작가인 마지 어브(Margie Erbe)와 점심식사를 함께 하였습니다. 몇 년 전 그녀는 뇌출혈을 일으키는 바람에 사경을 헤맨 적이 있었는데 하나님께서 기적적으로 그녀를 치유해 주셨습니다. 마지 어브는 『내 기쁨은 아침에 왔다』(My Joy Came in the Morning)는 제목으로 자신의 시련에 대한 책을 썼습니다. 그 결과로 그녀는 전 세계를 다니면서 간증을 하게 되었습니다. 마지는 미국의 저명한 TV 설교가이자 기독교 방송국의 설립자인 팻 로버트슨 목사와 함께 "700 클럽"이라는 프로그램을 진행하기도 했고 교황을 만나기도 했습니다. 그녀는 캘리포니아 주에 있는 대학생 선교회인 C. C. C. (Campus Crusade for Christ) 본부에서 강연해 달라는 초대를 받았습니다. 주님은 이 행사가 그녀에게 중요한 순간이 될 것이라는 사실을 명백히 말씀해 주셨습니다. 그래서 마지는 가족들을 모두 데리고 이 특별한 행사에 참가하기로 결정했습니다. 그녀는 훌륭한 간증을 했고 모든 일이 순조롭게 진행되었습니다. 행사가 끝나자 열세 살짜리 그녀의 아들 대니는 엄마를 축하해 주면서 이렇게 말했습니다. "엄마, 오늘 최고였어요. 정말 예뻤어요." 그러나 몇 시간 후 대니는 롤러블레이드를 타다가 사고로 목숨을 잃고 말았습니다.

왜 하나님께서 이루 형언할 수 없는 이러한 고통을 겪게 하시는 것인지 유한한 존재인 우리는 그 뜻을 이해할 수가 없습니다. 욥의 친구들이 했던 것처럼, 우리 자신의 설명을 늘어놓지만 확신 없는 주장들에 불과합니다. 그러나 한 가지는 명백합니다. 성경은 우리에게 시련이야말로 우리가 그리스도의 형상을 닮아 가도록 허락된 것임을 알고 여러 가지 시험을 만나거든 온전히 기쁘게 여기라고 말하고 있습니다.

참으로 우리의 정신 건강과 믿음이 손상을 입지 않은 채 고통을 이길 수 있는 유일한 길은 하나님께 설명을 요구하지 않는 것입니다. 우리가 '왜'라는 영역 안에서 활동하기 시작하는 순간부터 위험한 지역에 발을 내딛게 되는 것입니다. 안전하고 분별력 있는 유일한 질문은 다음과 같습니다. "주님, 이제 무엇을 할까요? 제가 여기서 어디로 가기를 원하십니까? 제가 지금 겪고 있는 이 고통을 다른 사람들을 위한 사역을 위해서 어떻게 사용할 수 있을까요?" 하나님께서는 구속 사업을 하고 계십니다. 우리가 고통을 하나님 앞에 내어 드릴 때, 하나님께서는 그 고통을 돌아보시고 이를 더 좋은 것으로 바꾸어 주십니다.

이제 당신이 절대적으로 **완전한 삶**을 영위해 왔다고 확신할 수 있겠습니까? 하나님께서는 당신 삶의 모든 단계마다 자신이 하신 일들을 정확히 알고 계십니다. 하나님의 경제 법칙에는 비록 고통이라고 해도 쓸데없이 낭비되는 법은 없습니다.

시련이 어떻게 우리의 죄를 깨끗이 씻어 주며, 어떻게 우리를 하나님께서 쓰실 수 있는 그릇으로 한 걸음 나아가게 할 수 있을까요? 앤드류 머레이는 이렇게 말합니다.

"시련의 시기에는 이렇게 말하십시오.
먼저, 하나님께서 나를 여기로 이끄셨습니다.
내가 이곳에 있는 이유는 하나님의 뜻입니다.
이곳에서 나는 쉼을 얻을 것입니다.
그 다음, 하나님께서는 사랑으로 나를 지키시고
이 어려운 시련 속에서 하나님의 자녀가 되는 은혜를 내려 주십니다.
그런 후에, 하나님께서는 시련을 축복으로 바꾸어 주실 것이며
배울 가치가 있는 교훈들을 가르쳐 주시고
나를 위해 준비하신 은혜를 내 안에 부어 넣어 주십니다.
마침내, 적절한 때가 되면 하나님께서는 나를 시련 속에서 건져 주십니다.
그때가 언제이며 어떻게 구해 주실지는 오직 주님만이 아십니다.
오직 이렇게 말하십시오.
제가 여기 있습니다.
하나님의 약속에 의해서,
하나님의 지키심 안에서,
하나님의 연단 아래서,
당신의 시간에."

– 앤드류 머레이, 『겸손』(*Humility*)

당신은 목적을 가지고 오늘 이 글을 읽고 있습니다. 하나님의 약속에 의해서, 하나님의 지키심 안에서, 하나님의 연단 아래서, 하나님의 시간에 지금 이 책을 편 것입니다. 흥미롭지 않습니까? 이와 마찬가지로 기억해야 할 것은 당신이 현재 직면하고 있는 시련들과 살아오면서 겪은 시련들은 **어떤 특별한 목적 때문에** 사랑의 하나님께서 허락하신 것입니다.

시련으로 인하여 우리 자신이 파괴되지 않고 죄 씻음을 받는 것은 우리가 자신의 꿈과 목표를 하나님의 뜻 앞에 내어 드리느냐의 여부에 달려 있습니다. 다시 말해서 하나님께서 어떤 분이신지, 그리고 우리가 누구인지를 이해해야만 한다는 것입니다. 하나님께서는 토기장이시고 우리는 진흙입니다. 하나님께서는 우리 유한한 존재들이 도저히 상상도 할 수 없는 영원한 계획을 가지고 계십니다. 그렇기에 우리가 모든 답을 알 수는 없습니다. 그러나 우리는 다음의 결정을 내릴 수는 있습니다. 지금 당신 자신에게 물어보십시오. 나를 어떤 도구로든 어떤 환경에서든 선택해서 사용하실 수 있도록 하나님께서 나를 본뜨시고 빚으시길 바라고 있는가? 만일 대답이 "예"라면, 당신은 하나님께서 쓰실 수 있는 그릇이 될 자격이 있습니다.

1. 우리는 어떤 이유에서 모든 그리스도인들이 자신에게 주어진 완벽한 삶을 살아왔다고 말할 수 있을까요?

2. 당신의 과거를 돌이켜볼 때 완벽과는 거리가 멀어 보이는 어떤 것이 있습니까? 어려웠던 일들조차도 당신을 위한 하나님의 완전하신 계획의 일부였음을 깨닫기 시작했습니까?

3. 당신이 지금껏 버리지 못한 "왜?"라는 질문들, 즉 당신이 완전히 하나님께 순종하기 전에 하나님께서 반드시 대답하셔야 할 질문들이 있습니까? 아래에 그 질문들을 적은 뒤 그 질문들을 포기할 것을 결심하십시오.

4. 그리스도를 닮아 갈 수 있도록 하나님께서 당신의 삶 속에 시련을 주신 적은 언제였습니까?

5. 오늘의 공부를 통해서 배운 중요한 교훈은 무엇입니까?

요점 정리

• 시련이 닥쳤을 때, 우리가 그 시련을 극복할 수 있는지의 여부는 "왜?"라는 질문을 버리고 "주님, 이제 무엇을 할까요?" 하고 하나님께 여쭈어 보는 데 달려 있습니다.

• 당신이 자신에게 물을 수 있는 가장 중요한 질문 중 하나는 바로 이것입니다. "하나님께서 나를 어떤 도구로든 어떤 환경에서든 선택하셔서 사용하실 수 있도록 나를 본뜨시고 빚으시길 바라고 있는가?"

넷 · 째 · 날
침묵의 능력

　　나는 몇 달 동안 이 여섯째 주, 넷째 날의 주제에 관해 쓰는 것을 회피해 왔습니다. 왜냐하면 침묵이라는 주제를 어떻게 다루어야 할지 확신이 서지 않았기 때문입니다. 나는 원래부터 목소리 크기로는 둘째 가라면 서러운 사람이었습니다. 다시 말해서 나는 조용한 타입이 절대로 아닙니다. 오늘 아침만 해도 나는 성령의 인도하심을 따라 우리 자신을 여는 방법들에 관한 토론회에 참석했습니다. 그냥 재미 삼아서 또한 누군가가 내가 빌릴 수 있을 만한 반짝이는 아이디어를 내놓을지도 모른다는 기대감으로 나는 침묵이라는 방법을 제안했습니다. 바로 TV를 끄고, 한가하게 전화 통화하는 것을 그만두며, 무의미한 수다를 자제하자는 것이었습니다. 내가 라디오, 심지어는 기독교 방송마저도 꺼 버리자는 아이디어를 내자 그곳에 모인 참석자들은 모두 놀라는 눈치였습니다. 그러자 한 남자가 말했습니다. "제 생각에 그 문제는 개인의 선택에 달린 것 같습니다. 우리 개개인이 결정해야 할 문제죠. 침묵이 모든 사람들에게 다 좋은 것은 아니니까요. 너무 고요할 때 나는 자꾸 딴 생각을 하게 되거든요." 방 안에 모인 사람들은 승낙한다는 듯 고개를 끄덕였습니다.

이제 당신은 나를 자랑스럽게 느끼게 될 것입니다. 왜냐하면 지금부터 당신에게 말하려는 것을 그 사람에게는 **말하지 않았기** 때문입니다. (내가 침묵을 지킬 수 있었다는 것 자체가 기적에 가깝습니다!) 그의 이성은 '잘못된 방향' 으로 흘러간 것이 아닙니다. 비록 곧장 도랑으로 가서 빠져 버리기는 했지만 정상적인 방향으로 흘러갔습니다. 즉, 그의 이성은 정확히 마음이 원하는 곳으로 갔습니다. 만일 그가 마음속의 근본적인 문제를 해결하지 않는다면 그의 정신은 계속해서 나쁜 길로 나아갈 것입니다. 따라서 그 사람의 몸이 나쁜 대열에 가담하게 되는 것은 바로 시간문제인 것입니다. 비록 그것이 기독교 음악이라 할지라도 소음에 둘러싸인 그 사람은 그 속에서 진정한 문제를 회피하고 있는 것입니다.

침묵하십시오. 당신 마음의 소리에 귀를 기울이십시오. 당신이 진정 누구인지, 그리고 당신이 정말 원하는 것이 무엇인지에 대해서 말하고 있는 마음의 소리를 들어 보십시오. 당신의 마음을 따르라고는 하지 않았습니다. 왜냐하면 당신의 마음은 종종 당신을 잘못된 길로 인도하기 때문입니다. 간단히 이것만 말하겠습니다. 소리를 차단하십시오. 그리고 당신 내면에서 진행되고 있는 소리에 귀를 기울이십시오. 여러분이 일단 진실에 직면하게 되면 하나님께서 당신을 깨끗이 씻어 주실 수 있습니다. 그러나 당신이 죄로 얼룩진 마음을 가졌다는 사실을 부정하는 한 하나님께서는 죄 씻음의 역사를 시작하실 수가 없는 것입니다.

침묵을 두려워하지 마십시오. 세상이 당신 마음의 상태에 대한 진실을 듣지 못하도록 방해하는 것을 내버려 두지 마십시오. 만일 침묵 속에서 당신 마음속의 죄를 발견하게 된다면 그 죄를 고백하십시오. 회개하십시오. 하나님께 당신의 죄를 씻어 달라고 기도하십시오. 침묵은 죄 씻음의 과정 속에서 당신의 동반자가 되어 줄 것입니다. 만일 침묵을 통해서 더러움이 드러난다면, 원래 의도한 바대로 목표를 향해서 정확히 나아가고 있는 것입니다.

말을 바꾸어서 다시 한 번 말씀드리겠습니다. 만일 침묵을 통해서 당신 마음속의 죄가 드러난다면, 의도한 바대로 목표를 향해서 잘 진행되고 있는 것입니다.

나는 친한 친구인 마리에트 홀랜드와 이야기를 나눈 뒤 이 문제에 대해서 숙고하기 시작했습니다. 그녀는 "십자가의 회색옷 수녀회(Gray Nuns of the Cross)"에서 15년간 봉사해 왔습니다. 그녀의 말에 의하면 침묵의 가치야말로 자신이 배운 교훈 중 가장 중요한 것이라고 할 수 있습니다. 그녀의 남편인 제리 홀랜드 박사는 어거스틴수도회의 수사로서 30년간 수도원에서 생활했습니다. 내가 그 부부에게 침묵에 대한 식견을 나누어 달라고 요청하자 두 사람은 아름다운 편지를 내게 보내 왔습니다. 그들의 허락 하에 나는 그들이 쓴 묵상 기록을 당신과 함께 나누고자 합니다.

침묵이 주는 선물과 능력

마리에트와 나는 그 어떤 부부들도 경험해 보지 못한 보물을 함께 나누고 있습니다. 우리는 라틴어로 마그눔 필렌팀(magnum filentim)이라고 하는, '위대한 침묵'의 시간을 매일 은혜로 누리면서 살아왔습니다. 매일 저녁 저녁기도와 예배를 마친 뒤부터 아침식사를 하고 미사를 드릴 때까지, 우리는 침묵의 시간이 주는 특권을 누려 왔습니다. 고독과 묵상 속에서 시간을 보내며, 우리는 삶의 좀 더 원대한 목표를 깊이 생각하고, 인간이 받은 네 가지 재능들, 즉 지각(self-awareness), 양심(conscience), 상상력(imagination), 자유의지(independent will)에 대해 깊이 생각하는 시간을 가집니다. 침묵의 시간을 가지며 지내 온 나날들은 다른 방법으로는 도저히 얻을 수 없는 힘을 주었으며 나아갈 방향을 가르쳐 주었습니다. 여행을 통해서는 인생의 방향을 찾을 수 없습니다. 오로지 고요함 속에 머물면서 침묵의 소리에 귀를 기울일 때 발견할 수 있는 것입니다. 초대 그리스도인들이 사막으로 간 이유는 사람들을 피하기 위함이 아니라 어떻게 하면 사람들을 잘 섬길 수 있을지를 배우기 위함이었습니다.

슬프게도 오늘날의 사람들은 침묵을 경계의 눈초리로 보고 있습니다. 성가신 부담감 내지는 박탈감을 느끼기 때문입니다. 사람들은 침묵을 두려워합니다. 그러므로 사람들은 침묵에서 벗어나기 위해 할 수 있는 모든 것들을 동원합니다.

마리에트와 나는 '위대한 침묵'의 시간을 더는 지키지 못하고 있지만, 의식적으로 라디오와 TV를 끄고 자신에게 부여한 고독 속에서 우리의 삶을 돌아보는 데 많은 시간을 할애합니다. 우리는 침묵 속에서 아침을 맞이하고 수면에 반사된 하늘의 색조와 빛깔을 깊이 들이마시면서 호숫가를 산책합니다. 오리들의 울음소리와 나무를 부드럽게 감싸는 미풍의 소리를 순수한 마음으로 듣고, 그 침묵 안에서 힘을 얻습니다.

훈련 방법의 하나로 우리는 사람들에게 그들만의 비밀의 정원, 고요함과 위로가 내재해 있는 정원을 찾을 것을 권유합니다. 정원으로 탈출하는 것은 그들의 영혼을 정상적인 상태로 되돌려 놓기 때문입니다. 그러나 대부분의 사람들은 그 일이 무척 힘들다는 사실을 알게 됩니다. 그들은 상대방의 이야기를 엿듣다가 잠이 듭니다. 그들은 소리 듣기를 열망하는 자신들의 욕구에 스스로 당황합니다. 그러나 자신 속에 깊이 내재하고 있는 고독 가운데 무조건 자신을 의탁한 소수의 사람들은 그 고독이 자신들에게 가져다주는 힘에 스스로 놀라게 됩니다.

당신은 침묵을 회피합니까, 아니면 침묵을 더욱 장려하고 있습니까? 예수님은 적극적으로 침묵을 추구하셨습니다. 예수님은 종종 군중들에게서 멀리 떨어져 계셨으며, 제자들에게도 이와 같이 할 것을 가르치셨습니다. 우리 역시 반드시 고요함 속에 머무는 방법을 배워야 합니다. 예수님은 우리 각자에게 이렇게 말씀하고 계십니다. "이르시되 너희는 따로 한적한 곳에 와서 잠깐 쉬어라"(막 6:31)

당신은 소음으로 둘러싸여 있다는 느낌을 받지 않습니까? 당신은 차 안에서나 부엌에서 라디오를 꺼 놓을 수 있습니까? 당신은 TV를 하루나 일주일 혹은 한 달 동안, 아니면 영원히 꺼 놓을 수 있습니까? 우리는 최근 TV를 한 달 동안 옷장 속에 집어넣었습니다. 완전히 천국에 온 듯한 기분이었습니다. 남편은 TV를 다시 꺼내자고 애원했지만 마음을 바꿔서 이 사실을 받아들이기로 하자, 고요함으로 인해 우리 집에 감도는 평화는 평소보다 몇백만 배는 더 커지게 되었습니다.

조용한 휴가나 조용한 휴양을 생각해 본 적이 있습니까? 디즈니랜드의 도로 한복판에 서서 우리 아이들에게 추억을 잔뜩 만들어 주는 것만이 능사는 아닙니다. 진실을 말하자면, 우리와 우리 자녀들에게 필요한 것은 우리가 예전부터 모아 놓은 것들을 버릴 수 있는 배출구입니다. 우리가 저장해 놓은 쓰레기들을 버려야만 하는 것입니다. 우리는 선을 추구해야 합니다. 우리의 삶을 더 많은 물건들, 더 많은 활동, 더 많은 옷 등으로 채워서는 안 될 것입니다.

심지어는 무의미한 대화, 특히 집에서 벌이는 사소한 말다툼조차도 고요함을 몰아내는 데 일조합니다. 소음은 종종 모든 것을 차단해 버리는 역할을 합니다. 좀 더 깊은 질문들과 마음에서 우러나오는 관심들을 회피하는 한 방법이 되기도 하는 것입니다. 과거의 고통, 오늘날의 요구 사항들, 그리고 미래에 대한 공포 등도 마찬가지입니다.

가정에서 침묵의 시간을 실천해 보는 것은 어떻습니까? 비록 아이들이 낮잠을 자기에 너무 커 버렸다 해도 당신은 아이들이 하루에 한 시간씩이라도 조용히 자신의 방에서 책을 읽게 하든가, 반성을 하게 하든가, 아니면 휴식을 취하면서 머물러 있게 할 수 있습니다.

얄궂게도 우리가 갖는 침묵의 시간마저도 시끄러울 수 있습니다. 성경 읽기 계획표 정리, 기도 계획표 정리, 기도 지침서 공부 등의 일들로 말입니다. 묵상을 위한 조용한 공간이 있습니까? 묵상에 관한 한 나 역시 떳떳하지 못합니다. 이 책의 저자로서 나는 여러분에게 매일 무언가를 전해 주어야겠다는 중압감을 느껴 왔습니다. 물론 오늘은 아니지만요. 오늘만큼은 모든 사람들에게 **침묵**이 필요합니다. 특별히 그 어떤 것도 반성하지 마십시오. 어떤 것도 적지 마십시오. 기도를 부탁하는 계획표도 사용하지 마십시오. 단지 조용히 앉아서 당신의 마음의 소리를 듣도록 하십시오.

1. 조용히 앉아서 당신의 마음의 소리를 들으십시오.

 요점 정리

- 현대 문화는 소음으로 우리의 삶을 가득 채우도록 만들고 있습니다. 우리는 매일, 매주 시간을 내서 이 모든 소음을 비우는 시간을 가져야만 합니다.
- 고요함 속에서 우리는 우리 마음이 있는 곳을 발견하게 됩니다.
- 만일 침묵이 우리 마음속에서 죄를 들추어낸다면, 침묵은 의도된 바대로 제대로 일을 하고 있는 것입니다. 죄를 고백하고 하나님께 당신의 죄를 씻어 주실 것을 청하십시오.

영적 훈련이 주는 죄 씻음의 효과

이번 주에는 하나님께서 우리의 죄를 씻으시기 위해 사용하시는 다양한 방법들을 탐구해 보았습니다. 거기에는 다음과 같은 사항들이 포함됩니다.

- 하나님의 사람들
- 하나님의 말씀에 대한 기도와 묵상
- 시련
- 침묵

이러한 도구들은 토기장이 되신 하나님께서 당신의 삶 속에서 사용하실 수 있는 것들입니다. 그러나 당신이 거부할 때는 사용하지 않으십니다. 당신이 토기장이의 사랑의 손길을 슬그머니 빠져나갈 때도 사용하지 않으십니다. 당신이 심하게 안달하거나 아니면 머뭇거리다가 마침내 바닥에 털썩 주저앉을 때 역시 사용하지 않으십니다. 우리들 존재의 모든 면에는 하나님의 주권과 인간의 책임 사이의 균형, 심지어는 긴장까지도 존재하고 있습니다. 그렇습니다. 하나님께서는 우리가 하나님의 외아들이신 그리스도의 이미지를 닮아 갈 수 있도록 모든 계획을 세우고 계십니다. 맞습니다. 하나님께서는 우리의 마음이 순결함과 거룩함으로 가득 채워지기 원하십니다. 바로 그것입니다. 하나님께서는 모든 것이 협력하여 선을 이루도록 주권적으로 일하시는 분이기에 우리는 이렇게 확신을 갖고 말할 수 있습니다. "나는 나를 위한 완벽한 삶을 살았습니다."

한편으로 그와는 모순되게 여겨지는 다음의 원칙도 마찬가지로 진리입니다. 우리는 자신이 한 선택에 대해서 책임져야 합니다. 그뿐 아니라, 우리가 저지른 모든 바보 같은 결정이나 부주의한 행동의 결과도 우리가 책임져야 할 우리의 몫입니다. 그렇다면 어떻게 우리는 이 두 가지 원칙을 조화시켜 나갈 수 있을까요? 솔직히 말해서 어떤 사람도 이 신비를 간파할 수 없습니다. 이는 삼위일체에 대해서, 혹은 예수님이 어떻게 완전한 하나님이시며 동시에 완전한 사람이신가에 대해서 이해하려는 것과 같습니다. 정직하게 말해서 우리가 삼위일체를 이해하기는 불가능합니다. 그런데도 우리는 믿음으로 하나님께서 삼위일체이심을 알고 있는 것입니다. 우리는 예수 그리스도께서 하나님이신 동시에 사람이심을 알고 있습니다. 그리고 하나님의 다스리심과 인간의 책임이 함께 양립함을 믿음으로 알고 있습니다. 이제 여기서 내가 많은 도움을 받았고 여러분에게도 도움이 될 방법을 소개하겠습니다.

당신이 완전히 책임을 진다고 생각하고 행동하라.

하나님께서 모든 결과를 완전히 주관하심을 알고 신뢰하며 기도하라.

자, 그러면 어떻게 이 원칙을 죄 씻음의 과정에 적용시킬 수 있을까요? 여기 몇 가지 예를 살펴봅시다.

- 당신의 성장을 위해서 하나님께서는 주권적으로 하나님의 사람들을 말씀과 함께 당신의 삶 속에 보내 주실 것입니다. 그러나 열린 마음으로 또한 기꺼이 하나님의 말씀을 듣는 것은 당신의 책임입니다.
- 우주를 창조하신 하나님께서 기도를 통해 당신과 대화하실 것이며, 하나님의 주권은 당신을 위해 계획하신 길로 당신을 인도하실 것입니다. 그러나 기도를 하기 위한 시간을 따로 떼어 놓는 것은 당신의 책임입니다.
- 하나님께서 성경을 통해서 당신을 가르치실 것입니다. 그리고 성경 속의 교훈이 여러분의 필요를 만족시킬 수 있도록 주권적으로 주문제작하십니다. 그러나 하나님의 말씀을 공부하고 묵상하는 것은 당신의 책임입니다.
- 하나님께서는 당신의 삶 속에 고통스러운 시련들을 허락하실 것입니다. 그 시련들은 하나님의 사랑의 손길을 통해서 여과된 것이며 당신의 궁극적인 선함을 위해서 하나님께서 주권적으로 고안해 내신 것입니다. 그러나 하나님께서 의도하신 교훈을 배우고 하나님의 자녀로서 행동하는 것은 당신의 책임입니다.
- 하나님께서는 고요하고 나지막한 목소리로 침묵의 시간에 당신을 깨끗이 하실 것입니다. 그러나 소리를 차단하고 하나님의 말씀을 듣는 것은 당신이 해야 할 일입니다.

"그릇의 외모는 염려하지 마라. 오직 내면의 실체에 주력하라. 겉모습은 하나님께서 돌보시도록 맡겨 드려라." 이 공부를 하면서 시종일관 우리는 이렇게 말해 왔습니다. 그러나 우리가 겉모습에 중점을 두지 않는다고 해서 내면의 실체가 가시적인 세계에서 점점 더 눈에 띄지 않게 된다는 것은 아닙니다. 오히려 그 반대입니다. 영적인 훈련을 위해서 우리 자신을 연마하는 데 헌신한다는 것은 우리가 성령과 협력하여 죄 씻음의 역사를 이루는 데 헌신하고 있다는 것을 가시적으로 입증하는 것입니다. 하나님께서 내면에서 외면까지 샅샅이 우리를 변화시키도록 해 드림으로써, 또한 우리의 마음속에 기적적인 역사를 이루시도록 해 드림으로써, 우리의 삶은 사랑과 희락과 화평과 오래 참음과 자비와 양선과 충성과 온유와 절제라는 의로운 열매를 풍성하게 거두어들일 것입니다.

**하나님께서 쓰실 수 있는 그릇이 되기 위한 세 번째 조건은
비록 그 과정이 고통스럽다 할지라도 하나님께서 당신의 죄를
'씻으실 수 있도록' 받아들이는 것입니다.**

1. 오늘의 공부에서 논의한 영적 훈련을 모두 적어 보십시오. 그리고 거룩함의 훈련에서 당신이 어느 정도까지 성령과 함께 협력하고 있는지 적어 보십시오.

2. 오늘의 공부를 통해서 배운 중요한 교훈은 무엇입니까?

3. 이번 주의 핵심은 무엇입니까?

4. 하나님께서 쓰실 수 있는 그릇이 되기 위한 세 번째 조건은 무엇입니까?

 요점 정리

• 하나님께서는 우리의 죄를 씻기 위해서 다양한 도구를 사용하십니다. 그러나 그 과정
  에서 하나님께 협력하느냐의 여부는 우리에게 달려 있습니다.
• 당신이 완전히 책임을 진다고 생각하고 행동하십시오.
• 하나님께서 모든 결과를 완전히 주관하심을 알고 신뢰하며 기도하십시오.

성령의 생수로 충만하기

이번 주의 주제

•
•
•

하나님의 성령의 생수로 끊임없이 충만함

이번 주의 핵심 성경 구절

•
•
•

"… 오직 성령의 충만을 받으라
시와 찬미와 신령한 노래들로 서로 화답하며
너희의 마음으로 주께 노래하며 찬송하며
범사에 우리 주 예수 그리스도의 이름으로
항상 아버지 하나님께 감사하며" (엡 5:18-20)

하나님의 생수로 채워 가는 삶

하나님께서는 우리를 빈 그릇으로 창조하셨습니다. 그리고 오직 하나님만이 그 빈 그릇을 충만하게 채워 주실 수 있도록 만드셨습니다. 우리는 모두 마음속 깊은 곳에 뭔지 모를 공허함이 존재하는 것을 느끼고 있습니다. 사실은 우리 안에 하나님께서 마련해 놓으신 특별한 공간이 있기 때문입니다. 그러나 이 사실을 모르는 사람들은 그곳을 채우기 위해서 나름대로 노력을 기울입니다. 경력이나 돈으로 그 공허함을 채워 보려는 사람도 있고, 집을 아름답게 장식한다거나 옷이나 화장에서부터 머리 스타일까지 변화를 시도해 보려는 사람도 있습니다. 그리고 맛있는 음식을 먹거나 집안을 깨끗이 정리하거나 교회 활동을 분주하게 해 보기도 합니다. 아마 시도해 볼 수 있는 일들은 한없이 많을 것입니다. 그러나 만일 여러분이 하나님께서 쓰실 수 있는 그릇이 되길 원한다면,

네 번째로 갖추어야 할 조건은 하나님의 성령이 공급해 주시는 살아있는 생수로 끊임없이 자신을 채워 가야 한다는 것입니다. 원리 원칙이나 전통과 예식, 그리고 습관 따위로는 결코 우리 자신을 충만하게 채울 수가 없습니다. 바로 우리에게는 살아있는 생수가 필요한 것입니다. 그 생수는 하나님의 권좌에서 샘솟아서 하나님 안에 거하는 백성들을 채우고, 그들의 삶을 통해서 갈급함에 시달리는 이 세상 모든 사람들의 애타는 목마름을 해소해 줄 것입니다.

예레미야 2장 13절에서는 이렇게 말하고 있습니다. "내 백성이 두 가지 악을 행하였나니 곧 생수의 근원 되는 나를 버린 것과 스스로 웅덩이를 판 것인데 그것은 물을 저축지 못할 터진 웅덩이니라" 이와 같이 우리는 근원이 되시는 하나님을 떠나서, 결코 우리를 만족시켜 줄 수 없는 것들에서 만족을 구하려 하고 있습니다.

당신은 아마도 이 모든 사실을 잘 알고 있는 한 사마리아 여인을 기억할 것입니다. 우리는 네 번째 주에 이미 그 여인에 대해서 다루었습니다. 그 사마리아 여인은 남자한테서 얻는 즐거움으로 자신의 인생을 채워 보려고 애썼습니다. 오직 하나님만이 주실 수 있는 충만함을 이 사람 저 사람에게서 얻어 보려고 헛되이 수고한 것입니다. 그러다가 그 여인은 예수님을 만나게 되었습니다.

예수님은 그녀의 과거 허물을 알고 계셨으며, 또한 이런 약속을 해 주셨습니다. "이 물을 먹는 자마다 다시 목마르려니와 … 나의 주는 물은 그 속에서 영생하도록 솟아나는 샘물이 되리라"(요 4:13-14)

또한 성경에서는 예수님을 만나게 된 후의 사마리아 여인의 행동을 요한복음 4장 28-29절을 통해서 이렇게 말하고 있습니다. "여자가 물동이를 버려 두고 동네에 들어가서 사람들에게 이르되 나의 행한 모든 일을 내게 말한 사람을 와 보라 이는 그리스도가 아니냐" 예수님과의 만남을 통해서 사마리아 여인은 영혼의 갈증을 생수로 가득 채우게 되었고, 삶은 놀랄 만큼 변화되었습니다. 그리고 한 동네에 살던 많은 사마리아인들이 예수 그리스도를 영접하게 되었습니다. 바로 이 여인의 증언 때문이었습니다. 하늘의 보화로 가득 찬 질그릇 단지에 대해서 이야기하십시오. 이전에 따라다니던 꼬리표에 의해서 자신의 미래가 좌우되는 것을 거부한 여인에 관해서도 말하십시오. 하나님께서 바라시는 자가 되는 것을 방해하는 모든 것을 거부한 여인의 이야기도 전하십시오. 그리고 생수로 영혼의 갈증을 채운 여인의 이야기도 빼놓지 말고 이웃에게 전하시기 바랍니다.

자, 그렇다면 왜 수많은 사마리아인들이 예수 그리스도께 돌아오게 되었을까요? 어떻게 해서 우물가에 있던 사마리아 여인이 하나님의 유능한 도구가 될 수 있었을까요? 지금까지 그녀를 알아 왔던 사람들이 그녀의 변한 모습을 보면서 "정말 놀라운 여인이야. 난 절대 저 여인처럼 될 수 없을 거야." 하고 말하지는 않았을 것입니다. 오히려 그들은 이렇게 말했을 것입니다. "그 여자가 만난 하나님께서는 정말 대단한 분인 것이 틀림없어. 만일 천국에 저 여자를 위한 자리가 준비되어 있다면 아마 내 자리도 분명히 마련되어 있을 거야. 그리고 하나님께서 그 여인을 쓰셨다면 분명히 나도 쓰실 수 있을 거야."

그렇다면 생수가 의미하는 바는 정확히 무엇일까요? 예수님은 그 후 몇 장에 걸쳐서 이렇게 정의하고 계십니다.

"명절 끝 날 곧 큰 날에 예수께서 서서 외쳐 가라사대 누구든지 목마르거든 내게로 와서 마시라 나를 믿는 자는 성경에 이름과 같이 그 배에서 생수의 강이 흘러나리라 하시니 이는 그를 믿는 자의 받을 성령을 가리켜 말씀하신 것이라" (요 7:37-39)

하나님으로 인해서 채워진다는 것, 예수님께서 약속하신 생수로 채워진다는 것은 단 한 번으로 끝나는 사건이 아닙니다. 삶의 모든 순간순간이 그분의 생수로 채워져야 하기 때문입니다. 앤드류 머레이는 이에 대해서 명확히 설명하고 있습니다.

교회와 그 구성원들이 이 세상 안에서 하나님의 권능을 드러내기 위해서는 우리 본질의 진실된 장소로 되돌아가야 한다. 우리 마음속에 자리 잡고 있는 그곳은 창조와 구원이 모두 이루어지는 곳이며, 하나님께 절대적으로 그리고 끊임없이 의지하는 곳이기도 하다.

창조자이신 하나님께서는 인간을 하나님의 권능과 선하심을 드러낼 수 있는 그릇으로 창조하셨다. 다시 말해서 생명이나 힘, 또는 행복을 분출해 낼 수 있는 샘이 인간 안에 내재하고 있지 않다는 것이다. 오직 영원하시고 유일하신 분만이 순간순간마다 사람과 교제하시면서 필요한 모든 것을 전달해 주실 수 있는 것이다. 인간의 영광과 행복은 독자적이거나 인간 자신의 능력으로 얻어지는 것이 아니다. 오직 하나님께 의지할 때만이 누릴 수 있는 것이다. 인간은 하나님의 충만하심을 매순간 받아 누릴 수 있는 기쁨을 가질 따름이다.[1]

그리스도는 바로 우리 생명 그 자체이십니다. 왜냐하면 어떤 생명체도 물 없이는 살아갈 수 없기 때문입니다. 다만 우리는 받은 것을 나누어 줄 따름입니다. 그리고 무엇보다도 그릇은 물을 담을 수는 있어도 만들어 낼 수는 없습니다. 단지 채워진 것을 부어 줄 따름입니다. 이와 마찬가지로 우리는 늘 하나님의 성령으로 가득 채워져 있어야 합니다. 다시 말해서 생수로 채워져 있어야 하는 것입니다. 그렇게 됨으로써 우리는 다른 이들에게 무언가를 나누어 줄 수 있게 되는 것입니다.

오늘날 교회는 두 가지 극단적인 위험 상황에 노출되어 있습니다. 그

---

1) Andrew Murryay, *Believer's Secret of Waiting on God*, p. 16; 앤드류 머리, 『하나님만 바라라』, 이종태 역(서울: 생명의 말씀사, 2002).

리고 나는 이 두 가지를 모두 다 경험하면서 살아왔다고 생각합니다. 첫 번째 위험 요소는, 바로 그릇 속에 담긴 물이 너무 오래 고여 있어서 썩고 있다는 사실입니다. 설교에 또 설교, 성경 공부에 또 성경 공부를 해도, 그리고 신앙 서적 위에 또 신앙 서적을 쌓아 놓는다 해도 하나님의 말씀이 신자들에게 잘 먹혀들지 않을 뿐만 아니라 다른 이들에게 전파하는 것도 제대로 되지 않고 있는 실정입니다. 만일 우리가 하는 일들이 자신의 신앙만을 살찌우기 위한 것이라면 우리는 아마도 뚱뚱하고 게으른 그리스도인들이 될 것입니다. 확신하건대 교회 좌석만을 채우고 있는 수많은 그리스도인들이 바로 이런 딜레마에 빠져 있다고 해도 과언은 아닐 것입니다.

그러나 두 번째 위험 요소는 첫번째보다 더욱 치명적입니다. 저 역시 여기에 대해서 어느 정도의 죄책감을 느끼고 있습니다. 문제는 바로 여러분 자신이 제대로 채워지지도 않은 상태에서 다른 이들에게 주려고 한다는 데 있습니다. 이를테면 말할 권리도 없는데 연설을 하고, 조언을 부탁하지도 않았는데 충고를 하는 것입니다. 이는 바로 하나님께서 주시는 사랑과 자비의 마음이 아닌, 바로 비방과 정죄로 얼룩진 당신의 마음속에서 나오는 말들인 것입니다. 마치 우리 집 부엌 바닥에 흩어져 있던 손톱과 과자 부스러기, 동전이나 음식 찌꺼기들을 한데 모아 놓은 질그릇과 같은 모습이라고 할 수 있을 것입니다. 아름다움이라고는 도저히 찾아볼 수 없는, 오로지 소음과 추악함만이 가득한 그런 질그릇 말입니다.

자칭 아마추어 신학자인 사람이 불임인 여성에게 하나님께서 당신을 벌하고 계시는 중이라고 말하는 행위와 같은 것이 바로 그런 예입니다. 또 암으로 사형 선고를 받은 사람에게 사는 동안 죄를 많이 지어서 그렇다고 말하는 것, 그리고 전신이 마비된 사람에게 믿음이 부족해서 그렇게 되었노라고 이야기하는 것 등이 모두 여기에 해당됩니다. 이는 하나님의 입에서 전해 오는 은혜의 메시지가 아니라 바로 지옥에서 흘러나오는 독약과 같은 것입니다. 그러므로 다른 이의 귀중한 삶 속에 무언가를 채워 주고자 한다면 바로 그 전에 이 사실을 명심하십시오. **무엇보다도 당신 자신이 먼저 채워져야 합니다.**

　이번 주의 남은 기간 동안은 성경에서 가르치고 있는 우리 자신 속에 채워져야 할 것들과 아울러서, 채워지는 과정에서 우리가 참여할 수 있는 몇 가지 실질적인 방법에 대해서 공부해 나가도록 하겠습니다.

　1. 사마리아 여인은 왜 하나님께서 유용하게 쓰시는 그릇이 되었을까요?

　2. 예수님을 만나기 전, 사마리아 여인은 하나님께서 마련해 주신 마음의 빈 공간을 채우기 위해서 어떤 행동들을 취했습니까? 당신이 보기에 그러한 행동들이 효과가 있었습니까? 그 이유는 무엇입니까?

　3. 당신은 하나님께서 마련해 주신 마음의 공간을 채우려고 노력 중입니까?

4. 당신이 쏟아 부은 말이나 행동이 하나님께로 말미암은 것이 아닌 경우를 생각해 보셨습니까? 그 결과는 어떠했습니까?

5. 하나님께서 먼저 당신의 삶 속에 부어 주신 것들을 다른 이들에게 다시 부어 주는 경우는 어떠했습니까? 4번 경우와의 차이점은 무엇입니까?

6. 쏟아 내지 않고 받아들이기만 하는 것과 단 한 번도 받아들여 본 적이 없는 것을 그냥 쏟아 붓는 것, 이 둘 중 어느 것이 더 위험할까요?

7. 오늘의 공부를 통해서 배운 가장 중요한 교훈은 무엇입니까?

 요점 정리

• 그릇은 물을 만들어 내지 못합니다. 다만 채워진 것을 부어 주는 것만이 가능할 뿐입니다.
• 당신이 반드시 주의해야 할 두 가지 위험 요소가 있습니다. 첫째는 하나님께서 당신의 삶 속에 풍성히 채워 주신 진리를 다른 이들에게 나누어 주지 못하는 경우이며, 둘째는 당신이 채워지지도 않은 상태에서 다른 이들에게 섣불리 나누어 주는 경우입니다.

둘 · 째 · 날

사랑과 기쁨으로 채워짐

　하나님께서 쓰실 수 있는 그릇이 되기 위해서는, 우리 자신이 무엇으로 채워져야 할까를 생각할 때 의의 열매 또는 성령의 열매가 즉시 마음에 떠올라야만 합니다. 내일부터 3일 동안 우리는 이 열매들의 특성에 대해서 자세히 알아보도록 하겠습니다. 오늘부터 '사랑과 기쁨'을 시작으로 성경에 나와 있는 특성을 하나씩 살펴보도록 하겠습니다. 그렇게 하면서 당신이 성령의 열매로 점점 더 채워져 가고 있는지의 여부를 기도하는 마음으로 생각해 보시기 바랍니다. 갈라디아서 5장 22~25절에서는 이렇게 말하고 있습니다.

　"오직 성령의 열매는 사랑과 희락과 화평과 오래 참음과 자비와 양선과 충성과 온유와 절제니 이 같은 것을 금지할 법이 없느니라 그리스도 예수의 사람들은 육체와 함께 그 정과 욕심을 십자가에 못 박았느니라 만일 우리가 성령으로 살면 또한 성령으로 행할지니"

사 랑

가장 큰 계명이 무엇인지 묻는 질문에 예수님은 다음과 같이 대답하셨습니다.

> "예수께서 가라사대 네 마음을 다하고 목숨을 다하고 뜻을 다하여 주 너의 하나님을 사랑하라 하셨으니 이것이 크고 첫째 되는 계명이요 둘째는 그와 같으니 네 이웃을 네 몸과 같이 사랑하라 하셨으니" (마 22:37-39)

당신이 가족이나 친구들, 이웃과 나그네, 혹은 원수에게 보여 주는 사랑의 정도는 당신이 얼마나 성령으로 채워졌나를 보여 주는 정확한 척도가 됩니다. 사랑이 의미하는 것은 정확히 무엇일까요? 당신이 불러 일으켜야만 하는 감정일까요? 다시 한 번 우리는 성경을 살펴볼 필요가 있습니다.

> "사랑은 오래 참고 사랑은 온유하며 투기하는 자가 되지 아니하며 사랑은 자랑하지 아니하며 교만하지 아니하며 무례히 행치 아니하며 자기의 유익을 구치 아니하며 성내지 아니하며 악한 것을 생각지 아니하며 불의를 기뻐하지 아니하며 진리와 함께 기뻐하고 모든 것을 참으며 모든 것을 믿으며 모든 것을 바라며 모든 것을 견디느니라 사랑은 언제까지든지 떨어지지 아니하나" (고전 13:4-8)

만일 당신이 실컷 웃고 싶다면, 위의 구절에서 사랑이라는 단어에 당신의 이름을 넣고 얼마나 잘 어울리는지 평가하면서 한번 읽어 보시기 바랍니다. 제가 한번 해 보겠습니다. "도나는 오래 참습니다." (이 말을 듣고 있는 남편의 킥킥거리는 웃음소리가 귓전에 들리고 있습니다.) 여기 또 다른 구절이 있습니다. "도나는 성내지 아니하며 악한 것을 생각지 않습니다." (제가 이렇게 말하자 곁에 있던 남편이 웃다 못해 방바닥에 드러누워 버리는 통에 잠시 수습해야 했다면 어떤 상황인지 상상할 수 있으시겠죠?)

이렇게 생각해 봅시다. 만일 이같이 사랑하는 사람이라면 당신은 하나님께서 쓰실 수 있는 그릇이 되는 방법을 적어 놓은 이런 책을 볼 필요가 없습니다. 그러나 실상은 이렇습니다. 예수 그리스도를 제외하고는 그 누구도 영원의 세계 이편인 지상에서 완전한 사랑에 도달하지 못했습니다. 그러나 우리의 목표는 날마다 예수 그리스도를 더욱더 닮아 가는 것입니다.

> "또 네 이웃을 사랑하고 네 원수를 미워하라 하였다는 것을 너희가 들었으나 나는
> 너희에게 이르노니 너희 원수를 사랑하며 너희를 핍박하는 자를 위하여 기도하라
> 이같이 한즉 하늘에 계신 너희 아버지의 아들이 되리니" (마 5:43-45)

당신은 원수를 사랑합니까, 아니면 복수할 결심을 하고 있습니까? 당신은 자신에게 해를 끼친 사람에 대해 앙심을 품고 있습니까, 아니면 빨리 용서합니까? 예수님은 우리를 가장 나쁜 방식으로 대우하는 사람을 우리가 어떻게 대하는지를 기본으로 사랑의 지수를 평가해야 한다고 말씀하십니다. "너희가 너희를 사랑하는 자를 사랑하면 무슨 상이 있으리요 세리도 이같이 아니하느냐"(마 5:46) 사랑하는 것이 쉽다면 하나님께서는 사랑하는 것을 영광으로 받지 않으십니다. 왜냐하면 그것은 누구나 다 할 수 있기 때문입니다. 그러나 오직 하나님만이 우리가 우리에게 상처를 준 이들을 사랑하는 능력을 주실 수 있습니다.

몇 달 전 뉴스 시간에 아들을 살해한 혐의를 받고 있는 사람을 향해 절규하는 비운의 어머니를 다룬 내용이 방송된 적이 있었습니다. 원한

에 사무친 그녀는 준비해 온 원고를 공개된 재판정에서 읽었습니다. 물론 누구도 그 어머니를 비난할 수는 없습니다. 범인은 그녀에게 너무나 소중한 아이의 생명을 잔인하게 앗아갔기 때문입니다. 그 어떤 사람이라도 똑같은 분노를 느꼈을 것입니다.

이 사건을 보면서 내게는 또 다른 재판 장면이 떠올랐습니다. 필라델피아에 있는 우리 교회의 한 여성도는 남편이 끔찍하게 살해되는 바람에 졸지에 미망인이 되었습니다. 범인은 체포되어 재판정에 섰습니다. 그리고 그녀는 마지막 재판에서 범인을 향해 용서한다고 말했고, 남편에게 가장 큰 의미가 되던 하나님을 그도 하루 속히 만날 수 있기를 바란다고 말했습니다. 그런 다음 범인의 이름이 새겨진 성경책을 선물했습니다.

두 사람 중 어느 여인이 하나님께서 쓰신 그릇이었습니까? 물론 충분히 이해할 수는 있지만 한 여성은 오로지 자신의 슬픔만을 생각했습니다. 그리고 다른 한 여성은 사람의 이해를 초월할 만큼 오직 하나님의 나라만을 생각했습니다. 그 여인의 행동을 본 그날 그 법정 안의 사람들은 형언할 수 없는 감동을 받았을 것입니다.

기쁨

우리는 기쁨이라는 것을 우리가 경험하는 어떤 것, 우리에게 일어나는 어떤 것이라고 생각하는 경향이 있습니다. 그러나 성경은 우리에게 늘 기뻐하라고 명하고 있습니다. 그 명령은 느낌에 관한 것이 아니라 어디까지나 순종에 관한 것입니다. 기쁨은 선택입니다. 기쁨은 처한 삶의 환경에 대해서 우리가 어떻게 응답할 것인지를 결정하는 것입니다. 따라서 기쁨은 실질적으로 대단히 진지한 문제인 것입니다. 사실 이 10주 동안의 공부가 기쁨이란 주제를 위한 것이라 해도 과언이 아닐 것입니다.

그리스도를 모르는 어떤 사람이라도 좋은 시절에는 기뻐합니다. 그러나 이들과 우리가 다른 점, 즉 하나님께서 우리의 삶을 통해서 스스로 영광을 받으실 수 있도록 해 드릴 수 있느냐 없느냐의 문제는 어려운 시절이 도래했을 때 우리가 보이는 반응에 달려 있습니다. 우리는 자신을 위해서 기뻐할 뿐 아니라 지켜보는 세상을 위해서도 기뻐합니다. 그러나 우리가 존재하는 유일한 이유가 무엇인지를 늘 기억하십시오. 그것은 바로 하나님께 영광을 돌리기 위해서입니다. 흐느끼며 불평하기에 충분한 어려운 상황에 처할 때 스스로 기뻐하기를 선택하는 것이야말로 하나님께서 쓰실 수 있는 그릇이 되는 데 중요한 첫 걸음이라고 할 수 있습니다.

1. 고린도전서 13장을 아래에 적어 보십시오. 그리고 사랑이라는 단어가 나올 때마다 당신의 이름을 그 자리에 넣어 보십시오. 공간이 부족하면 다른 노트에 적어도 좋습니다.

2. 당신의 이름을 넣어서 부른 결과 정확도가 어느 정도입니까? 큰 소리로 웃어야 할 정도입니까? 당신의 반응을 적어 보십시오.

3. 당신에게 나쁘게 대한 사람들에게 사랑을 표시할 수 있는 능력을 기르는 연습을 하고 있습니까? 최근에 있었던 일을 생각해 보고 당신이 어떻게 반응했는지, 좀 더 좋아졌는지 아니면 더 나빠졌는지 설명해 보십시오.

4. 어려움을 겪는 시기에도 당신은 기뻐할 수 있습니까, 아니면 한탄과 불평만을 늘어놓고 있습니까? 당신의 반응을 보여 주는 최근의 사건을 생각해 보고 답하십시오. 당신이 최근에 거두어들인 열매 지수를 정직하게 평가해 보십시오.

5. 오늘의 공부를 통해서 배운 중요한 교훈은 무엇입니까?

> **요점 정리**
>
> • 하나님께서 쓰실 수 있는 그릇은 반드시 성령의 열매로 채워져야 합니다.
> • 우리가 얼마나 채워졌는지를 정확히 잴 수 있는 두 가지 척도는, 바로 우리가 어떻게 대접을 받았는지에 상관없이 우리의 사랑을 보여 주는 것과 어떤 상황에서도 기쁨을 누리는 것입니다.

셋 · 째 · 날

화평과 오래 참음과 자비와 양선으로 충만함

"그러므로 너희는 하나님의 택하신 거룩하고 사랑하신 자처럼 긍휼과 자비와 겸손과 온유와 오래 참음을 옷 입고 누가 뉘게 혐의가 있거든 서로 용납하여 피차 용서하되 주께서 너희를 용서하신 것과 같이 너희도 그리하고 이 모든 것 위에 사랑을 더하라 이는 온전하게 매는 띠니라"(골 3:12-14)

화평으로 충만함

성경은 우리가 일반 논리를 뛰어넘는 화평을 경험할 수 있음을 약속하고 있습니다. "그리하면 모든 지각에 뛰어난 하나님의 평강이 그리스도 예수 안에서 너희 마음과 생각을 지키시리라"(빌 4:7) 우리는 어떻게 모든 지각에 뛰어난 평강을 누릴 수 있을까요? 다행히도 하나님께서는 우리를 무지함에 남겨 두지도 않으시며, 너희들이 알아서 해결하라고 말씀하지도 않으십니다. 우리가 채워지는 것은 하나님의 영광을 위함입니다. 왜냐하면 우리는 하나님의 역사를 성취하는 데 사용될 그릇이기 때문입니다. 하나님께서는 우리가 원하는 그 이상으로 우리에게 화평을 채워 주기를 원하십니다.

해답은 바로 다음의 성경 구절에서 찾아볼 수 있습니다. "종말로 형제들아 무엇에든지 참되며 무엇에든지 경건하며 무엇에든지 옳으며 무엇에든지 정결하며 무엇에든지 사랑할 만하며 무엇에든지 칭찬할 만하며 무슨 덕이 있든지 무슨 기림이 있든지 이것들을 생각하라 너희는 내게 배우고 받고 듣고 본 바를 행하라 그리하면 평강의 하나님이 너희와 함께 계시리라"(빌 4:8-9)

다시 말해 화평함이란 우리가 수동적으로 기다려서 얻을 수 있는 것이 아닙니다. 골로새서 3장 15절에는 "그리스도의 평강이 너희 마음을 주장하게 하라"고 되어 있습니다. 이것은 바로 명령인 것입니다. 디모데후서 2장 22~23절에서는 이에 대해 좀 더 강하게 말하고 있습니다. "또한 네가 청년의 정욕을 피하고 주를 깨끗한 마음으로 부르는 자들과 함께 의와 믿음과 사랑과 화평을 좇으라 어리석고 무식한 변론을 버리라 이에서 다툼이 나는 줄 앎이라"

화평은 우리가 홀로 집에 있는 조용한 시간에 얻으려고 애써야 하는 어떤 것이 아닙니다. 화평은 바로 우리가 다른 사람들과 상호 관계를 맺는 가운데서 넘쳐흐르는 태도인 것입니다. 그리고 다시 성경에서는 화평을 이루는 일에 대해 솔직하게 시인합니다. 이것은 정말 **어려운 일입니다!** "모든 사람으로 더불어 화평함과 거룩함을 좇으라 이것이 없이는 아무도 주를 보지 못하리라"(히 12:14)

만일 교회 내에 더 많은 화평의 중재자들이 생겨나고 분쟁을 일으키는 사람들이 줄어든다면 놀라운 변화를 가져올 수 있지 않을까요? 그렇게 됨으로써 하나님께는 영광을 돌리고 사람들은 천국으로 인도할 수 있지 않을까요? 분명히 그렇게 될 것입니다. 그러나 실상은 교회가 분리되는 모습을 보고 환멸을 느낀 나머지 믿음을 저버리는 사람들이 얼마나 많이 있습니까? 교회가 싸우고 논쟁하느라 바빠서 사람들에게 그리스도를 전할 시간이 없는 관계로, 그리스도 앞에 나와 본 적도 없는 사람이 얼마나 많습니까? 얼마나 많은 사람들이 교회 내에서 일어나고 있는 일들을 보고 난 뒤 기독교와 인연을 끊고 있습니까?

평화 중재자의 반대말이 무엇인지 알고 있습니까? **바로 자기 자신으로만 가득 채워진 사람**입니다. 자신의 목표와 아이디어만을 추구하려는 사람들, 자신들만이 진리를 독점할 수 있는 위치에 있다고 생각하는 사람들은 교회를 고난에 빠지게 하는 사람들입니다. 저 역시 그런 사람 중의 한 사람이었습니다. 다시 한 번 **자신을 비우는 것**의 중요성을 복습해야 할 것 같습니다. 우리 자신을 완전히 비울 때까지 우리는 평화의 통로가 될 수 없습니다. 높이 산재해 있는 감정적·영적 쓰레기들이 길을 막고 있기 때문입니다.

하나님의 말씀이 세상과의 타협으로 인해 손상되고 있는 현실에서, 우리는 교회를 향해 단호한 입장을 취해야 할 때가 있습니다. 혹은 어떤 자매가 죄 가운데 살고 있다면 우리는 사랑으로 그 죄를 지적하는 용기를 가져야만 합니다. 그러나 다음의 말씀은 늘 유효합니다. "할 수 있거든 너희로서는 모든 사람으로 더불어 평화하라"(롬 12:18) 자기 자신과 그리고 이웃과 화평을 누리며 살아가는 여성만이 하나님께서 쓰실 수 있는 그릇입니다.

오래 참음으로 충만함

골로새서에서 온 오늘의 성경 구절은 하나님의 택함을 받은 백성인 우리들에게 "누가 뉘게 혐의가 있거든 서로 용납하여 피차 용서하되 주께서 너희를 용서하신 것과 같이 너희도 그리하고"(골 3:13)라고 촉구합니다. 아시다시피 오래 참음과 용서는 서로 깊은 연관 관계가 있습니다. 나는 오래된 포스터 한 장을 가지고 있는데 거기에는 "참아 주십시오. 하나님께서 아직 저를 완성하지 않으셨습니다."라고 씌어 있습니다. **특별히 악의를 품지 않는 한** 우리는 서로 익살스러운 행동쯤은 인내할 수 있습니다. 그러나 만일 우리가 받은 모든 공격에 대해 잊어버리거나 용서하지 않으면, 금세 인내심을 잃어버리고 말 것입니다.

우리의 감정은 창고와 같습니다. 우리는 분노와 쓰라림, 그리고 원한의 감정을 폭발시키기에 앞서 일정량의 힘든 감정들을 잠시 저장해 놓을 수 있을 뿐입니다. 그것이 바로 용서하지 못하는 사람들이 참을성도 없는 이유입니다. 그들의 창고는 항상 넘쳐나기 때문입니다. 저도 한때는 그러했고 지금도 가끔 그런 증세를 보이고 있습니다. 내 마음은 쓰라림으로 가득 차 있으며, 내 정신은 오랜 세월 동안 내게 상처를 준 사람들, 내 감정을 상하게 하고도 태연하던 사람들에 대한 기억으로 점철되어 있었습니다. 나는 자주 감정을 폭발시켰습니다. 만일 내게 상처를 준 사람들을 용서한다면 그 사람들이 내게 대했던 행동을 옳다고 인정해 버리는 것 같아서 두려웠습니다. 그러나 그 뒤에 나는, 용서란 나를 괴롭힌 사람들을 정당하게 만드는 것이 아니라 나 자신을 자유롭게 만드는 것이라는 사실을 배우게 되었습니다.

당신은 참을성이 부족한 사람입니까? 당신의 마음을 살펴본다면 당신의 진짜 문제는 아마도 용서할 줄 모르는 마음임을 알게 될 것입니다. 과거의 상처에 매달리는 것은 당신에게 전혀 이로운 일이 아닐 것입니다. 단지 하나님께서 당신을 위해 특별히 고안하신 쓸모 있고 충만한 그릇이 되어 가는 것만 방해할 뿐입니다. 잠언 19장 11절에는 이런 말씀이 있습니다. "노하기를 더디하는 것이 사람의 슬기요 허물을 용서하는 것이 자기의 영광이니라" 다른 사람들에 대해서 오래 참아 줄 때 우리는 비로소 용서할 수 있으며 허물을 덮어 줄 수 있는 것입니다. 그리고 우리가 용서할 때, 우리는 오래 참음으로 가득 채워진 창고를 가지고 있는 자신을 발견할 수 있을 것입니다.

자비와 양선

"이러므로 너희가 더욱 힘써 너희 믿음에 덕을, 덕에 지식을, 지식에 절제를, 절제에 인내를, 인내에 경건을, 경건에 형제 우애를, 형제 우애에 사랑을 공급하라 이런 것이 너희에게 있어 흡족한즉 너희로 우리 주 예수 그리스도를 알기에 게으르지 않고 열매 없는 자가 되지 않게 하려니와"(벧후 1:5-8)

어떤 사람들은 그냥 멋있게 느껴집니다. 그렇지 않습니까? 하나님께서는 그 사람들을 멋있게 만드셨고 그렇기 때문에 그들은 앞으로도 멋질 것입니다. 하나님께서는 그들에게 멋쟁이 유전자를 주셨습니다. 그렇지만 당신은 혹시 하나님께서 유전자를 나누어 주실 때에 당신이 '문 뒤에 숨어 있던' 것이 확실하다고 생각하지는 않습니까? 어떤 사람들은 선천적으로 자비와 양선을 풍부히 타고난 것 같은 반면에 나 같은 나머지 사람들은 계속해서 고군분투하고 있습니다.

그러나 성경에는 어떤 말씀이 들어 있습니까? 성경에서는 **"너희가 더욱 힘써 너희 믿음에 덕을, 덕에 지식을, 지식에 절제를, 절제에 인내를, 인내에 경건을, 경건에 형제 우애를"**이라고 말하고 있습니다. "너희가 더욱 힘써"라는 말 속에는 그렇게 되기가 어렵다는 의미가 내포되어 있습니다. 자비와 양선으로 충만해지기를 수동적으로 기다리기만 해서는 안 됩니다. 충만해질 수 있도록 능동적으로 노력해야만 합니다. 왜 그래야만 할까요? 성경에서는 이렇게 말씀하십니다. "이런 것이 너희에게 있어 흡족한즉 너희로 우리 주 예수 그리스도를 알기에 게으르지 않고 열매 없는 자가 되지 않게 하려니와"

주 예수 그리스도를 아는 지식이 있으면서도 여전히 게으르고 열매 없는 자가 되는 것은 가능한 일입니다. 냉정하게 생각해 보면 그렇지 않습니까? 성경은 우리가 모두 하나님의 나라를 건설하는 데 사용될 것이라고 보장하고 있지는 않습니다. 하나님께서는 우리와 같은 여성들을 쓰실 수 있습니다. 그러나 하나님의 쓰임을 받기 위해서는 **더욱 힘써** 충성과 자비와 양선을 자신에게 더하도록 노력해야 할 것입니다.

하나님께서 종종 가장 합당치 않은 그릇들을 사용하신다는 것은 사실이지만, 그렇다고 지금의 자리에 계속 머물러 있다면 하나님과 함께 떠날 수 없습니다. 하나님께서는 기꺼이 창녀인 라합을 통해서 역사하셨습니다. 그러나 그녀는 자신의 민족을 떠나서 이스라엘 백성들과 함께 떠나야만 했습니다. 하나님께서는 성격이 급한 베드로를 통해서 역사하셨습니다. 그러나 베드로는 어부 생활을 접고 예수 그리스도를 따라 나서야만 했습니다. 아브라함은 갈대아 우르를 떠났습니다. 모세는 애굽을 떠나서 40년 동안 양 떼를 돌보다가 다시 애굽으로 들어가서 하나님의 백성들을 인도하여 떠났습니다. 다윗은 양 떼를 돌보는 일을 뒤로한 채 떠나서 골리앗과 싸운 후에 이스라엘의 왕이 되었습니다. 이는 우리가 성경을 통해서 볼 수 있는 법칙이라고 할 수 있습니다.

하나님께서는 우리가 있는 그곳에서 우리를 받아들이십니다. 그러나 하나님께서는 우리가 앞으로 계속 나아가기를 원하십니다. 비단 하나님의 나라를 위해서 또는 우리를 하나님께서 쓰실 수 있는 그릇이 되게 하기 위해서만은 아닙니다. 하나님께서는 바로 우리 자신을 위해서 우리가 나아가기를 원하시는 것입니다. 하나님께서는 우리를 창조하셨기 때문에 우리의 모든 것을 알고 계십니다. 하나님께서는 만일 우리가 더욱 힘써 자비와 양선으로 충만해진다면 우리의 인생도 점점 더 나아질 것이란 사실을 알고 계십니다. 그리고 그때가 되었을 때에야 비로소 우리가 하나님의 영광을 드러내는 그릇이 되기 위해 창조된 목적을 달성할 수 있음을 알고 계십니다.

1. 당신은 교회 안에서 화평의 중재자입니까, 아니면 분쟁을 일으키는 사람입니까? 당신의 마음을 잘 들여다보십시오. 그리고 당신의 응답에 대한 실례를 제시해 보십시오.

2. 오래 참음과 용서 사이의 연결 고리는 무엇입니까? 당신의 삶 속에서 이런 연결 고리를 본 적이 있습니까? 어떻게 발견하게 되었습니까?

3. 당신이 가장 참기 힘들어하는 사람은 누구입니까? 진짜 문제는 그 사람을 용서하지 못하는 자신의 태도일지도 모른다는 사실을 생각해 본 적이 있습니까? 당신이 용서해야 하는 것은 무엇입니까?

4. 하나님께서 누구이신지 올바르게 알고 있는 사람으로서 열매 없고 게으른 삶을 살아가는 것이 어떻게 가능할까요? 어떻게 해서 그 사람들이 하나님께서 쓰실 수 있는 그릇이 되는 데 실패할 수 있을까요?

5. 오늘의 공부를 통해서 배운 중요한 교훈은 무엇입니까?

 요점 정리

• 하나님께서는 우리가 현재 있는 곳에서 우리를 만나 주십니다. 그러나 우리는 현재 위치에 머물러 있을 수 없습니다. 우리는 하나님과 함께 떠나야 합니다.

• 하나님께서 누구이신지 잘 알고 있으면서 여전히 게으르고 열매 없는 삶 속에 머무는 것은 가능합니다.

• 성경은 더욱 힘써 성령의 열매로 가득 채워질 것을 우리에게 권고하고 있습니다. 이것은 비단 하나님께서 쓰실 수 있는 유용한 그릇이 되기 위해서일 뿐 아니라 또한 우리 자신을 위해서입니다.

넷 · 째 · 날

충성과 온유와 절제로 충만함

충 성

"인자와 진리로 네게서 떠나지 않게 하고 그것을 네 목에 매며 네 마음 판에 새기
라 그리하면 네가 하나님과 사람 앞에서 은총과 귀중히 여김을 받으리라"(잠 3:3-4)

『스트롱의 성경 주석』(Strong's Exhaustive Concordance)에 따르
면, 충성된 사람은 건실하고 신뢰할 수 있으며 안정되고 확실하며 진실
한 사람이라고 합니다. 충성스럽다는 것은 자신이 믿는 바가 무엇인지
를 확실히 알고 이를 고수하는 것을 의미합니다. 우리는 엘리야의 말에
귀를 기울여야 합니다. 엘리야는 백성들 앞에 서서 이렇게 말했습니다.
"너희가 어느 때까지 두 사이에서 머뭇머뭇하려느냐 여호와가 만일 하
나님이면 그를 좇고"(왕상 18:21)

당신은 둘 사이에서 머뭇거리고 있습니까? 아마도 당신의 마음속에

는 그리스도로 가득 채워진 삶을 살아야 한다는 것과 반드시 그리스도를 위해서 목표를 세워야 한다는 확신이 서 있을 것입니다. 그렇다면 매일의 삶을 살아가는 당신의 구체적인 생활 방식은 어떠합니까? 하나님의 것으로 채워지기를 기다리며 빈 그릇으로 자신을 드리는 것이 최고의 소명인 것처럼 늘 살아가고 있습니까? 만일 당신이 나와 비슷하다면 수많은 나날 동안 자기 자신, 즉 자신의 계획과 목표에만 얽매여서 살아왔기에 하나님께 내어 드릴 수 있는 아주 좁은 공간조차도 가지고 있지 못할 것입니다. 그러나 하나님께서는 좁은 공간에는 거하실 수 없습니다. 당신 삶의 전 영역에서 하나님께서 주님이 되시지 않는다면 결국 하나님께서는 당신의 주님이 아닌 것입니다.

당신은 하나님에 대한 충성으로 가득 채워져 있습니까? 당신은 건실하고 신뢰를 받을 수 있는 사람입니까? 머리로만 믿는 것이 아니라 마음속 깊이 진실한 믿음이 굳건히 자리 잡고 있습니까? 하나님께서 목적하고 계신 모든 것을 당신의 삶을 통해서 이루시리라는 절대적인 확신으로 살고 있습니까? 성경에서 내가 좋아하는 구절 중 하나는 엘리사벳이 예수님을 잉태한 마리아에게 인사하는 장면입니다. 엘리사벳은 "믿은 여자에게 복이 있도다 주께서 그에게 하신 말씀이 반드시 이루리라"(눅 1:45)고 말하였습니다. 정말 아름다운 약속이 아닙니까? 만일 우리가 주께서 우리에게 하신 말씀이 반드시 이루어진다는 사실을 믿기만 한다면 우리의 삶은 참으로 축복을 받을 것입니다.

온유

나는 아래에 있는 성경 구절을 별로 좋아하지 않습니다. 지금까지 우리는 이에 별로 구애 받지 않고 살아왔지만 이제 더는 피할 수가 없을 것 같습니다.

"너희 단장은 머리를 꾸미고 금을 차고 아름다운 옷을 입는 외모로 하지 말고 오직 마음에 숨은 사람을 온유하고 안정한 심령의 썩지 아니할 것으로 하라 이는 하나님 앞에 값진 것이니라" (벧전 3:3-4)

내가 이 구절을 좋아하지 않는 이유는 두 가지입니다. 첫째, 나는 옷을 잘 차려 입기를 무척 좋아합니다. 둘째로, 이야기하는 것을 또한 즐깁니다. 이 구절은 지저분해 보여야 하며, 한 마디도 말하지 않고 조용히 있어야 한다는 뜻일까요? 교회 역사를 돌아볼 때 독실한 믿음을 가진 많은 사람들이 그렇게 믿으며 살아왔습니다. 나는 펜실베이니아 주 남서쪽에 살고 있는 아미시 사람들과 한 시간 정도 같이 지내본 적이 있었습니다. 아마 당신은 아미시 사람들에 대해서 그렇게 많이 들어 보지는 못했을 것입니다. 그들은 아주 단순하게 살고 있으며 옷차림도 매우 검소합니다. 그저 검소한 정도를 넘어선 생활을 하고 있습니다. 그들은 여전히 말이 끄는 마차를 몰고 다니며, 말과 소를 이용해서 농사를 지으며, 촛불을 켜고 독서를 합니다. 한 마디로 말하자면 아미시 사람들은 현대 문명의 이기를 멀리하는 사람들입니다. 그들은 검정색 옷을 입으며 여성들은 항상 머리에 수건을 쓰고 다닙니다. 그곳 여성들이 매우 조용한 편이라고 해도 별로 틀리지 않을 것입니다.

위의 성경 구절에서 요구하는 것이 이런 모습일까요? 비록 아미시 사람들에 대해서 감탄하고는 있지만 나는 여전히 보라색이나 빨강색, 연노랑색 또는 내 마음에 드는 색으로 된 옷을 입고 싶어합니다. 그러나 진실한 아름다움은 이러한 것들 속에 존재하지 않음을 깨닫습니다. 참된 아름다움은 바로 우리의 내면에서 나오는 것입니다. 나이가 들수록 나는 이런 이야기를 듣는 것이 더 행복하게 느껴집니다.

그렇다면 내면의 아름다움은 무엇으로 채워야 할까요? 성경에서 권하는 온유하고 고요한 마음은 어떤 것일까요? 예수 그리스도께서 말씀하신 것을 살펴봅시다. "나는 마음이 온유하고 겸손하니 나의 멍에를 메고 내게 배우라 그러면 너희 마음이 쉼을 얻으리니 이는 내 멍에는 쉽고 내 짐은 가벼움이라 하시니라"(마 11:29-30)

예수님이 온유하신 것처럼 우리도 온유해져야만 합니다. 다른 사람을 대할 때 온유해질 수 있는 유일한 방법은 우리가 겸손한 마음을 갖는 것입니다. "모든 겸손과 온유로 하고 오래 참음으로 사랑 가운데서 서로 용납하고"(엡 4:2) 여기에 대해서 앤드류 머레이는 이렇게 설명하고 있습니다.

> 그리스도는 하나님 앞에서 스스로 겸손하셨기에, 그리고 하나님께서는 그리스도 앞에서 겸손하셨기에, 그리스도는 인간들 앞에서 스스로 겸손해지실 수 있음을 알게 되었습니다. 그리스도는 모든 이의 종이 되실 수 있었습니다. 그리스도의 겸손은 단지 자신을 하나님께 드리는 것이었습니다. 그럼으로 하나님께서 자신 안에서 하나님의 기뻐하시는 뜻대로 하실 수 있도록 허락해 드리는 것이었습니다. 주위를 둘러싼 사람들이 자신에 대해 무엇이라고 말하든, 어떻게 행동하든 상관치 않고 하나님의 뜻을 따르신 것입니다.
> 그러한 마음의 상태에서, 그러한 영혼과 뜻 가운데서 그리스도의 구원은 덕과 효력을 가진 것입니다. 그리스도의 구원은 하나님께서 우리를 그리스도와 함께 참예하는 사람으로 만드셨다는 섭리를 우리에게 가져다주기 위함입니다. 이것이야말로 우리의 구세주가 우리에게 요구하시는 진실한 자아부정으로서, 하나님께서 채우실 수 있는 빈 그릇으로 있을 때를 제외하고는 우리 속에 선한 것이 없다는 것을 인식하는 것입니다. 그기에 자신이 할 수 있다거나 자신이 뭔가를 해야 한다는 주장은 단 한 순간도 허용될 수 없을 것입니다. 또 무엇보다도 중요한 것은 예수님과 일치를 이루는 것에 있다는 말입니다. 우리 자신은 아무것도

아니며 아무것도 할 수 없기에 하나님께서 전부가 되신다는 것입니다. 여기에 우리의 진실한 겸손의 뿌리와 본질이 있습니다. 우리는 반드시 예수님이 얼마나 온유하시고 겸손한 마음을 가지셨는지에 대해서 배워야만 합니다. 모든 일을 이루시는 분은 하나님이시며 우리의 할 일은 그분께 순복하는 것뿐이라는 지식이야말로 진정한 겸손을 낳으며 겸손의 힘을 얻는다는 사실을 예수님은 가르쳐 주십니다.

– 앤드류 머레이, 『겸손』(*Humility*)

온유는 내면의 실체를 바깥으로 표현하는 것입니다. 즉 겸손한 마음과 자신을 비우고 하나님께 순종하는 삶에서 나오는 것입니다. 그렇기에 성경은 "너희 관용을 모든 사람에게 알게 하라 주께서 가까우시니라"(빌 4:5)고 권고하고 있습니다.

절제

지금부터 시작하는 부분은 누군가가 나를 위해서 대필이라도 해 주었으면 좋겠습니다. 사실 내 삶 속에 가장 많은 골칫덩어리를 제공하는 것이 있다면 바로 절제가 부족하다는 점입니다. 나는 내 혀를 제대로 통제하지 못하기에 바보스럽고 조리 없는 말들을 함부로 해서 다른 사람들에게 상처를 주고 나 자신 역시 궁지에 몰아넣을 때가 있습니다. 또 넘치는 식욕을 절제하지 못해서 목욕탕에서는 저울과 전쟁을 벌이기도 합니다. 내 활동 범위를 제대로 조절하지 못해서 언제나 양 극단의 삶, 즉 아무 일도 하지 않거나 일을 너무 많이 하는 식의 삶을 살고 있습니다. 그래서 종종 사람들에게 내가 혼수상태 아니면 광분, 이렇게 두 가지 속도만을 가지고 있다고 말합니다. 그러나 그 어느 것도 하나님께서 기뻐하지 않으십니다.

그러나 그런 점에 대해서 생각해 볼 때, 나는 절제에 대해서 나누고 싶은 약간의 지혜가 있습니다. 어떻게 하면 절제력을 잃게 되는지를 지금껏 배워 왔다고 할 수 있기 때문입니다. 그리고 어떤 방법이 절제에 효과가 없는지도 잘 알고 있습니다. 그것은 외면의 모습부터 바꾸려고 노력하는 태도입니다. 이를테면 억지로 조용히 하려고 애써 보기도 하고, 독서를 하거나 세미나에 참석함으로써 완벽한 사람이 되려고 노력하기도 합니다. 또는 다이어트 프로그램이나 에어로빅 교실에 등록해서 날씬해지려고 안간힘을 다 써 보는 것 등이 절제력을 잃게 되는 방법의 좋은 예입니다.

절제를 얻기 위한 방법 중 외관상의 시도는 오래 지속되지 못할 것입니다. 우리의 내면부터 변화를 시작해야만 합니다. 그러므로 당신 자신이나 다른 어떤 프로그램에 의지하지 말고 하나님을 바라보십시오. 절제는 성령의 열매입니다. 당신이 성령으로 충만해질수록 당신의 절제력 또한 점점 향상될 것입니다. 당신은 어떨지 모르지만 나는 이렇게 말하고 싶군요. "절제력으로 가득 채워 주세요!"

1. 당신은 자신이 충성스러운 사람이라고 생각합니까, 아니면 두 의견 사이에서 머뭇거리고 있다고 생각합니까? 아마도 당신은 정신적으로는 믿음 위에 굳건히 서 있을 것입니다. 그렇지만 실제 생활에서는 어떤 식으로 살아가고 있습니까?

2. 당신은 다른 사람들을 온유하게 대할 수 있을 만큼 겸손합니까?

3. 절제가 부족하여 씨름하고 있습니까? 어느 부분에서 애쓰고 있습니까? 자신의 문제점을 다시 한 번 짚어 보고 하나님께 도움을 청하십시오. 이 점을 꼭 기억하십시오. 인간적인 프로그램들이 아니라 성령이 당신의 부족한 부분을 위해 일하고 계시는 것입니다.

4. 당신은 자신의 삶 속에서 점점 더 자라나는 성령의 열매를 보고 있습니까? 너무 빨리 대답하려 하지 말고, 하나님 앞에 나아가서 각 열매의 특성들을 묵상해 보십시오. 하나님께서 당신의 어느 부분이 성장해야 하는지 가르쳐 주실 것을 청하십시오. 그리고 당신이 들은 바를 적으십시오.

5. 오늘의 공부를 통해서 배운 중요한 교훈은 무엇입니까?

 요점 정리

• 당신이 믿는다고 말한 것들을 정말 믿는 것처럼 충성되게 살아가십시오.

• 다른 사람들을 온유함으로 대할 수 있을 만큼 겸손하십시오.

• 절제란 덕목은 어떤 프로그램을 통해서는 얻을 수 없습니다. 바로 성령께서 주시는 것이기 때문입니다.

다 · 섯 · 째 · 날
그릇을 다시 채우는 시간

"여호와 너의 하나님께서 네게 명한 대로 안식일을 지켜 거룩하게 하라 엿새 동안
은 힘써 네 모든 일을 행할 것이나 제 칠일은 너의 하나님 여호와의 안식인즉"(신
5:12-14상)

왕년의 인기가수 잭슨 브라운(Jackson Browne)이 부른 "허공에의
질주"(Running on Empty)라는 노래가 생각납니까? 아마도 이것은 많
은 사람들이 시도하고 있는 모습일 것입니다. 우리는 더는 할 수 없을 때
까지 달리고 또 달리고, 하고 또 합니다. 불행히도 철저히 고갈될 때까지
달리다 보면 재난은 공식처럼 따라옵니다. 예를 들어서 당신의 차에 기
름이 들어 있지 않다면 차의 엔진이 망가지기까지는 그리 오래 걸리지
않을 것입니다. 그렇게 될 경우 당신은 새로 엔진을 교체하든가 아니면
새 차를 사야 한다는 두 가지 값비싼 선택의 기로에 서게 됩니다.

물론 이 시나리오 중 우리를 가장 우울하게 만드는 부분은 이런 재난이 있기 전에 우리가 미리 기름을 넣거나 점검을 할 수도 있었고, 아니면 윤활유를 넣어서 미리 방지할 수 있었다는 점입니다. 그러나 불행히도 당신은 너무 오래 방치해 놓았고, 아주 간단한 조치들로 예방할 수 있었는데도 이제는 완전히 쓸모가 없게 되었습니다.

우리의 영도 이와 같습니다. 우리의 영은 채우고 기름칠하고 잘 점검해야 하는 그릇인 것입니다. 만일 일상적인 영적 점검을 하지 않고 우리의 영적 탱크를 다시 채우는 일을 게을리 한다면, 우리는 결국 고갈되고 말 것입니다. 이렇게 되는 것은 시간 문제입니다. 텅 빈 그릇은 아무 데도 갈 수 없습니다. 수리도 받지 못한 채 길가에 버려져 있을 뿐, 그 어디에도 갈 수 없습니다. 바로 그런 이유에서 안식일을 지키는 것은 매우 중요한 일입니다.

안식일은 쉬면서 그저 누워 있거나, 그동안 미루어 놓은 집안일을 하는 날이 아닙니다. 안식일은 우리가 어디에 서 있는지, 그리고 장차 우리가 어디로 가기를 하나님께서 원하시는지 생각해 보는 날입니다. 이 과정을 활성화하기 위해서 나는 '주간 평가 보고서'라는 것을 고안해 냈습니다. 고요한 주일 오후, 조용한 곳에 앉아서 내 마음과 정신을 모아 지난 한 주를 어떻게 지내 왔는지 반성할 때 하나님께서는 종종 가장 확실하게 내게 말씀을 들려 주십니다. 우리는 매우 자주 회오리바람처럼 조급하게 살아갑니다. 선한 의도가 있지만 시간은 우리가 한숨을 돌릴 틈도 주지 않고 빨리 지나가 버립니다.

이에 대한 가장 이상적인 해답은 당신이 조용한 장소와 시간을 가져야 한다는 것입니다. 만일 날씨가 허락한다면 공원이나 야외로 나가서 시간을 가져 보는 것도 더할 나위 없이 좋은 방법입니다. 주간 달력을 마련해서 당신이 참석한 행사와 만난 사람들에 대해 되돌아보십시오. 하나님께서 당신의 기억력을 새롭게 해 주시기를, 그리고 하나님께서 당신을 통해 역사하실 수 있었던 순간들 또는 당신이 자신의 생각대로 처리해야만 하던 순간들을 하나님께서 상기시켜 주시기를 기도하십시오.

이 과의 마지막에는 주간 평가 보고서의 예가 나와 있습니다. 당신 스스로 반성을 위한 문항을 작성해 보는 것도 좋습니다. 한 가지 중요한 점은 이 시간을 다시 채움을 받는 시간으로 활용해야 한다는 것입니다. 어떤 주에는 당신의 대답이 자신을 실망시키기도 할 것입니다. 반성하는 과정이 고통스러울 수도 있습니다. 그러나 아주 필요한 과정입니다. 90세가 넘은 노인들을 대상으로 당신이 더 오래 살 수 있다면 지금까지 살아온 것과 어떻게 다르게 살기를 원하느냐는 설문 조사를 실시한 연구가 있었습니다. 세 가지 대답 중 가장 많이 나온 대답은 좀 더 반성할 시간을 가지면서 살고 싶다는 것이었습니다. 반성하고 다시 채움으로써 당신은 계속해서 하나님께서 쓰시는 그릇이 될 수 있습니다.

주간 평가를 완전히 끝내고 나면 다가오는 주에 당신이 우선권을 두고 할 일들을 포스트잇에 적어서 눈에 가장 잘 띄는 곳에 붙여 놓으십시오.

이번 주를 통해서 우리는 채워짐의 중요성을 알아보았고 하나님의 성령이 주시는 생수로 우리가 늘 다시 채워져야 함도 알게 되었습니다. 우리의 그릇이 얼마나 충만한지 혹은 얼마나 텅 비었는지를 평가할 수 있는 가장 정확한 기준을 위해 우리는 성령의 열매들을 살펴보았습니다. 우리가 생수로 채워지면 채워질수록 우리의 삶은 더욱더 풍성한 열매를 거둘 수 있을 것입니다. 그리고 오늘 우리는 휴식과 반성의 안식일을 가지는 것이 그릇을 다시 채울 수 있는 생명력 넘치는 과정임을 알게 되었습니다. 만일 당신이 하나님께 쓰임받기를 원한다면 당신의 그릇이 넘치도록 늘 가득 채우십시오.

주간 평가 보고서

1. 나는 언제나 하나님의 목소리에 귀 기울이고 있습니까? 하나님께서는 내게 어떤 말씀을 하고 계십니까?

2. 당신은 성령의 열매인 사랑, 희락, 화평, 오래 참음, 자비, 양선, 충성, 온유와 절제를 당신의 삶 속에서 점점 더 많이 맺고 있습니까? 어느 열매가 가장 커지고 있습니까? 그리고 어떤 열매에 기도가 더 필요합니까?

3. 경건의 시간들을 통해서 하나님께서 내게 가르쳐 주시는 것은 무엇입니까?

4. 내가 살아가는 데 가장 우선순위를 두어야 할 것들은 무엇입니까?

5. 어떤 우선순위를 무시하며 살아왔습니까?

6. 내 삶과 하나님, 내 가족, 그리고 주위 사람들에 관해서 새로이 배운 것에는 어떤 것들이 있습니까?

7. 다음 주에 내가 특히 우선순위를 두어야 할 구체적인 일(하나님께서 내게 가르쳐 주시는 일)은 무엇입니까?

하나님께서 쓰실 수 있는 그릇이 되기 위한 네 번째 조건은
성령의 생수로 충만해지고 또 끊임없이 충만해지는 것입니다.

1. 안식일을 거룩하게 보내기 위해서 당신에게 어떤 변화가 필요할까요?

2. 당신이 다시 채워지기 위해서 하나님께서는 그밖에 또 어떤 도전을 당신에게 주고 계십니까?

3. 지난 한 주간의 주간 평가 보고서를 완성하십시오. 그리고 거기에 대한 당신의 느낌을 적어 보십시오.

4. 오늘의 공부를 통해서 배운 가장 중요한 교훈은 무엇입니까?

5. 이번 주의 주제는 무엇이었습니까?

6. 하나님께서 쓰실 수 있는 그릇이 되기 위한 네 번째 조건은 무엇입니까?

 요점 정리

• 안식일을 거룩하게 지킬 때 우리는 자신이 어디에 머무르고 있는지, 하나님께서 우리에게 가르쳐 주시는 방향이 어디인지를 돌아보는 시간을 가지게 됩니다.

• 우리가 하나님께서 쓰실 수 있는 그릇으로 남아 있기 위해서는 그릇을 다시 채우는 것이 무척 중요합니다.

하나님의 음성을 기다리기

이번 주의 주제

⋮

하나님의 음성을 기다림

이번 주의 핵심 성경 구절

⋮

"나 곧 내 영혼이 여호와를 기다리며 내가 그 말씀을 바라는도다 파수꾼

이 아침을 기다림보다 내 영혼이 주를 더 기다리나니

참으로 파수꾼의 아침을 기다림보다 더하도다" (시 130:5-6)

첫 · 째 · 날

백성들에게 말씀하시는 하나님

이번 주에 우리는 다섯 가지 요구 사항을 잠시 접어 두고 하나님의 말씀을 들을 수 있는 놀라운 특권에 대해서 중점적으로 공부할 것입니다. 1989년, 내가 이 책을 헌정하기로 한 린 리엔스트라가 나에게 헨리 블랙커비(Henry Blackaby)의 성경 공부 교재인 『하나님을 경험하는 삶』(*Experiencing God*)이라는 책을 보내 주었습니다. 책과 함께 들어 있는 메모에는 그녀가 이때까지 접해 본 책들 중 이것이 자신의 삶에 가장 많은 변화를 준 책임을 보장한다고 적혀 있었습니다. 린이 보장하는 것이면 어떤 것이든 나는 관심이 있었습니다. 그래서 나는 즉시 그 책으로 공부를 시작했습니다. 네 번째 주를 끝내기도 전에 나는 린의 말이 맞다는 것을 알 수 있었습니다. 그래서 나는 출판사에 그 책 스무 권을 주문했고, 내가 가장 사랑하는 사람들에게 즉시 나누어 주었습니다.

나는 이 글을 쓰면서 우리 교회에 다니는 여성도들과 함께 『하나님을 경험하는 삶』을 다시 공부하고 있습니다. 이것으로 나는 벌써 네 번째 그 책을 보는 것이지만, 볼 때마다 내게 큰 힘이 되고 있습니다. 내가 이 책에 대해서 이렇게 길게 이야기하는 까닭은, 이번 주 우리가 공부할 부분에 대해서 헨리 블랙커비 목사님에게 많은 빚을 지고 있기 때문입니다. 그가 내게 미친 영향력은 실로 대단한 것이었고, 이 책의 전체에 걸쳐 있다고 해도 과언이 아닙니다.

블랙커비 목사님도 말했듯이 우리가 이번 주에 함께 공부할 내용의 기본 전제는 바로 이것입니다. 즉 하나님께서 자기 백성들에게 항상 말씀해 오셨다는 것입니다. 하나님께서는 지금도 자신의 백성들에게 말씀하고 계십니다. 하나님께서는 바로 당신에게도 말씀하십니다. 그러나 당신이 귀를 기울이고 있지 않을 수도 있습니다. 아마도 당신은 어떻게 들을 수 있는지를 확실히 모르거나 또는 당신이 들어야만 하는 것이 무엇인지 모를 수도 있을 것입니다. 어쩌면 너무 바쁜 나머지 귀를 기울일 시간이 없을지도 모릅니다.

당신은 늘 빠짐없이 하나님 앞에서 경건의 시간을 갖고 있습니까? 당신은 하나님 앞에 조용히 나아가는 시간을 가지려고 노력을 해 본 적이 있습니까? 당신은 하나님의 목소리에 적극적으로 귀를 기울이고 있습니까? 만일 당신이 아직 한 번도 하나님의 목소리를 귀담아 들으려고 한 적이 없었다면, 하나님의 목소리를 한 번도 들어 보지 못한 것에 대해 의아하게 생각하지 마십시오. 아마 당신은 하나님께서 침묵하고 계시거나 아니면 적어도 하나님께서 당신에게 하실 말씀이 없으실 것이라고 생각할 것입니다. 그러나 안심하십시오. 하나님께서는 당신과 대화를 나누고 싶어 하십니다. 하나님께서는 당신이 하나님의 말씀을 듣고, 하나님과 친밀하게 교제하기를 바라십니다.

어떤 경우든, **하나님께서 말씀하시는 것을 당신이 들을 수 없다면, 그리스도인으로서 당신 삶의 중심부에 근본적인 문제가 있는 것입니다.** 하나님께서 하시는 말씀을 당신이 들을 수 없다면, 그 문제는 하나님께 있는 것이 아니라 바로 당신에게 있기 때문입니다.

좀 가혹한 이야기이긴 하지만 가끔씩 사랑은 엄격함을 내포해야 한다고 생각합니다. 그리고 우리가 7주간을 함께 보낸 지금, 내가 꾸밈없이 친구처럼 있는 그대로 말하고 있다는 것을 알게 되었을 것입니다. 나는 당신을 사랑하기에 진실을 이야기하고 있는 것입니다. 10주 동안 함께 하는 이 공부 중에서 지금 다루고 있는 문제만큼 중요한 것은 없습니다. 지금 모든 것을 중단하고 하나님께 응답하는 기도를 아래의 공간에 적어 보십시오. 하나님의 말씀을 들을 수 있도록 해 주심에 감사하는 기도나 아니면 당신의 마음을 열어 주셔서 하나님의 음성을 들을 수 있도록 해 달라고 간구하십시오. 나는 당신에게 약속할 수 있습니다. 하나님께서는 기꺼이 그 기도를 들어주실 것입니다! 하나님께서는 말씀하고 계시며 당신이 듣기를 원하십니다.

....

....

....

....

....

....

나는 기도를 적거나 일기를 적는 것이 하나님의 목소리를 들을 수 있는 가장 효과적인 방법 중 하나라는 것을 믿고 있습니다. 펜을 들어 종이 위에 쓰기 시작할 때, 우리의 아이디어들이 가슴속 깊은 곳에서 샘솟듯 흘러 나올 것입니다. 말로 하는 것이 두려울 때 우리는 글로 쓰는 방법을 통해서 마음의 문을 엽니다. 그리고 글쓰기는 산만한 우리의 마음을 집중시켜 주는 역할을 합니다. 한 주 동안 당신의 기도를 적어 보십시오. 그리고 기도를 씀으로써 얻을 수 있는 변화를 지켜보십시오.

구약을 통해서 하나님께서 어떻게 말씀하셨는지에 관해 성경에 나오는 증거들을 살펴봅시다. "옛적에 선지자들로 여러 부분과 여러 모양으로 우리 조상들에게 말씀하신 하나님이"(히 1:1) 특히 하나님께서는 아래에 나열한 방법으로 말씀하셨습니다.

- 천사들 (창 16)
- 이상 (창 15)
- 꿈 (창 28:10-19)
- 불타는 떨기나무 (출 3:2)
- 우림과 둠밈의 사용 (출 28:30)
- 상징적인 활동 (렘 18:1-10)
- 세미한 소리 (왕상 19:12)
- 기적의 표징 (출 8:20-25)

"구약 시대에 하나님께서 어떤 방법으로 말씀하셨는가 하는 것은 그리 중요한 문제가 아니다. 다만 하나님께서 말씀하셨다는 그 자체가 중요한 것이다. 하나님의 말씀을 들은 자들은 그분이 하나님이신 것과 무슨 말씀을 하시는지를 알았다."[2]

---

2) Henry Blackaby, *Experiencing God*, p. 73.; 헨리 블랙가비, 「하나님을 경험하는 삶」, 문정민 역(서울: 요단출판사, 1997).

복음서에서 하나님께서는 예수님을 통해서 직접 말씀하셨습니다. 예수님은 하늘로 올라가시면서 대신 성령을 약속하셨는데, 그때부터 오늘날에 이르기까지 하나님께서는 성령을 통해서 우리에게 말씀하고 계십니다. "그러하나 진리의 성령이 오시면 그가 너희를 모든 진리 가운데로 인도하시리니 그가 자의로 말하지 않고 오직 듣는 것을 말하시며 장래 일을 너희에게 알리시리라"(요 16:13)

우리는 하나님께서 마치 모든 일을 비밀리에 진행하시면서 하늘의 권좌 위에 팔짱을 끼고 앉아 "너희들이 스스로 알아서 해결하여라."고 말씀하시는 것처럼 생각하는 경향이 있습니다. 그러나 이것은 결코 진실이 아닙니다. 하나님께서 얼마나 많은 기적들을 우리를 위해서 준비하셨고 약속하신 말씀대로 이루셨는지 당신은 깊이 생각해 본 적이 있습니까? 만일 하나님께서 부재중이시라면 그 모든 문제들을 어떻게 주관하실 수 있겠습니까?

미약한 인간인 당신이라 할지라도 자신의 자녀를 그런 식으로 취급하지는 않을 것입니다. 아이들을 이 세상에 낳아 놓고는 말 한마디도 건네지 않고, 가르치지도 않고, 어떤 위안이나 사랑도 베풀지 않을 부모가 어디에 있겠습니까? 자신의 자녀와 깊은 사랑의 관계를 맺기 원하지 않는 부모가 과연 있을까요? 깊은 사랑의 관계에는 지속적이고 분명한 대화가 필요하다는 사실은 매우 자명한 일입니다. 하물며 우리의 아버지 되신 하나님께서 자녀인 우리들과 대화할 수 있기를 더 원하시지 않겠습니까?

만일 당신이 자녀들에게 아무런 교육을 시키지 않는다면, 당신의 자녀들이 얼마나 많은 문제들을 일으키고 다니게 될지 상상해 본 적이 있습니까? 그들의 삶은 완전히 엉망진창이 될 것입니다. 하나님의 자녀인 우리도 마찬가지입니다. 만일 우리가 하나님께 가르침을 받지 못한다면, 우리의 삶은 그야말로 엉망진창이 될 것이라는 사실을 우리는 반드시 명심해야 합니다. 그러나 불행히도 우리들 대부분은 하나님의 목소리를 들을 수 있다는 사실에 대한 가능성조차도 고려하지 않습니다. 우리는 오로지 자신이 좋아하는 길로만 가면서 생각나면 어쩌다 한 번씩 하늘나라로 기도를 던져 올립니다. "좋으신 하나님, 엉망진창인 제게 축복을 내려 주세요." 하고 말입니다.

이 세상에서 일을 엉망진창으로 만드는 데 세계 최고의 전문가라고 할 수 있는 내 말을 꼭 새겨들으시기 바랍니다. 하나님께서는 더 좋은 방법을 가지고 계십니다. 만일 당신이 하나님의 목소리에 귀 기울여 순종한다면, 하나님께서는 당신의 삶을 위해서 아주 특별한 가르침을 주실 것입니다. 그동안 어떤 특별한 문제에 대해서 하나님의 분명한 지시를 받지 못했다면, 당신은 이제 어떻게 하겠습니까? 계속 당신의 고집대로 일해 나갈 것입니까? 그렇게 해서는 안 됩니다. "만일 하나님께 어떤 문제에 대한 명확한 가르침을 받아 오지 못했다면, 기도하면서 기다려야 한다. 인내를 배워라. 하나님의 시간에 의지하라. 하나님의 시간은 1분 1초도 틀림없는 가장 정확한 시간이다. 서두르지 마라. 아마도 하나님께서는 당신이 오로지 하나님만을 찾을 때까지 방향을 제시하지 않고 기다리실 것이다. 다른 일을 하느라고 하나님과의 교제를 빠뜨리는 일은 삼가야 한다. 하나님께서는 당신이 하나님을 위해서 무엇을 해 드릴 수 있는지의 여부보다도 당신과 사랑의 교제를 나누시는 데 더 많은 관심을 가지고 계신다."[3]

하나님께서는 지금도 말씀하고 계십니다. 하나님께서는 당신을 사랑

---

3) *Ibid.*, p. 75.

하시며 당신과 대화하기를 원하십니다. 자, 잘 들어 보십시오!

1. 하나님께서 자기 백성들에게 말씀하시고 계심을 어떻게 알 수 있습니까?

2. 역사를 돌아볼 때 하나님께서 자신의 백성들에게 말씀해 오신 방법들을 몇 가지로 정리해 보십시오.

3. 하나님께서 말씀해 오신 방법들이 더 중요합니까, 아니면 하나님께서 실제로 말씀하고 계시다는 그 사실이 더 중요합니까? 왜 그럴까요?

4. 고민하던 문제에 대해서 하나님의 분명한 가르치심을 받았을 때의 일을 생각해 보십시오. 결과는 어떠했습니까?

5. 중요한 결정을 앞두고 있을 때, 또는 결정적인 단계를 진행할 때 하나님과 상의하지 못한 경우를 생각해 보십시오. 그 결과는 어떠했습니까?

6. 30분을 따로 떼어서 고요한 가운데 하나님의 음성에 귀를 기울여 보십시오. 성경을 묵상할 수도 있고 평화스러운 곳을 산책할 수도 있습니다. 아니면 당신의 기도 골방으로 가십시오. 그리고 하나님께서 당신에게 말씀하셨다고 믿는 바를 기록하십시오. 만일 당신이 어떤 소리도 듣지 못했다고 해서 당황하지 마십시오. 우리에게는 아직 네 과가 더 남아 있으며, 그리고 당신은 영원토록 하나님의 음성을 들을 수 있기 때문입니다.

7. 오늘의 공부를 통해서 배운 중요한 교훈은 무엇입니까?

 요점 정리

- 하나님께서는 자신의 백성들에게 늘 말씀해 오셨습니다. 그리고 지금도 말씀하고 계십니다.
- 하나님께서는 당신의 삶을 위해서 구체적인 가르침을 주실 것입니다. 그러나 당신은 반드시 하나님의 때를 기다려야 합니다.
- 하나님께서는 지속적으로 당신과 사랑의 교제를 나누고 싶어하십니다.
- 만일 당신이 하나님의 말씀을 들을 수가 없다면, 그리스도인으로서 생활하는 삶의 핵심에 문제가 있는 것입니다.

둘·째·날

나귀를 통해 말씀하시는 하나님

하나님께서 자신의 백성들에게 말씀하실 때 쓰실 수 있는 수단에는
제한이 없습니다. 만약 우리가 기도나 말씀 묵상을 통해서 하나님의 음
성을 듣지 않는다면, 하나님께서는 좀 더 창조적인 방법으로 대처하실
것입니다. 하나님께서 나귀를 통해서 말씀하시던 때처럼 말입니다.

"발람이 아침에 일어나서 자기 나귀에 안장을 지우고 모압 귀족들과 함께 행하니
그가 행함을 인하여 하나님께서 진노하심으로 여호와의 사자가 그를 막으려고 길
에 서니라 발람은 자기 나귀를 타고 그 두 종은 그와 함께 있더니 나귀가 여호와의
사자가 칼을 빼어 손에 들고 길에 선 것을 보고 길에서 떠나 밭으로 들어간지라 발
람이 나귀를 길로 돌이키려고 채찍질하니 여호와의 사자는 포도원 사이 좁은 길
에 섰고 좌우에는 담이 있더라 나귀가 여호와의 사자를 보고 몸을 담에 대고 발람
의 발을 그 담에 비비어 상하게 하매 발람이 다시 채찍질하니 여호와의 사자가 더
나아가서 좌우로 피할 데 없는 좁은 곳에 선지라 나귀가 여호와의 사자를 보고 발
람의 밑에 엎드리니 발람이 노하여 자기 지팡이로 나귀를 때리는 지라 여호와께

서 나귀 입을 여시니 발람에게 이르되 내가 네게 무엇을 하였기에 나를 이같이 세 번을 때리느뇨 발람이 나귀에게 말하되 네가 나를 거역하는 연고니 내 손에 칼이 있었더면 곧 너를 죽였으리라 나귀가 발람에게 이르되 나는 네가 오늘까지 네 일 생에 타는 나귀가 아니냐 내가 언제든지 네게 이같이 하는 행습이 있더냐 가로되 없었느니라 때에 여호와께서 발람의 눈을 밝히시매 여호와의 사자가 손에 칼을 빼어들고 길에 선 것을 보고 머리를 숙이고 엎드리니 여호와의 사자가 그에게 이 르되 너는 어찌하여 네 나귀를 이같이 세 번 때렸느냐 보라 네 길이 내 앞에 패역 하므로 내가 너를 막으려고 나왔더니 나귀가 나를 보고 이같이 세 번을 돌이켜 내 앞에서 피하였느니라 나귀가 만일 돌이켜 나를 피하지 아니하였더면 내가 벌써 너를 죽이고 나귀는 살렸으리라 발람이 여호와의 사자에게 말씀하되 내가 범죄하 였나이다 당신이 나를 막으려고 길에 서신 줄 내가 알지 못하였나이다 당신이 이 를 기뻐하지 아니하시면 나는 돌아가겠나이다"(민 22:21-34)

이 이야기에는 많은 놀라운 일들이 담겨 있습니다. 물론 그 중에서 가장 눈에 띄는 이야기는 말하는 나귀입니다. 나는 강연 스케줄이 잡힐 때마다 이 성경 구절을 다시 읽어 봅니다. 하나님께서 나를 통해서 말씀 하시는 이유는 내가 뛰어난 믿음의 대가여서가 아니라는 사실을 이 구 절을 읽음으로써 다시 한 번 상기하게 됩니다. 하나님께서는 나귀를 통 해서도 말씀하십니다. 그리고 대체로 나는 나 자신이 영적 거인들보다 도 이 나귀와 더 많은 공통점을 갖고 있다고 생각합니다. 아직도 하나님 께서 쓰실 수 있는 그릇이 되기 위해 완벽한 사람일 필요가 없다는 사실 을 확신하지 못하고 있다면, 이보다 더한 증거가 어디에 있겠습니까? 당신이 **완벽한** 사람이 될 필요도 없지만, 하나님께서 쓰시는 데는 굳이 완벽한 **사람**일 필요조차 없습니다.

이 이야기에서 정말로 내가 관심 있는 부분은 발람의 반응입니다. 그 는 단 한 번의 용서도 없이 나귀를 때립니다. 그는 나귀가 그런 행동을 할 때 '오늘 좀 이상하네. 여기에서 무슨 일이 있나?' 하는 생각도 해 보지 않았습니다. 그런데 우리들 역시 이렇게 행동하고 있습니다. 하나님께서는 우리의 주의를 끄시기 위해서 우리가 가는 길에 가장 특별한 상황들을 주십니다. 그러나 우리는 아무런 생각 없이 어슬렁대면서 지나가고 있습니다. 신약성경에서는 발람의 사건에 대한 또 다른 통찰을 제공해 줍니다.

> "저희가 바른 길을 떠나 미혹하여 브올의 아들 발람의 길을 좇는도다 그는 불의의 삶을 사랑하다가 자기의 불법을 인하여 책망을 받되 말 못 하는 나귀가 사람의 소리로 말하여 이 선지자의 미친 것을 금지하였느니라" (벧후 2:15-16)

물질을 추구하다가 하나님의 음성에 귀를 닫아 버린다는 사실이 놀랍지 않습니까? 우리 주위에 있는 모든 것들이 "그만!"이라고 외치고 있다 해도 우리는 들으려 하지 않습니다. 마치 자신의 결혼 생활이 파멸의 종국을 향해 치닫고 있는 것도 모른 채 일에만 중독되어 있는 여성과도 같습니다. 그녀의 아이들은 마약에 중독되어 통제가 불가능한 상태이고, 집은 심각하게 방치되어 왔으며, 그녀에게는 친구도 없고 직장 외의 삶도 존재하지 않습니다. 스트레스는 쌓이다 못해 폭발 직전에 이르렀습니다. 의사는 그녀에게 그러다가 곧 정신쇠약 증세에 시달리게 될 것이라고 경고합니다. 그러나 그녀는 결코 잠시라도 멈추어 서서 이렇게 말하지 않습니다. "잠깐만! 나는 지금 잘못된 길로 가고 있는 것이 확실해. 아마도 하나님께서 내게 무엇인가를 말씀하시는 것 같아."

우리는 장애물과 맞닥뜨릴 때마다 대개 발람과 같은 반응을 보입니다. 우리는 가장 가까이에 있는 사람이면 누구든지, 또는 무엇이든지 걸고넘어집니다. 우리는 목표를 두고 추구해 왔기에 그 길에 방해가 되는 것에는 무조건 분노합니다.

여기에 바로 우리가 깊이 생각해야 보아야 할 아이러니가 있습니다.

하나님께서 우리를 위해서 적재적소에 장애물을 두신 그때에도, 우리는 하나님께 그 장애물을 제거해 달라고 구한다는 것입니다. 다음에 당신이 하나님께 상황을 바꾸어 주실 것을 기도드리고 싶을 때는 잠시 멈추고 한번 생각해 보십시오. 아마도 하나님께서는 당신의 상황이 아니라 바로 당신이 바뀌기를 원하시고 계실지도 모릅니다.

삶이 비껴 나가는 것은 하나님께서 당신에게 말씀하고 싶어 하신다는 힌트입니다. 그러니까 정신을 바짝 차리십시오! 그리고 기도하십시오. 하나님의 말씀을 공부하십시오. 신앙이 깊은 형제자매에게 조언을 구하십시오. 우리가 처한 상황에만 완전히 의지해서는 안 된다는 것은 두말할 필요도 없습니다. 그러나 성령이 하나님의 말씀을 통해서, 그리고 기도와 동료 성도들을 통해서 말씀하시는 바에 비추어 우리가 처한 환경을 평가할 때, 우리는 하나님께서 말씀하고 계시는 명확한 가르침을 얻을 수가 있는 것입니다.

당신에게 지금 말을 걸고 있는 나귀는 주위에 없습니까? 귀를 기울여서 잘 들어 보십시오!

1. 발람의 나귀가 그에게 말하기 시작했을 때, 발람은 어떻게 반응했습니까?

2. 발람의 반응은 왜 유별났습니까? 그 이야기를 통해서 볼 때 발람의 마음 상태는 어떠했습니까? 그러던 그가 어떻게 해서 하나님의 말씀을 듣게 되었습니까?

3. 어떤 상황을 통해서 하나님께서 우리에게 뭔가를 말씀하실 때, 우리로 하여금 귀를 닫게 만드는 두 가지는 무엇입니까? 두 가지 이외의 다른 것도 생각나는 것이 있습니까?

4. 당신이 삶을 살아가면서 경험한 일들 중 가장 특별한 상황은 어떤 것이었습니까? 그 경험을 통해서 하나님께서는 무엇을 가르쳐 주셨습니까?

5. 하나님께서 당신과 대화하기 위해 사용하신 방법 중 가장 특별한 방법은 무엇이라고 생각합니까?

6. 당신이 나아가는 길에 혹시 말하는 나귀가 나타나지는 않았습니까? 지금 어렵고 특별한 상황에 처해 있지는 않습니까? 하나님께서 당신에게 하시고자 하는 말씀은 무엇일까요?

7. 오늘의 공부를 통해서 배운 중요한 교훈은 무엇입니까?

 요점 정리

- 하나님께서는 당신과 대화하시기 위해 말하는 나귀뿐 아니라 그 어떤 것이라도 선택해서 사용하실 수 있으십니다.
- 당신이 처한 상황을 잘 살펴보십시오. 하나님께서는 그 상황들을 통해서 당신에게 어떤 말씀을 하고 계시는지도 모릅니다.

셋 · 째 · 날

성경을 통해 말씀하시는 하나님

"모든 성경은 하나님의 감동으로 된 것으로 교훈과 책망과 바르게 함과 의로 교육하기에 유익하니 이는 하나님의 사람으로 온전케 하며 모든 선한 일을 행하기에 온전케 하려 함이니라" (딤후 3:16-17)

셋째 주에 우리는 하나님의 말씀을 통해 하나님을 아는 중요성에 대해서 공부했습니다. 오늘은 그 주제를 약간 다른 각도에서 다루어 보겠습니다. 하나님의 말씀을 공부함으로써 우리는 하나님께서 누구이신지를 알게 될 뿐 아니라, 하나님께서 과거에 이루신 역사들을 알 수 있고, 하나님께서 현재 원하시는 일들과 미래에 하실 일들에 대한 통찰력을 얻을 수 있습니다. 그러므로 성경이 단지 역사적 기록이나 영감을 담은 것만은 아니며 좋은 교리의 근원인 것만도 아닙니다. 성경은 이 모든 것을 합한 그 이상의 책이기도 하지만 또한 성경은 오늘날 우리와 대화하기 위한 하나님의 도구인 것입니다. 하나님께서는 성경에 기록된 말씀을 통해 이야기하십니다.

이미 잘 아시다시피 성경은 꽤 두꺼운 책이기 때문에 하나님의 인도하심이 필요할 때마다 성경 전체를 다 읽을 수는 없습니다. 원한다면 매번 다 읽는 것도 좋겠지만 말입니다. 어떤 사람들은 하나님의 인도하심을 찾기 위해 성경을 홱 넘긴 뒤 손가락으로 아무 곳이나 짚어서 읽기도 합니다. 물론 이와 같은 방법을 사용하다가 잘못하면 문제가 발생할 수도 있습니다. 그에 관한 오래된 이야기가 하나 있습니다. 결혼생활에 문제가 생긴 어떤 남자가 도움을 얻고자 성경을 펼치고 한 구절을 손가락으로 짚었습니다. 거기에는 이렇게 씌어 있었습니다. "유다가 스스로 목매어 죽은지라" 이것이 합당하지 않은 구절이라고 생각한 그는 책을 넘겨 다시 손가락으로 구절을 짚어 보았습니다. 그러자 이번에는 행할 것을 빨리 행하라는 구절이 나왔습니다. 우스갯소리 같은 이야기이긴 하지만 약간은 씁쓸한 느낌도 줍니다. 그러나 정말 슬픈 현실은 하나님의 백성인 우리가 하나님의 말씀을 이 사람처럼 미신적이고 무계획적인 태도로 대하고 있다는 점입니다.

당신이 하나님을 필요로 할 때 그 자리에서 성경의 명쾌한 도움을 받기 원한다면, 두꺼운 성경책 속에서 쉽게 도움을 얻을 수 있는 좋은 방법이 있습니다. 애리조나 주 길버트 시의 헬렌 스텀이라는 분이 성경을 색깔로 구분하는 방법을 통해 하나님의 말씀 가운데서 하나님의 목소리를 더 쉽게 들을 수 있는 방법을 고안해 냈습니다.

예를 한번 들어 보겠습니다. 당신에게 용기를 주는 성경 구절을 보게 되면 언제나 파란색 연필을 사용해서 표시하십시오. 다음에 당신이나 당신이 사랑하는 누군가가 우울함을 느끼게 되면 성경책을 펼쳐서 파란색으로 표시된 부분을 찾으십시오. (사실 나는 성경에 표시를 해서 나만의 성경책을 만드는 것을 무척 좋아합니다. 그러나 만일 당신이 표시하기를 원하지 않는다면 다음과 같이 색인 카드를 이용해서 구절을 적어 둘 수도 있습니다.)

나머지 색깔 표시 방법은 다음과 같습니다. 내가 기억하는 데 도움이 된 예들을 괄호 안에 적어 보았는데, 기억에 너무 의존하지는 말고 색인 카드에 잘 적어서 성경책 사이에 끼워 두었다가 사용하시기 바랍니다.

- 파랑 : 위로, 격려 (달래심. 즉 우울할 때 위로해 주심)
- 빨강 : 성령 (붉은 불꽃, 불의 혀)
- 노랑 : 약속들 (태양은 새로운 날에 대한 약속을 가져옴)
- 녹색 : 하나님의 위대하심과 하나님의 말씀
- 회색 : 사탄, 죄악 (사탄은 우리를 애매한 상황으로 몰고 감으로써 현혹시킴)
- 주황 : 그리스도인의 삶을 위한 명령들 (우리가 하나님의 명령에 순종할 때, 우리의 삶은 정오의 해같이 빛날 것임)

지금부터 약 20분 동안 당신이 좋아하는 구절들, 당신에게 진정으로 다가오는 구절들을 성경에서 찾아 색깔로 표시해 보십시오. 또 우리가 지난 8주 동안 공부한 성경 구절들도 다시 한 번 되짚어 보십시오. 아마도 하나님께서 그중 몇몇 구절을 통해서 당신에게 특별한 방법으로 말씀하셨을 것입니다. 만일 그렇다면 그 구절들에도 색깔을 표시하십시오. 절대로 색칠 연습 정도로 생각해서는 안 됩니다. 하나님의 말씀을 귀담아 들을 수 있는 절호의 기회로 생각하십시오.

1. 하나님께서 우리와 대화하기 위해 사용하시는 중요한 도구 중 하나는 무엇입니까?

2. 당신이 특별한 시련을 겪고 있을 때, 하나님의 말씀을 좀 더 쉽게 들을 수 있도록 하려면 어떤 전략을 사용할 수 있습니까?

3. 오늘의 공부를 통해서 배운 중요한 교훈은 무엇입니까?

 요점 정리

- 하나님께서는 하나님의 말씀, 즉 성경을 통해서 말씀하십니다.
- 만일 당신이 하나님의 음성을 듣기 원한다면, 성경을 읽고 그 말씀에 귀 기울이십시오.
- 성경 색 코드 분류법은 당신에게 큰 도움을 줄 것입니다.

넷 · 째 · 날

우리 자신과 성경을 통해 말씀하시는 하나님

하나님께서는 우리에게 성경을 통해서 말씀하실 뿐 아니라 우리 자신과 성경을 통해서 말씀하십니다. 어떻게 이 일을 행하실까요? 바로 성경을 기도로 바꿈으로써 가능하게 하십니다. 인류에게 알려진 모든 종류의 위기는 결국 다음의 두 가지 간단한 질문에 귀착됩니다. 첫째, 하나님께서 정말로 이 세상을 다스리고 계시는가? 둘째, 하나님께서 과연 나를 사랑하시는가? 만일 하나님께서 이 세상을 다스리시고 나를 사랑하신다면, 우리에게 위기란 없습니다. 우리 앞에 놓인 모든 상황들은 단지 우리를 하나님께 좀 더 가까이 이끌기 위해 우리를 사랑하시는 하나님께서 허락하신 것일 뿐입니다. 성경을 통해 기도함으로써 우리는 우리 주위에 있는 사람들과 사랑이 충만한 방식으로 대화할 수 있습니다. 우리는 하나님께서 친히 말씀하시는 그릇이 될 수 있는 것입니다.

무슨 말을 해야 할지 몰라서 당황하는 경우가 자주 있습니까? 만일 당신이 성경을 안다면 그런 일은 없을 것입니다. 당신은 잘못 알고 있는 것들을 이야기하는 경우가 얼마나 많이 있습니까? 만일 기도와 성경에 대해서 알게 된다면 앞으로 그런 일은 없을 것입니다. 어떻게 하면 당신은 자신의 삶을 위한 하나님의 뜻을 알고 또한 다른 사람들이 그 뜻을 찾도록 도움을 줄 수 있을까요? 이 질문이야말로 많은 그리스도인들이 매일 던지고 있는 질문입니다. 미스터리로 남아 있는 것들도 있겠지만, 하나님께서는 성경을 통해서 자신의 뜻을 알려 주십니다. 다시 한 번 강조하자면, 당신이 밑줄을 그은 성경 구절의 상당 부분이 누군가에게 확실한 방향 제시가 필요할 때 도움을 준다는 사실입니다.

성경에 근거를 둔 청원의 기도를 드리거나 실질적으로 성경 본문을 당신의 기도로 삼을 때 당신은 자신이 하나님의 뜻에 의한 기도를 드리고 있는지의 여부에 관해서 걱정할 필요가 없습니다. 당신은 지금 하나님의 뜻에 따라 기도를 드리고 있으니까요. 우리가 어제 알게 된 성경 색 코드 분류법을 개발한 헬렌 스팀은 성경의 중요 부분을 사용해서 기도하고 있습니다. 당신도 시도해 보십시오. 당신뿐 아니라 당신과 관계되는 모든 사람들에게 놀라운 축복이 될 것입니다.

시편 1편 3절과 같은 구절을 선택하십시오. 그리고 사람의 이름만 바꾸면 됩니다. 아래에 나오는 구절에서 나는 남편의 이름 카메론을 사용해 보았습니다.

> "카메론, 나는 당신이 계절을 따라 과실을 맺고 그 잎사귀가 마르지 않는 시냇가의 나무처럼 되기를 원하고, 당신의 모든 행사가 형통하기를 기도합니다."

또, 내 딸 레아의 이름을 히브리서 13장 20~21절에 넣고 기도해 봅니다.

"양의 큰 목자이신 우리 주 예수를 영원한 언약의 피로 죽은 자 가운데서
이끌어 내신 평강의 하나님이 모든 선한 일에 레아를 온전케 하셔서 자기
뜻을 행하게 하시고 그 앞에 즐거운 것을 예수 그리스도를 통해 레아 속
에 이루시기를 기도합니다. 영광이 그에게 세세 무궁토록 있기를 원합니
다. 아멘."

내가 가장 좋아하는 파란색 성경 구절은 예레미야애가 3장 22~25
절입니다. 다음에서 내가 이 성경 구절을 기도로 바꾼 예를 보여 드리겠
습니다.

"여호와의 긍휼이 무궁하시므로 내가 주 안에서 편히 쉽니다.
이것이 아침마다 새로운 것은 주의 성실이 크시기 때문입니다.
나는 내 마음 가운데 '여호와는 내 기업이시니 내가 그분을 바랄 것이
다.' 라고 말합니다.
무릇 기다리는 내게, 구하는 내게 여호와께서 선을 베푸십니다."

가족이 헤어나기 힘든 상황에 직면했을 때, 당신은 "하나님으로서는
다 하실 수 있느니라." 하는 말씀을 기억해야만 합니다. 하나님께서는
만왕의 왕이시며 신들 중의 신이십니다. 그러므로 하나님의 능력이나
말씀의 능력을 설명하는 구절을 찾을 때마다, 왕권을 의미하는 보라색
을 칠하십시오. 이러한 멋진 보라색 구절로는 이사야서 46장 9~10절이
있습니다. 온 가족이 함께 이렇게 기도드릴 수 있습니다.

"하나님, 저희는 옛적 일을 기억합니다.
당신이 하나님이심을 저희는 찬양합니다. 하나님 외에 다른 이는 없습
니다.
당신은 하나님이십니다. 하나님 같은 이는 없으십니다.
아버지, 종말을 처음부터 고하시고 아직 이루지 아니한 일을 옛적부터

보이신 것을 감사드립니다.
당신의 모든 기뻐하는 것을 이루실 것임을 저희는 알고 있습니다."

우리 가족은 이 기도 안에서 평안을 누리고 있습니다.

당신에게 말씀하시는 성경 구절을 찾아보고 색깔로 표시하는 어제의 과제가 아마도 당신에게 재미있는 작업이었으리라고 생각합니다. 오늘도 같은 내용을 좀 더 해 보도록 하겠습니다. 구체적인 상황들을 이야기하고 있는 다음의 성경 구절을 찾아보십시오. 그리고 미래의 참고용으로 색칠을 해 놓으십시오. 내가 고른 색깔들을 권하지만 당신만의 분류법을 만들어도 좋습니다.

- 가족을 위한 기도
  시 90:17(노랑)   엡 6:10-19(주황)

- 결혼을 위한 기도
  롬 15:5-7(노랑)   렘 32:39-41(노랑)

- 남편을 위한 기도
  렘 17:7-8(주황)   엡 1:16-19(주황)과 3:14-19(주황)
  골 1:9-13(주황)

- 자녀를 위한 기도
  시 32:8(주황)   잠 4:10-13(주황)   골 1:9-13(주황)

- 격려의 기도
  빌 4:4-7(주황)   합 3:18-19(주황)   사 41:10(노랑)
  시 34:1-10(주황)과 103:8-13(파랑)
  살전 3:11-13(주황)   살후 3:5(파랑)

마지막으로 여기에 자매 여러분을 위한 나의 기도가 있습니다(격려를 담은 파란색입니다).

"하나님께서 당신들을 축복하실 것입니다. 사랑하는 자매 여러분, 모든 기도와 간구로 하되 무시로 성령 안에서 기도하십시오"(엡 6:18)

1. 우리가 기도를 드릴 때, 하나님의 뜻에 의한 기도를 하고 있는지 어떻게 확신할 수 있을까요?

2. 오늘의 성경 구절을 통해서 하나님께서는 당신에게 무엇을 말씀하셨습니까? 하나님께서 당신의 마음에 심어 주신 진리를 기도로 표현하여 적어 보십시오.

3. 오늘의 공부를 통해서 배운 중요한 교훈은 무엇입니까?

 요점 정리

• 하나님께서는 특히 우리가 하나님의 말씀으로 말할 때, 우리를 통해서 말씀하십니다.
• 하나님의 말씀을 기도로 바꿀 때, 우리는 하나님의 뜻에 합당한 기도를 드리고 있는 것입니다.

다 · 섯 · 째 · 날

기도 중에 말씀하시는 하나님

"아무것도 염려하지 말고 오직 모든 일에 기도와 간구로, 너희 구할 것을 감사함
으로 하나님께 아뢰라 그리하면 모든 지각에 뛰어난 하나님의 평강이 그리스도
예수 안에서 너희 마음과 생각을 지키시리라"(빌 4:6-7)

그리스도인이 된 후에 내가 가장 처음 배운 교훈 중 하나는 바로
'ACTS'에 관한 것이었습니다. 'ACTS'란 나를 가르치시기 위해 하나
님께서 사용하신 그릇인 린 리엔스트라에게서 배운 것인데, 사도행전을
뜻하는 것이 아니라 기도의 길잡이가 되는 단어들에서 그 첫번째 이니
셜을 모은 것입니다. 이런 간단한 전략을 사용함으로써 당신의 기도 생
활은 균형을 잡아 가게 될 것이며, 그저 달라는 식의 기도에서 벗어나서
하나님께서 진정으로 말씀하시는 바를 들을 수 있게 될 것입니다.

- 찬양(Adoration)
- 자백(Confession)
- 감사(Thanksgiving)
- 간구(Supplication)

찬양은 바로 하나님이 누구이신지를 알고 하나님께 예배드리는 것을 의미합니다. 우리가 하나님을 찬양할 때 우리는 하나님께서 우리를 위해서 하신 일 때문이 아니라 하나님이 어떤 분이신지를 알기에 그분께 영광을 돌리게 됩니다. 시편을 읽는 것은 하나님께 찬양 드리기 위한 멋진 연습이 될 것입니다. 우리가 둘째 주에 공부한 내용으로 다시 한 번 돌아가 보겠습니다. 왜냐하면 하나님의 성품을 알면 알수록 하나님께 찬양을 드리는 것이 더욱 쉬워지기 때문입니다. 그리고 하나님께서 말씀하실 때 하나님의 목소리를 더욱 분명히 알아들을 수 있게 됩니다. 왜냐하면 하나님께서는 자신의 성품과 반대 되는 것은 그 어떤 것도 결코 우리에게 말씀하시지 않기 때문입니다.

자백은 우리의 마음과 정신을 깨끗이 해 줍니다. "만일 우리가 우리 죄를 자백하면 저는 미쁘시고 의로우사 우리 죄를 사하시며 모든 불의에서 우리를 깨끗케 하실 것이요"(요일 1:9) 자백은 또한 우리가 거룩하신 하나님께 요구를 할 권리가 없으며, 하나님 앞에 겸손히 나아가서 말씀 들을 준비를 해야 함을 우리에게 상기시켜 줍니다.

감사는 하나님께서 필요한 모든 것을 이미 주셨다는 올바른 견해를 우리에게 심어 줍니다. 우리가 하나님의 선하심에 응답하기 위해서는, 하나님께서 자비와 은혜의 통로로 우리를 오늘 어떻게 사용하실지 듣고 발견해야만 합니다(감사의 마음을 키우기 위한 명쾌한 제안들이 들어 있는 일곱 번째 주, 다섯째 날의 '감사로 충만해짐'에 대한 내용을 다시 한 번 살펴보십시오).

간구는 하나님 앞에 당신의 청원을 드릴 수 있는 기회입니다. 하나님을 경배하고 죄를 자백하며 모든 일에 감사해야 한다는 것을 마음에 새겼다면 이제 당신은 중보를 할 준비가 된 것입니다. 당신의 남편과 자녀, 이웃 그리고 당신의 목사님과 교회를 위해서 기도하십시오. 뉴스에 나오는 한 국가를 선택해서 그 나라 백성들을 위해서 기도하십시오.

> "예수님은 기도가 그리스도의 교회가 사역하는 데 있어서의 위대한 힘이라고 말씀하셨습니다. 하늘의 권좌에 계시는 우리의 왕이신 하나님께서는 기도를 통해서 가장 큰 영광을 받으십니다. 하나님께서는 기도를 통해서 구원의 역사를 이루시기 때문에 기도가 없이는 움직이지 않으십니다. 우리 역시 오직 기도를 통해서만 사역할 수 있으며 기도 없이는 그 어떤 것도 불가능합니다. 하늘의 은혜를 구하고 받은 것을 사람들에게 다시 나누어 줌으로써 축복하는 교회의 능력은 기도에 달려 있는 것입니다. 가르침을 제대로 받지 못했거나 영적 통찰력이 부족하여 세상과 육체를 비롯한 우리 자신의 근면함과 노력을 신뢰한다면, 그리고 기도보다 사역을 더 중요시한다면, 하나님의 현존하심과 능력은 우리의 사역 안에서 우리가 바라는 만큼 제대로 나타나지 않을 것입니다.
> 기도는 하늘의 보좌에 계신 하나님과 하나님의 발등상에 있는 교회를 연결시켜 줍니다. 교회, 즉 사람 간의 연결 고리는 기도에 응답하시는 성령의 능력으로 거룩한 힘을 받게 됩니다.
> 기도는 하늘의 축복이 우리 자신과 주위 모든 사람들에게 능력 있게 임할 수 있도록 하기 위해 지정된 수단입니다. 우리는 기도가 지닌 능력을 지금까지 보아 왔습니다. 기도는 하늘의 능력을 불러일으킬 수 있는 이 땅의 유일한 힘입니다."[4]

---

4) Andrew Murray, *The Ministry of Intercessory Prayer* (Bethany House Publisher), pp.12-19.; 앤드류 머리, 『그리스도의 기도학교』, 김원주 역(서울: 크리스챤다이제스트 사, 2003). 이 책에는 『그리스도의 기도학교』, 『기도생활』, 『중보기도의 비밀』, 『중보기도의 사역』이 합본되어 있다(편집자 주).

그러므로 우리가 기도할 때 많은 놀라운 일들이 일어납니다. 어둠의 세력들은 도망가고 천군 천사들이 활동합니다. 나는 프랭크 페레티 (Frank Peretti)가 그린 〈어둠을 꿰뚫고〉(Piercing the Darkness)라는 작품을 좋아합니다. 그에 따르면 우리의 기도는 천사의 날개를 위한 에너지가 됩니다. 우리가 기도를 드리는 동안 때로 성령은 실천에 옮기라고 우리의 옆구리를 쿡쿡 찌르면서 신호를 보내 주십니다. 우리가 병든 이웃을 위해 기도하면, 고요하고도 나지막한 목소리가 실천에 옮길 것을 촉구하십니다. 우리가 또 목사님을 위해 기도하면 격려의 말을 적어서 목사님께 드리라고 알려 주십니다. 손에 늘 필기 도구를 가지고 계십시오. 그렇게 함으로써 기도 시간 동안 하나님께서 당신에게 들려 주신 말씀을 적을 수가 있습니다. 언제 또는 어떤 방법으로 해야 하는지의 문제와 같은 사소한 사항에 얽매이지 마십시오. 그런 것은 기도가 끝난 다음에 착수해도 늦지 않습니다.

이번 주에 우리는 하나님의 목소리를 듣기 위한 기다림의 중요성에 초점을 맞추어 공부했습니다. 그리고 하나님께서는 자신의 백성들에게 늘 말씀해 오셨고 앞으로도 항상 말씀하실 것이라는 확신을 얻었습니다. 하나님께서는 여러 가지 상황 속에서, 또한 다양한 방법으로 말씀하십니다. 하나님께서는 종종 성경을 통해서 우리에게 말씀하시며, 우리의 입술을 통해 나오는 성경 말씀을 통해서 말씀하십니다. 그러나 대부분 하나님께서는 우리가 기도를 드릴 때 우리에게 말씀하십니다. 특히 우리의 기도가 하나님의 말씀과 하나님의 뜻, 그리고 하나님의 방법을 명확히 이해하고 있을 때 우리에게 말씀하십니다.

하나님께서 당신에게 들려 주기 원하시는 말씀을 듣기 위해서 당신은 충분히 기도를 드리고 있습니까? 하나님께서는 늘 말씀하고 계십니다. 문제는 바로 당신이 듣고 있는가 하는 것입니다. 하나님의 음성을 듣기 위해서라면 어떤 희생을 치른다 해도 값진 것이 아닐까요? 하나님께 그 문제에 대해서 기도하고, 당신의 기도 생활에 관한 하나님의 말씀에 귀 기울이십시오.

1. 하루에 기도 시간을 어느 정도나 가집니까?

2. 그렇다면 당신이 원하는 기도 시간은 어느 정도입니까?

3. 당신이 원하는 만큼의 시간을 기도를 위해서 쓴다면 하나님의 말씀을 더욱 명확히 들을 수 있을까요? 그 이유는 무엇입니까?

4. 하나님의 음성을 듣기 위한 시간을 따로 마련하기 위해서는 어떤 희생이나 시간 조정이 필요합니까?

5. 아래의 성경 구절을 찾아보고 기도 중 얻게 된 통찰력을 적어 보십시오.
   렘 33:3

   마 21:22

   요 14:13, 15:17

엡 6:18

골 1:3, 4:2

살전 5:17

딤전 2:8

6.오늘의 공부를 통해서 배운 중요한 교훈은 무엇입니까?

7. 이번 주의 핵심은 무엇이었습니까?

 요점 정리

• 우리가 기도를 하기 위해서 하나님께 나아갈 때 하나님께서는 우리에게 말씀하십니다.

• 우리가 기도를 드릴 때 성령이 우리가 기도 시간에 취해야 할 행동들과 기도가 끝난 뒤 해야 할 일에 대해서 자주 알려 주실 것입니다.

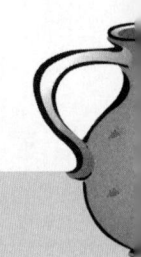

하나님의 뜻에 따라 자신의 삶을 헌신하자

이번 주의 주제
. . . .

하나님께서 인도하시는 대로
사역을 위해 당신의 삶을 부어 주기

이번 주의 핵심 성경 구절
. . . .

"우리에게 우리 날 계수함을 가르치사
지혜의 마음을 얻게 하소서" (시 90:12)

첫 · 째 · 날

하나님과 동행하기

　　하나님께서 쓰실 수 있는 그릇이 되기 위한 다섯 번째이자 마지막인 필요조건은 하나님의 인도하심을 따라 당신의 삶을 사역에 헌신하는 것입니다. 당신이 필요하다고 생각되는 곳에 당신의 삶을 부어 주는 것만으로는 충분하지 않다는 사실에 주목하십시오. 즉 하나님을 위해서 무언가 위대한 일을 시도해 본다든가 또는 단순히 필요로 하는 곳을 찾아서 채워 준다는 식으로는 부족합니다. 당신이 하나님의 명령에 응답하는 만큼 당신은 효과적인 삶을 살게 될 것입니다. 이런 이유에서 우리는 지난 한 주 동안 실행에 옮기기 전에 하나님의 말씀을 기다려야 하는 중요성에 대해서 공부한 것입니다.

　　하나님께서는 우리에게 숨기시는 일이 없습니다. 하나님께서는 우리 각자가 이 세상에서 사용받을 수 있는 그릇이 되기를 원하십니다. 불행히도 사역을 하면서 들이는 수많은 노력의 결과로 우리는 즐거움과 힘을 얻기보다는 쓰라림과 탈진을 경험하고는 합니다. 왜 그럴까요? 그 이유는 바로 하나님께서 우리를 통해서 목적하신 바를 달성하시도록 해 드리기보다는 우리가 하나님을 위해서 무엇인가를 해 드리려 하기 때문입니다.

> 진정 하나님께서는 놀라운 능력으로 창조를 이루셨기 때문에, 매순간 창조 때와 동일한 능력으로 만물을 다스리십니다. 인간이 할 일은 단지 존재의 근원을 되돌아보고 하나님께로부터 모든 것을 빚진 존재임을 인정하는 것입니다. 지금부터 영원까지 인간의 최고 관심사, 가장 숭고한 덕, 그리고 유일한 행복은 결국 하나님께서 함께 거하시며 하나님의 능력과 선하심을 드러내실 수 있는 빈 그릇으로서 자신을 드리는 것입니다.
> — 앤드류 머레이, 『겸손』(Humility)

우리 자신이 하나님을 위해서 위대한 일을 하고자 할 때면, 실제로 우리는 하나님께서 가지고 계시는 영원한 목표는 완전히 잊어버린 채, 자신이 반드시 이루고자 하는 목표와 비전을 추구하게 되는 것을 봅니다. 간단히 말해서 우리는 하나님과 동행하기보다 하나님을 뒤에 남겨 둔 채 앞장서 가고 있는 것입니다.

헨리 블랙커비가 『하나님을 경험하는 삶』에서 말했듯이 우리는 반드시 주인의 손 안에 머물러 있어야 하며 주인의 뜻대로 빚어질 수 있어야만 합니다. 내가 머무르고 있는 이곳에서 하나님께서 무슨 일을 하실지를 이해하는 것이 하나님을 위해서 내가 무엇을 할 수 있을지를 이야기하는 것보다도 훨씬 중요합니다. 우리가 아픈 사람들을 위한 빵을 굽느라고 휴가를 내는 동안, 하나님께서는 우리를 자신의 역사에 사용하시기 위해서 인내하며 기다리십니다. 아픈 사람들을 위해서 빵을 굽는 것이 잘못되었다는 이야기가 절대 아님을 먼저 말씀드립니다. 그러나 당신은 지금 하나님의 명령을 따라 그곳에서 **빵**을 굽고 있습니까, 아니면 하나님을 감동시키려고, 또는 하나님께 인정 받기 위해서, 아니면 스스로 기분 좋게 하기 위해서 혹은 의미 없이 사는 것에 죄책감을 느낄 것 같아서 **빵**을 굽고 있는 것은 아닙니까?

사실 나쁜 동기로도 얼마든지 올바른 일들을 할 수 있습니다.

- 우리는 복음을 전할 수 있습니다 : 자랑하려고
- 우리는 다른 사람들에게 봉사할 수 있습니다 : 그들의 칭송을 받으려고
- 우리는 교회에 다닐 수 있습니다 : 습관적으로
- 우리는 기도할 수 있습니다 : 우리가 원하는 것을 얻기 위해서

이처럼 당신이 잘못된 동기를 가지고 행동을 취하거나 자동 조종 장치를 달고 날아다니는 한 하나님보다 한 발 앞서서 나아가고 있는 것입니다. 바로 지금, 당신은 하나님과 동행하는 것이 아니라 자신의 길을 가고 있는 것입니다. 그러나 하나님께서는 우리가 그렇게 가기를 원치 않으십니다.

그러한 점을 생각하고 보면, 이 세상에는 해야 할 일들이 상당히 많이 있습니다. 그래서 도움이 필요한 곳이면 어디나 그냥 뛰어들고 싶다는 생각이 듭니다. 사실 우리는 종종 이런 말을 합니다. "필요를 찾아서 채워 주어라." 이 말은 어느 정도 진실이기는 하지만, 먼저 그 필요가 하나님께서 원하시는 필요인지를 확인해야 합니다. 아마도 하나님께서는 그 필요를 **채워지지 않은 채로 남겨 두기**를 원하실지도 모릅니다. 이로써 사람들은 구원과 회개 또는 하나님께서 우리에게 힘든 시간들을 허락하신 여러 가지 선한 이유로 인한 필요를 알게 될 것입니다. 당신은

이런 점을 생각해 본 적이 있습니까? 당신이 궁지 속으로 직접 뛰어 들어가서 일일이 간섭한 뒤 구조한다면, 당신은 돕기는커녕 해를 끼치게 될지도 모릅니다.

만일 우리가 보게 되는 모든 필요를 다 채워 주려고 하는 것이 잘못된 것이라면, 어떻게 하나님께서 우리가 가기 원하시는 곳을 분별할 수 있을까요? 찰스 험멜(Charles Hummel)은 자신의 책 『늘 급한 일로 쫓기는 삶』(The Tyranny of the Urgent)에서 이렇게 쓰고 있습니다. "예수님은 모든 부탁에 다 응답하지 않으셨다. 예수님은 대부분의 시간과 에너지를 열두 사도들에게 고정시키셨다. 그런데도 예수님은 이렇게 말씀하셨다. '저는 아버지께서 저에게 명하신 사역을 완수함으로써 이 땅에서의 영광을 아버지께 돌려드렸습니다.'" 사람들이 예수님에게 요구하던 사역과 하나님께서 예수님에게 부여하신 사역의 차이점을 주의 깊게 살펴보십시오. 수많은 장님들이 여전히 눈 먼 채 있었고 수많은 병자들은 여전히 병든 채로 있었습니다. 많은 사람들이 죽었지만 예수님이 다시 살리신 이는 나사로뿐이었습니다. 예수 그리스도는 간섭하셔야 할 때와 그렇지 않을 때를 어떻게 아셨을까요? 그분은 자신이 채워야 할 필요와 하나님께서 채워지지 않은 채 남겨 두기를 원하시는 필요들을 어떻게 아셨을까요? 예수님은 늘 하나님의 임재 속에 거하셨기 때문에 그렇게 하실 수 있었습니다. 그래서 "예수님은 날마다 기도하는 삶을 통해서 아버지의 뜻을 식별하실 수 있었다. 이는 예수님이 급한 일을 쫓기보다는 중요한 일을 성취하셨다는 것을 의미한다."고 찰스 험멜은 계속하여 말했던 것입니다.

우리 역시 이와 같이 해야 합니다. 다시 말해서 가장 중요한 것은 하나님과 동행하는 것입니다. 단지 상황을 보고 가능한 해결책을 제시할 수 있다고 해서 당신이 그곳에 필요한 것이 무엇인지를 안다고 생각하지 마십시오. 이는 오만한 것입니다! 이는 교만이며 하나님께서는 교만을 싫어하십니다! 우리가 잘하는 일이라고 생각하는 것을 실제로 하나님께서 경멸하신다는 사실이 놀랍지 않습니까? 하나님의 방법은 확실히 우리의 방법과 다릅니다. 그렇기에 우리가 하나님께서는 쓰실 수 있는 그릇이 되고 싶다면 하나님과 동행하는 삶이 중요합니다.

1. 당신은 도움이 필요하다고 생각되는 곳에 무조건 뛰어들었다가 나중에야 하나님께서 그 필요가 충족되기를 원하지 않으셨다는 사실을 알게 된 적이 있습니까? 이야기해 보십시오.

2. 예수님께서 그러신 것처럼 하나님 안에 거하고 하나님의 뜻을 분별하도록 하나님께서는 어떻게 당신을 부르고 계십니까?

3. 오늘의 공부를 통해서 배운 중요한 교훈은 무엇입니까?

 요점 정리

- 하나님과 동행하십시오.
- 하나님께서는 당신에게 비밀을 갖고 계시지 않습니다. 하나님께서는 당신에게 하나님의 뜻을 계시해 주시고 당신이 하나님의 역사를 이루기를 원하십니다.
- 단지 필요를 찾아서 채워 주려 하지 마십시오. 하나님께서는 그 필요가 충족되지 않기를 원하실지도 모릅니다.
- 우리는 잘못된 동기를 가지고 옳은 일들을 할 수도 있습니다. 우리는 순종함으로써 반드시 하나님께서 우리를 인도하시는 일만을 해야 합니다.

둘 · 째 · 날

큰 그림으로 보여 주시는 하나님

"은사는 여러 가지나 성령은 같고 직임은 여러 가지나 주는 같으며 또 역사는 여러 가지나 모든 것을 모든 사람 가운데서 역사하시는 하나님은 같으니"(고전 12:4-6)

우리가 이미 보아 왔듯이 하나님께서는 날마다 당신에게 방향을 제시해 주실 것입니다. 그렇지만 하나님께서는 또한 당신에게 특별한 흥미와 능력을 부여해 주시고 당신의 마음속에 특별한 관심을 부여해 주셨습니다. 하나님께서 특별히 만드신 당신이라는 그릇의 유형을 주의 깊게 공부하면 하나님께서 당신을 어떻게 사용하실 것인지에 관한 놀라운 이해를 갖게 됩니다. 당신의 삶을 통해서 하나님께서 당신에게 가라고 지시하실 곳이 어떤 곳인지에 대한 큰 그림을 얻을 수 있습니다. **당신이 어떤 사람인가 하는 문제야말로 하나님의 인도하심에 있어서 중**

요한 부분을 차지하고 있으며 또한 하나님께서 어떻게 당신을 쓰기 원하시는지를 이해하는 열쇠가 될 수 있습니다.

국제적으로 그 명성이 높은 저자이자 강사인 지그 지글러(Zig Ziglar)는 이런 질문을 했습니다. "당신은 목적 없이 살아가는 평범한 사람입니까, 아니면 의미 있고 특별한 목적을 가진 사람입니까?" 우리가 이미 배웠듯이 하나님께서는 누구든지 선택하실 수 있고 또 선택하실 것입니다. 그러나 의미 있고 특별한 목적을 추구하는 사람은 방향성이 부족한 사람에 비해서 훨씬 더 용이하게 쓰임을 받을 수 있습니다. 최근 여성도 성경공부반에서 『하나님을 경험하는 삶』을 공부하던 중에 하나님의 음성 듣기에 대한 토의를 하다가 이 주제가 대두되었습니다. 저자인 헨리 블랙커비는 하나님께서 역사하고 계시는 곳을 지켜보며 하나님의 사역에 동참하는 것의 중요성을 강조하고 있습니다. 그러나 한 여성도가 지적했듯이, 만일 하나님께서 당신의 주위에서 역사하고 계시는 모든 일에 당신이 동참한다면, 한 주일 안에 당신은 신경쇠약 증세를 일으키고야 말 것입니다.

하나님께서 역사하시는 모습을 볼 때, 하나님께서 어떤 특별한 상황 속에서 당신을 사용하기 원하시는지 아닌지의 여부를 어떻게 알 수 있을까요? 단지 필요로 하는 곳을 찾아서 채워 주는 형식은 효과적인 접근이 아닙니다. 한 가지 열쇠는 확고한 인생의 사명을 계발해 나가는 것입니다. 이것이야말로 아버지 하나님께서 당신의 모든 삶을 통해 이루기 원하시는 것을 구별해 내는 방법입니다. 당신은 자신의 평생 사명이 무엇인지 알고 있습니까? 하나님께서 특별히 당신을 창조하신 목적을 확실하게 알고 이해하고 있습니까? 당신은 의미 있고 특별한 목적을 가진 사람입니까, 아니면 아무런 목적 없이 살아가는 태반의 사람에 속합니까?

종종 우리 주위에서 가장 바쁘게 생활하는 여성이야말로 목적 없이 살아가는 대부분의 사람 중 하나임을 우리는 알 수 있습니다. 이러한 여성은 이것 조금, 저것 조금 일을 하다가 실질적으로 그 어떤 것도 성취하지 못하게 됩니다. 물론 자신이 맡은 다양한 일들을 매우 효과적으로 수행해 나갈 수 있을지도 모릅니다. 그러나 하나님께서 자신을 위해 마련하신 사명을 발견하지 못하는 한 그녀는 자신의 삶 속에서 영원히 성공을 거두지 못할 것입니다. 사명감을 발견하지 못한 여성은 고통스럽게도 이런 상황에 처하기가 아주 쉽습니다. 그녀는 최선을 다해서 달려가지만 아무리 빨리 달려도 만족할 수가 없습니다. 그녀는 자신의 우선순위를 다른 모든 사람들에게 내어 맡깁니다. 남편은 볼링을 치러 가자고 합니다. 또 차를 끌고 나와 아이들을 응원단 모임에서 운동장으로, 쇼핑 센터로, 친구 집으로 데리고 다녀야 합니다. 선교위원회에서는 그녀에게 가을 집회의 계획을 짜 보라고 합니다. 그리고 친구는 함께 에어로빅을 다니자고 권합니다. 또 다른 친구는 성가대에 가입하라고 합니다. 그 외에도 해야 할 많은 일들이 있습니다.

만일 당신의 삶 속에서 이런 일들을 하라고 하나님께서 부르신다면 그 모든 활동들은 아주 멋진 일일 것입니다. 그러나 만일 당신의 주된 동기가 다른 사람들의 인정을 얻기 위한 것이라면 앞으로 많은 문제점들이 기다리고 있을 것입니다. 만일 당신이 사람의 인정을 받는 데 굶주려 있다면 당신의 시간을 빼앗는 그 어떤 부탁에도 쉽게 "아니오." 하고 말할 수가 없습니다. 불행히도 당신이 매우 자주 사람들에게 "예." 하고 말할 때마다, 하나님께는 "아니오." 하고 말하고 있는 것과 같은 것입니다.

전에도 이 점에 대해 이야기한 적이 있지만, 이 점은 아무리 강조해도 지나치지 않을 것입니다. 하나님께서는 우리가 하나님을 위해 무엇인가 하려는 것을 원치 않으십니다. 하나님께서는 우리의 도움이나 제안도 필요하지 않으신 분입니다. 하나님께서 원하시는 것은 **우리를 통해서 하나님의 사역을 하는 것**입니다. 종종 우리가 하나님을 위해서 무엇인가를 하느라 바쁠 때, 실제로는 하나님께서 부여하신 진정한 소명을 놓치고 있을 때가 많습니다.

여성들이 시간을 좀 더 효과적으로 관리하고 싶다는 희망을 표현할 때, 사실 그 속에는 이런 의미가 들어 있을 때가 종종 있습니다. "내 인생을 발 디딜 틈 없이 꽉 채우고 있는 이 모든 일들을 어떻게 하면 감쪽같이 멋지게 처리할 수 있을까?" "나는 그 어떠한 일에도 의욕이 생기지 않아. 어떻게 하면 좀 더 나 자신을 훈련시킬 수 있을까?" 이 두 가지 질문에 대한 해답은 바로 "평생 사명을 발견하면 그 나머지는 모두 다 잘 되어 나갈 것이다."입니다. 당신이 하나님의 계획에 참여할 때, 즉 당신이 하나님의 역사를 이룰 수 있는 그릇이 될 때만 하나님께서는 에너지와 자원을 공급해 주실 것입니다. 이것이 바로 기적이 아닐까요? 기대하십시오!

예를 하나 들어 보겠습니다. 나는 첫번째 저서인 『재택 비즈니스』(*Homemade Business*)를 세 달 만에 완성했습니다. 그 시간 동안 갓난아기였던 우리 딸은 신생아들이 흔히 겪는 가벼운 복통 증세로 밤낮없이 울어 댔습니다. 나는 아기를 업고 아래위로 흔들어 달래면서 컴퓨터 키보드 앞에 서 있어야 했습니다. 내가 흔들기를 멈추기라도 하면, 딸아이는 다시 큰 소리로 울기 시작했습니다. 운이 좋은 날은 겨우 다섯 시간 정도 잠을 잘 수 있었습니다. 그 책이 어떻게 완성이 되었는지는 오직 하나님만이 알고 계십니다. 그 기간은 내 머릿속에 희미한 상태로만 남아 있을 뿐입니다.

그러나 하나님께서는 내가 쓴 책을 통해서 7만 명이 넘는 여성들에게 시기적절한 메시지를 전하셨습니다. 어떻게 역사하실지 심지어 당신 자신조차 이해할 수 없을 때에도, 하나님께서는 당신을 통해서 역사를 이루실 수 있습니다. 이제 우리가 확실히 아는 것처럼 하나님께서는 가장 부적합한 그릇을 기쁘게 선택하실 것입니다. 그렇다면 당신의 평생 사명을 어떻게 발견할 수 있을까요? 당신이 하나님께서 원하시는 곳으로 흘러갈 수 있도록 인도할 큰 그림을 어떻게 얻을 수 있을까요? 반성과 기도, 그리고 다른 이들의 정직한 조언이 필요합니다. 하나님께서는 **당신에게 어떤 비밀도 갖고 계시지 않습니다.** 당신의 미래를 위한 큰 그림의 목표를 가르쳐 주시고 매일의 선택을 하나님의 뜻대로 할 수 있도록 하나님께 청하십시오. 당신을 부르신 분은 신실하시기에 당신의 기도를 들어주실 것입니다.

> "나 여호와가 말하노라 너희를 향한 나의 생각은 내가 아나니 재앙이 아니라 곧 평안이요 너희 장래에 소망을 주려 하는 생각이라 너희는 내게 부르짖으며 와서 내게 기도하면 내가 너희를 들을 것이요"(렘 29:11-12)

만약 당신이 백만 개나 되는 다양한 목표 속에서 허덕이고 있는 여성들 중 한 명이라면, 하나님께서 당신에게 원하시는 것과 사람들이 당신에게서 원하는 것을 구별할 수 있는 몇 가지 방법들이 있습니다.

1. 만일 당신이 내일 죽는다면, 사람들이 당신을 어떻게 기억해 주길 바라고 있습니까? 마음에 와 닿는 것을 모두 적어 보십시오.

2. 당신은 무엇에 대해서 열정을 느낍니까? 그 주제가 나오면 흥분되어 말하지 않을 수 없는 것이 있습니까?

3. 서점이나 도서관에 갈 때 당신은 어느 분야 쪽으로 가장 먼저 달려갑니까?

4. 사람들은 당신의 어떤 면에 대해서 칭찬을 아끼지 않습니까? 어떤 일을 가장 뛰어나게 할 수 있습니까?

5. 당신이 열 살 때 가진 꿈은 무엇이었습니까? 그때로 돌아가 보십시오. 당신이 어렸을 때 하나님께서 당신을 창조하신 목적을 지금보다 더 잘 이해하고 있었다는 사실을 발견하게 될지도 모릅니다.

6. 만일 당신이 오직 한 가지 일만을 하루 종일, 매일 그리고 당신의 남은 삶동안 할 수 있다면 무엇을 택할 것입니까?

7. 하나님께서 당신의 마음속에 어느 한 그룹이나, 한 나라, 목회 등 특별한 짐을 부여하신 적이 있습니까? 아마도 당신은 오래 전 청년회 수련회에서 특별한 맹세를 한 적이 있을지도 모릅니다. 하나님께서는 당신의 평생 사명에 대해서 당신과 이야기하기 위해서 수많은 방법으로 수없이 많은 시도를 하셨을 것입니다.

8. 이제 당신의 생각을 문장 몇 개로 정리해 보십시오. 아마도 당신의 평생 사명을 정의하는 데 도움을 주는 청사진 역할을 할 것입니다. 사명을 정함에 있어서 하나님의 인도하심을 찾으십시오. 그리고 성경의 첫 장 또는 성경 안에 끼워져 있는 색인 카드에 적으십시오. 그리고 당신의 남은 삶 동안 날마다 그 카드를 꺼내어 다시 읽어 보십시오.

9. 오늘의 공부를 통해서 배운 중요한 교훈은 무엇입니까?

 요점 정리

• 우리가 큰 그림을 가지고 있다면 사소한 것 속에서도 하나님의 인도하심을 더 쉽게 분별할 수 있습니다.

• 하나님께서 당신을 어떤 사람으로 창조하셨는지를 이해하는 것이야말로 하나님께서 쓰실 수 있는 그릇이 되기 위해 절대적으로 필요한 일입니다.

셋 · 째 · 날

행동으로 옮기는 삶

　　이번 주 둘째 날, 우리는 하나님께서 명령하시지 않은 곳으로 덤벙 뛰어든 경우의 위험성을 보았습니다. 오늘 우리는 더욱 위험한 경우를 살펴볼 것입니다. 그것은 바로 하나님께서 우리에게 어떤 일을 **명령하셨을 때** 이를 행동으로 옮기는 데 실패하는 경우입니다. 하나님께서 우리에게 특별한 필요에 대해서 말씀하시는 경우는 — 여덟째 주 다섯째 날 배웠듯이 하나님께서는 우리가 기도를 드릴 때 대개 응답해 주십니다 — 바로 행동을 취하라는 신호를 보내는 것입니다. 성령이 행동을 촉구하신 후 한 달 있다가 친구에게 전화하는 것은 소용이 없습니다. 왜냐하면 그 친구에게 당신이 필요한 것은 한 달 전이었기 때문입니다. 그 친구는 아마도 자살을 심각하게 생각하고 있었거나 아니면 인생의 변화를 일으키는 큰 위험에 처해 있었을지도 모릅니다. 하나님께서 지시하실 때는 즉시 행동으로 옮기십시오.

그동안 이 책을 통해서 우리 내면의 모습과 하나님께서 쓰실 수 있는 그릇의 내면적 특성에 초점을 맞추어 왔습니다. 그간 우리가 너무 게을리 취급해 오던 내면의 삶을 키워 나가는 때가 있어야 하기 때문입니다. 그러나 행동을 해야 할 때도 있습니다. 바로 우리의 믿음이 우리의 손과 발과 함께 결합할 시간인 것입니다. 나는 야고보서를 좋아합니다. 야고보서는 믿음을 행동으로 옮기는 것에 관해서 많은 것을 다루고 있습니다.

> "내 형제들아 만일 사람이 믿음이 있노라 하고 행함이 없으면 무슨 이익이 있으리요 그 믿음이 능히 자기를 구원하겠느냐 만일 형제나 자매가 헐벗고 일용할 양식이 없는데 너희 중에 누구든지 그에게 이르되 평안히 가라, 더웁게 하라, 배부르게 하라 하며 그 몸에 쓸 것을 주지 아니하면 무슨 이익이 있으리요 이와 같이 행함이 없는 믿음은 그 자체가 죽은 것이라 혹이 가로되 너는 믿음이 있고 나는 행함이 있으니 행함이 없는 네 믿음을 내게 보이라 나는 행함으로 내 믿음을 네게 보이리라"(약 2:14-18)

다른 사람의 삶에 영향을 미치지 못하는 믿음이라면 무슨 이익이 있겠습니까? 그릇이 그저 선반 위에 예쁘게 장식되어 있기만 한다면 무슨 소용이 있겠습니까? 아무런 쓸모도 없습니다. 하나님께서 당신에게 바라시는 어떤 일을 보여 주시면 즉시 행동에 옮기십시오. 그러나 주의 깊게 들으셔야 합니다. 가끔 하나님께서는 당신에게 다가올 일에 대한 예습을 시키실 때가 있습니다. 그리고 지금 하나님께서 당신에게 바라시는 것은 준비하고 정비하며 훈련하라는 것입니다. 가라는 하나님의 지시를 받기 위해서 며칠, 몇 주일, 심지어는 몇 년을 기다려야 할지도 모릅니다. 그러나 한 가지 확신할 수 있는 사실이 있습니다. 하나님께서 당신에게 가라는 신호를 주실 때면 또한 하나님께서 허락하신 시간 안에 하나님의 목표를 달성할 수 있는 지혜와 힘을 주신다는 것입니다. 일생 동안 하나님을 위해서 자신이 원하는 것을 드리는 것보다도 한 달 동안 하나님께서 지시하시는 곳을 향해 가는 것이 훨씬 더 많이 추수할 수 있는 길입니다.

다시 한 번 강조합니다. 일생 동안 하나님을 위해서 자신이 원하는 것을 드리는 것보다도 한 달 동안 하나님께서 지시하시는 곳을 향해 가는 것이 훨씬 더 많이 추수할 수 있는 길입니다. 이 사실을 진정으로 믿고 있는지 당신의 마음을 읽어 보십시오. 그리고 당신이 진정으로 믿는 바대로 살기를 원하는지 당신의 삶으로 시험해 보십시오. 당신이 하나님과 동행하고 있는지 아니면 자신의 길을 가고 있는지의 여부를 가르쳐 주는 증거들을 발견했다면 여기에 한번 적어 보십시오.

....

....

....

그러나 경고 한 가지를 덧붙이겠습니다. 왜냐하면 하나님께서 지시하신 곳을 향해 가고 있다고 해서 모든 일이 원활하게 잘 진행되고 있다고 볼 수는 없기 때문입니다. 천만의 말씀입니다. 우리는 타락한 세상에 살고 있습니다. 그러므로 당신은 자신의 방법에 대해서 인정하지 않거나, 당신의 동기에 대해서 의문을 갖는 사람, 또는 단순히 당신을 오해하는 사람들의 반대에 부딪힐 것입니다. 당신이 이와 같은 비판에 직면하게 될지 그 누가 알 수 있겠습니까? 당신은 일개 인간일 뿐입니다. 우리의 주변에는 우는 사자같이 두루 다니며 삼킬 자를 찾아다니는 적들이 있습니다(벧전 5:8).

그러나 이 모든 어려움에도 불구하고 선반 위에 얌전하게 장식되어 있는 것보다는 하나님께서 지시하신 활동 무대에 오르는 것이 훨씬 낫

습니다. 아래의 시는 하나님께서 쓰실 수 있는 그릇이 되기 위한 아주
실질적이고도 행동지향적인 방법을 말하고 있습니다.

나는 그 이상의 일을 하겠습니다

소속되는 것 그 이상의 일을 하겠습니다. 나는 참여할 것입니다.
관심을 가지는 것 그 이상의 일을 하겠습니다. 나는 도움을 줄 것입니다.
믿는 것 그 이상의 일을 하겠습니다. 나는 실천에 옮길 것입니다.
공정한 것 그 이상의 일을 하겠습니다. 나는 친절히 행할 것입니다.
용서하는 것 그 이상의 일을 하겠습니다. 나는 사랑할 것입니다.
돈을 버는 것 그 이상의 일을 하겠습니다. 나는 풍성한 삶을 살 것입니다.
가르치는 것 그 이상의 일을 하겠습니다. 나는 섬길 것입니다.
살아가는 것 그 이상의 일을 하겠습니다. 나는 성장할 것입니다.
친절한 것 그 이상의 일을 하겠습니다. 나는 친구가 되어 줄 것입니다.
이에 대해서 생각하고 기도하십시오. 그리고 행하십시오.

1. 위의 시를 읽고 아래의 각 항에 대한 응답을 적어 보십시오. 그리고 당신
   이 어떻게 해 나갈 것인지에 대한 분명한 예를 각각 들어 보십시오.

   – 참여하다

   – 돕다

   – 실천하다

– 친절히 행하다

– 사랑하다

– 풍성한 삶을 살다

– 섬기다

– 성장하다

– 친구가 되어 주다

– 행하다

2. 하나님께서 뛰어들라고 명하셨지만 당신이 행동에 옮길 것을 거부하던 상황이 있었는지 생각해 보십시오. 그 결과가 어떠했습니까?

3. 하나님께서 지금 당장 하라고 명하시는 일이 있습니까? 지금 당장 가라고 명하시는 곳이 있습니까? 그렇다면 당신은 어떻게 응답하겠습니까?

4. 오늘의 공부를 통해서 배운 중요한 교훈은 무엇입니까?

 요점정리

• 행함이 없는 믿음은 죽은 믿음입니다.
• 하나님께서 당신에게 명하여 누군가의 삶에 관여하게 하실 때는 기꺼이 행동으로 옮기십시오.

넷 · 째 · 날

앞서 가지 말아야 할 이유들

어제 우리는 행동으로 옮기는 것의 중요성에 대해서 살펴보았습니다. 행동파에 속하는 나는 행동으로 옮기는 것이 거의 대부분 올바른 선택이라고 생각합니다. 해야 할까 말아야 할까 고민이 되면 그냥 하자는 쪽으로 내어 달립니다. 성경을 읽으면서 나는 리브가를 포함해서 나와 비슷한 마음을 지닌 인물들을 발견하게 됩니다.

나는 리브가를 좋아하는데, 언젠가는 거울처럼 잔잔한 바닷가에서 리브가와 즐거운 시간을 보낼 그날이 오기를 고대하고 있습니다. 그녀는 창세기 24장에서 등장하자마자 곧장 역사를 뒤흔드는 사건의 주인공이 됩니다. 아브라함의 종이 이삭의 아내를 구하기 위해서 사막을 건너 여행할 때 처음 만난 사람이 바로 리브가였습니다. 종이 리브가에게 물을 청하자 그녀는 곧 물을 마시게 하였습니다(18절). 또 그녀는 자진해서 그의 약대를 위하여 물을 길어 배불리 마시게 합니다(19절). 이것이 작은 일이라고 생각하지 마십시오. 약대, 즉 낙타의 배를 불릴 정도라면 아마도 항아리로 엄청난 양의 물을 퍼 올려야 했을 것입니다. 그 당시 여성들이 가지고 다니던 물 항아리는 하루에 필요한 물을 긷는 데 충분할 정도의 큰 항아리였습니다. 그러나 그녀는 물을 다시 길으려고 우물로 달려갔습니다(20절 하). 나는 이 부분을 강조하고 싶습니다. 우리는 이렇게 활기차면서도 자발적인 정신을 지닌 여성을 존경해야 합니다.

리브가는 즉시 그 종과 일행들이 유숙할 수 있도록 초대했습니다(25절). 그리고 그 종이 이삭을 대신해서 결혼 신청을 하자 그녀는 즉시 수락했습니다(58절). 그렇습니다. 그녀는 앞서 말한 것처럼 행동파 여성이었습니다. 그리고 지금까지는 모든 일들이 순조롭게 진행이 되었습니다. 리브가가 지금껏 보여 준 행동들은 하나님의 계획과 완벽한 조화를 이루고 있었기 때문입니다. 그러나 이러한 '질주'가 리브가의 삶에서 그녀 자신을 곤경에 빠뜨린 적이 한 번 있었습니다. 그것은 바로 그녀가 하나님을 앞질러 나갔기 때문입니다.

리브가가 야곱과 에서를 잉태하고 있을 때, 하나님께서는 먼저 태어나게 될 에서가 이삭의 영적·물적 축복을 상속 받을 권리를 법적으로 가졌음에도 불구하고 야곱이 택함을 받은 상속자임을 리브가에게 말씀하셨습니다(창 25:23). 따라서 하나님의 계획을 알게 된 리브가는 하나님께서 주신 큰 그림을 이해할 수 있었습니다. 그러나 그녀가 몰랐던 것은 하나님의 때와 계획에 관한 자세한 세부 사항들이었습니다.

이삭이 에서에게 장자 상속의 축복을 내려 줄 준비를 하자 리브가는 즉시 행동에 들어갔습니다. 창세기 27장 1~40절을 보면 야곱이 장자의 축복을 받게 하기 위해 이삭을 속일 치밀한 계획을 세우는 리브가의 모습을 볼 수 있습니다. 결국 그녀의 계획은 성공을 거두었고, 리브가는 다시 한 번 역사를 흔드는 사건을 만듭니다. 그러나 불행히도 그녀는 하나님께 의지하기보다는 자신의 재능과 영리함에 매달린 것입니다. 그녀가 하나님의 계획보다 앞서서 달려 나가는 바람에 야곱은 일생의 많은 시간들을 도망자로 살아야 했습니다. 리브가는 두 번 다시 아들을 볼 수 없었고 결국 전 가족이 영원히 뿔뿔이 흩어져야 했습니다.

리브가는 위기를 자초하는 방식으로 상황에 대처했습니다. "어미가 그에게 이르되 내 아들아 너의 저주는 내게로 돌리리니 내 말만 좇고 가서 가져오라"(창 27:13) 그녀는 마치 자신이 간섭하지 않으면 하나님께서 훼방이라도 놓으실 것처럼 허둥지둥 행동했습니다. 그러나 하나님의 뜻은 결코 위기 상황이 아닙니다! 하나님의 영원한 계획은 우리가 개입하든지 하지 않든지 계속되고 있습니다. 하나님께서는 우리가 일들을 휘저어 놓거나 사건이 일어나게끔 만드는 것을 원하지 않으십니다. 하나님께서는 혼자서도 모든 것을 하실 수 있기 때문입니다.

하나님께서 장자 상속의 축복을 야곱에게 주시기 위해 어떤 준비를 하고 계셨는지 우리는 알 수 없습니다. 다만 우리가 잘 알고 있는 사실은 하나님께서 세우신 목적들은 반드시 이루어진다는 것과, 하나님께서 정하신 때에 그 일을 행하셨을 것이라는 점입니다. 또 우리가 확신할 수 있는 것은 하나님께서 절대로 거짓말을 하거나 속이는 일을 하시지 않았을 것이라는 점입니다. 우리는 모두 이 구절을 잘 알고 있습니다. "여호와께서 복을 주시므로 사람으로 부하게 하시고 근심을 겸하여 주지 아니하시느니라"(잠 10:22) 리브가는 하나님보다 앞서서 달려 나가 모든 일을 자기 손으로 처리하려는 바람에 자신과 가족들에게 상상할 수 없는 커다란 마음의 고통을 가져다주었습니다.

당신은 어떻습니까? 아마도 하나님께서는 기도를 통해서 또는 성경을 통해서 당신과 특별한 약속을 맺으셨을지도 모릅니다. 그러나 당신은 하나님의 방법으로 하나님께서 정하신 시간에 약속을 채워 주실 것을 믿고 기다리는 대신에 하나님보다 앞서서 나가는 바람에 혼란을 자초해 왔습니다. 이러한 일들은 내 삶 속에서도 반복적으로 있어 왔습니다. 내가 이 책의 앞에서 말했듯이, 예수 그리스도를 영접하고 나서 며칠 후에 하나님께서는 내가 일생을 바쳐서 하게 될 사역의 비전을 마음 속에 심어 주셨습니다. 그러나 시간이 갈수록 나는 앞서 달렸으며 뭔가를 해 보려고 무척 노력했습니다. 비록 내가 성취하려고 애쓰던 목적들은 **하나님의 뜻과 일치되는 것이었지만**, 하나님께서는 나를 축복하지 않으셨습니다. 그 이유는 무엇일까요? 내가 하나님보다도 앞서서 달렸기 때문입니다.

당신은 하나님보다 앞서서 달리고 있지 않습니까? 그렇지 않으면 상세한 상황까지도 주관하겠다고 약속하신 하나님만을 온전히 신뢰하고 있습니까?

1. 리브가가 아브라함의 종에게 베푼 행동에서 어떤 점을 배울 수 있을까요? (시간이 있다면 창세기 24장을 읽으십시오. 여러분도 만일 리브가의 행동에 호기심이 생기면 창세기 전체를 읽어 보십시오.)

2. 리브가의 행동파적인 성격은 하나님의 계획과 조화를 이루었습니까? 그 이유는 무엇입니까?

3. 하나님께서는 리브가에게 그녀의 아들들에 대한 어떤 계획을 말씀하셨습니까?

4. 이삭이 에서에게 축복을 내릴 준비를 하는 것을 본 리브가가 화를 낸 것은 옳은 일입니까? 옳지 못한 일입니까? 그녀의 마음속에는 어떤 생각이 떠올랐습니까?

5. 리브가는 마음속에 올바른 목적이 있었습니다. 그런데 그 목적이 수단을 정당화했습니까? 그 이유는 무엇입니까?

6. 리브가의 염려 자체는 정당한 것이었습니다. 그러나 그녀는 이와 같은 염려를 어떻게 표현했습니까? 정교한 계략을 꾸미는 대신 그녀가 해야만 한 일은 무엇이었을까요?

7. 당신은 하나님을 앞질러 나간 적이 있습니까? 그 결과는 어떠했습니까?

8. 하나님께서 이루시겠다고 약속한 것을 참을성 있게 기다리지 못하고 있는 부분이 있습니까? 당신은 지금 하나님을 앞질러서 나아가고 있지는 않습니까? 그 약속은 무엇입니까? 그리고 하나님께서 더 빨리 일을 추진하시기 위해서 당신의 도움이 필요할 것이라고 느낀 이유를 적어 보십시오.

9. 혼자서 문제를 해결하려는 대신에 상황을 어떻게 다루어야 할까요?

10. 오늘의 공부를 통해서 배운 중요한 교훈은 무엇입니까?

 요점 정리

• 우리가 하나님께서 지시하신 곳으로 가지 않고 자신의 힘으로 문제를 추진해 나갈 때 우리는 자신과 다른 사람들에게 고통을 가져다줄 수 있습니다.

• 하나님의 뜻은 결코 위기 상황이 아닙니다. 우리가 개입하든지 하지 않든지 하나님의 뜻은 이루어질 것입니다.

• 하나님을 앞질러서 뛰어가지 마십시오. 약속하신 일의 상세한 상황까지도 하나님께서 주관하시도록 인내하며 기다리십시오.

예상치 못했던 일들에 대한 기대

아홉째 주 마지막 날까지 오면서, 당신은 하나님께 쓰임받을 수 있는 그릇이 되기 위한 다섯 번째 조건을 이해하게 되었습니다. 만일 당신이 나와 같다면, 하나님께서 당신의 삶 속에서 다음에는 어떤 일을 하실지 발견할 수 있기를 갈망하고 있을 것입니다. 즉 하나님께 쓰임받는 놀라운 즐거움을 경험하게 되기를 고대하고 있을 것입니다. 그러나 당신에게 경고할 것이 있습니다. 즉 당신이 예상치 못한 일이 일어날 수 있다는 사실을 기대해도 좋습니다. 당신이 삶을 하나님께 열어 드릴 때, 하나님께서는 당신이 예상할 수 없는 가장 색다른 방법으로 당신을 사용하실 것입니다. 진정으로 당신이 하나님께 "주님, 저는 제 삶을 바쳐서 희생과 봉사를 할 준비가 되어 있습니다. 어떤 방법으로든, 어디서든, 하나님께서 명하시는 대로 할 것입니다." 하고 말씀드렸다면 놀랄 준비도 함께 해야 할 것입니다.

　오늘의 공부를 덮고, 나는 당신에게 하나님께서 어떻게 내 삶 속에서 역사하셨는지에 대해 이야기하고 싶습니다. 앞에서 나는 유산한 경험을 나누었습니다. 그 당시 내 눈에 들어오는 것이라고는, 우리처럼 10년이 넘게 결혼생활을 한 부부라면 마치 그것을 증명이라도 하듯 당연히 자녀가 있다는 점뿐이었습니다. 하나님께서 유산으로 상심한 나를 다시 치유하기 시작하셨지만 내게는 넘어야 할 장애물이 하나 더 남아 있었습니다. 그 고비는 바로 출산 예정일인 8월 29일이었습니다. 나는 내 마음 깊은 곳에 그날을 기억하고 있었고 그날이 점점 다가오자 의식적으로 잊어버리려고 애써야 했습니다.

　8월 28일, 교회 기도 모임에서 한 기도 요청이 들어왔습니다. 한 소녀에 관한 것이었는데, 부모가 모두 교도소에 가게 되어 그 소녀를 돌봐 줄 가정을 찾고 있는 상황이었습니다. 그리고 그 소녀는 몇 주 전 친구와 함께 우리 교회의 청소년 수련회에 참가했다가 신앙고백을 하게 되었다고 했습니다. 교회의 누군가가 돌봐 주지 않으면 그 아이는 주립 보호소로 가야만 할 처지였습니다. 기도 요청을 한 사람이 이러한 내용을 설명하는 순간, 나는 하나님께서 그 아이를 우리 집으로 보내셨음을 알 수 있었습니다. 나는 목사님에게 즉시 전화를 걸어서 내 의지를 말씀드렸습니다. 목사님은 깜짝 놀랐습니다. 우리는 그때 부부 관계에 영향을 미칠 만큼의 심각한 재정적 문제로 교회에서 상담을 받고 있던 중이었기 때문입니다. 그러나 내 결정이 확고하다는 것을 알게 된 목사님은 그 다음 날 그 아이와 내가 만날 수 있도록 주선해 주셨습니다.

　남편이 퇴근하여 집에 돌아오자 나는 그날 일어난 일들을 모두 말해 주었습니다. 남편은 내가 완전히 정신이 나갔다고 생각했습니다. 시부모님이 그 당시 우리 집에 함께 계셨는데 그분들도 내 생각이 터무니없다고 말씀하셨습니다. 그런데도 8월 29일, 나는 니키를 만나러 교회로 갔습니다. 그 아이는 가슴에 분노를 담고 있는 무뚝뚝한 어린 소녀였습니다. 우리는 곧 니키가 전과 기록도 있을 뿐 아니라, 마약과 술을 복용해 왔고 성적인 행동이 의심되는 단계에까지 이르렀음을 알게 되었습니다. 니키가 자신은 어린아이를 싫어하며 다섯 살 된 우리 딸과 함께 살아간다는 것은 생각만 해도 끔찍하다고 말했을 때는 충격의 절정이었습니다.

그러나 나는 올바른 정신을 지닌 사람이라면 누구나 해야 할 일을 했습니다. 바로 그 아이를 우리 집으로 데리고 온 것입니다.

그 후 세 달 동안 우리는 니키의 삶에 정성을 쏟아 부었고, 하나님께서는 바로 우리 눈앞에서 그 아이를 사랑스럽고 밝은 소녀로 변화시켜 주셨습니다. 니키는 요리하는 것을 좋아해서 어제 저녁과 그저께 저녁도 자신이 준비하겠노라고 했습니다. (니키가 만든 요리는 정말 일품입니다!) 니키는 지금 믿음이 훌륭한 여성도에게서 성악 레슨을 받고 있으며 청소년 성가대원으로 활동하고 있습니다. 니키는 자신의 오빠에게도 복음을 전했고 청소년 수련회에 함께 참가할 것을 권했습니다. 그리고 마침내 니키의 오빠도 그리스도를 영접하게 되었습니다. 어젯밤 니키가 학교에서 받아 온 성적표는 A와 A+로 가득했습니다. 물론 과제물을 내지 않는 바람에 F가 나온 과목도 있었습니다. 사람이 모든 면에서 완벽할 수는 없지 않겠습니까?

우리의 둘째 아이는 우리가 기대하던 방법으로 우리 곁에 오지는 않았지만 우리는 지금 매우 감사하고 있습니다. 그리고 가장 놀라운 일은 니키가 우리 집에 온 지 몇 주가 지나지 않아서 내가 다시 임신을 했다는 사실입니다. 하나님의 때는 정말 놀랍습니다. 하나님께서는 우리 아기를 하늘나라로 일찍 데리고 가셨기 때문에 우리는 니키를 우리의 삶 속으로 초대할 수 있었습니다. 만일 내 임신이 정상적으로 진행이 되었다면 우리는 니키를 딸로 입양하겠다는 생각은 꿈에도 하지 않았을 것입니다. 그리고 이제 곧 셋째 아이가 태어날 예정입니다. 한 가족으로서 이 흥미진진한 일을 준비해 가면서, 우리는 예상치 못한 일들을 기대하고 있습니다. 하나님께서 우리가 요청하고 상상하는 것 그 이상을 우리에게 주신다는 사실을 믿고 있기 때문입니다.

　이번 주 동안 우리는 하나님께서 명하시는 곳, 오직 하나님께서 지시하시는 곳을 향하여 우리의 삶을 바치는 것의 중요성에 대해서 집중적으로 공부했습니다. 필요를 발견하면 채우는 방식은 온전하지 않기 때문에, 하나님의 음성을 주의 깊게 듣고 하나님과 동행해야 한다는 사실도 알게 되었습니다. 우리는 큰 그림의 명령을 따르는 일의 중요성도 탐구해 보았으며, 자신이 누구인지를 이해하는 것이야말로 하나님께서 우리를 어떻게 사용하기 원하시는지를 이해하는 데 대단히 중요한 열쇠가 된다는 것도 알게 되었습니다. 비록 하나님께서는 누구든지 쓰실 수 있지만, 하나님으로서는 계속해서 과녁을 비껴 나가며 목표 없이 살아가는 태반의 사람들보다는 의미 있고 특별한 목적을 지닌 한 사람에게 명령을 내리는 것이 더욱 쉬운 일일 것입니다. 우리는 또한 하나님께서 명령하시면 언제 어디서든 모든 순간의 부르심에 희생과 봉사로써 기꺼이 행동으로 옮기는 삶에 대해서 배웠습니다. 그러나 거기에는 위험 요소도 따릅니다. 바로 하나님을 앞질러 나가는 태도입니다. 우리가 큰 그림의 명령에 너무 흥분한 나머지 하나님을 앞질러 달려가면 혼란만을 가중시키게 된다는 것입니다. 오늘 나는 가장 예상하지 못한 방법으로 엄마가 되어 버린 내 경험을 당신과 함께 나누었습니다. 하나님께 쓰임받는 그릇이 되기 원하는 여성은 하나님께서 주시는 예상치 못한 일을 받을 수 있음도 배워야만 할 것입니다.

하나님께서 쓰실 수 있는 그릇이 되기 위한 다섯 번째 조건은
하나님의 인도하심을 따라 당신의 삶을 헌신하라는 것입니다.

1. 하나님께서 예상치 못한 일에 당신을 쓰신 일이 있습니까?

2. 바로 지금 당신이 기대하고 있는 일에는 어떤 것이 있습니까?

3. 만일 하나님께서 예상치 못한 방법으로 말씀하신다면 당신은 어떻게 응답
하겠습니까?

4. 이번 주의 핵심은 무엇입니까?

5. 하나님께서 쓰실 수 있는 그릇이 되기 위한 다섯 가지 조건은 무엇입니까?

 요점 정리

• 하나님께서 보이실 예상치 못한 일을 기대하십시오.

• 하나님께서 지시하시는 곳이면 어디든지 가서 당신의 삶을 부어 주십시오. 비록 당신이 예상한 것과 다를지라도 말입니다.

하나님께 쓰임받는 즐거움 경험하기

이번 주의 주제

· · · · ·

하나님께서 쓰실 수 있는

그릇이 되는 즐거움 경험하기

이번 주의 핵심 성경 구절

· · · · ·

"나는 포도나무요 너희는 가지니 저가 내 안에,

내가 저 안에 있으면 이 사람은 과실을 많이 맺나니

나를 떠나서는 너희가 아무것도 할 수 없음이라" (요 15:5)

첫 · 째 · 날

기쁨은 어디에서 오는가?

당신은 하나님께 쓰임받는 기쁨을 아십니까? 당신은 하나님께서 당신을 창조하시고 생명을 주신 방법대로 살아가는 것으로 인한 기쁨을 느낀 적이 있습니까? 당신은 매일 하나님께 순종하며 걸어가는 기쁨, 믿음으로 걸어 나가는 삶의 기쁨을 맛본 적이 있습니까? 만일 이런 기쁨을 느껴 본 적이 없다면 당신은 기쁨 자체가 무엇인지를 모르는 사람입니다. 오늘은 오직 하나님께로부터 흘러나오는 기쁨을 경험할 수 있는 방법에 대해서 묵상해 보도록 하겠습니다.

우리가 기쁨을 맛볼 수 있는 방법에는 어떤 것이 있을까요?

순종함으로 얻는 기쁨 : "내가 아버지의 계명을 지켜 그의 사랑 안에 거하는 것같이 너희도 내 계명을 지키면 내 사랑 안에 거하리라 내가 이것을 너희에게 이름은 내 기쁨이 너희 안에 있어 너희 기쁨을 충만하게 하려 함이니라 내 계명은 곧 내가 너희를 사랑한 것같이 너희도 서로 사랑하라 하는 이것이니라 사람이 친구를 위하여 자기 목숨을 버리면 이에서 더 큰 사랑이 없나니"(요 15:10-13) 우리가 그리스도를 따를 때, 골짜기를 지나서 목숨을 내놓는 곳까지 간다 할지라도 우리는 온전한 기쁨을 맛볼 수 있습니다.

하나님의 임재하심 속에 머무는 기쁨 : "주께서 생명의 길로 내게 보이시리니 주의 앞에는 기쁨이 충만하고 주의 우편에는 영원한 즐거움이 있나이다"(시 16:11) 또 다른 말씀도 있습니다. "저로 영영토록 지극한 복을 받게 하시며 주의 앞에서 기쁘고 즐겁게 하시나이다"(시 21:6) 이런 기쁨을 느껴 보신 적이 있으십니까? 조용히 앉아 있는 것을 싫어하는 나로서는 이런 기쁨을 맛보는 것이 쉽지 않습니다. 그러나 내가 유산으로 아이를 잃는 슬픔을 겪었을 때 하나님께서는 나와 함께하시면서 나를 감싸 주셨고, 나는 논리로는 도저히 설명할 수 없는 기쁨을 경험하게 되었습니다. 우리가 하던 모든 일을 멈추고 이런 기쁨을 누리기 위해 어떤 위기가 닥쳐오기만을 기다릴 필요는 없습니다. 만일 우리가 시간만 낸다면 하나님께서는 우리에게 기쁨으로 채워 주실 것을 약속하고 계십니다.

하나님의 말씀 묵상에서 오는 기쁨 : "여호와의 교훈은 정직하여 마음을 기쁘게 하고"(시 19:8 상) "주의 증거로 내가 영원히 기업을 삼았사오니 이는 내 마음의 즐거움이 됨이니이다 내가 주의 율례를 길이 끝까지 행하려고 내 마음을 기울였나이다"(시 119:111-112) 당신은 하나님의 말씀에서 기쁨을 발견합니까, 아니면 의무감으로 읽고 있습니까? 아마도 아예 성경책을 읽지 않을지도 모르겠군요. 만약 당신이 진실로 하나님의 말씀을 묵상한다면, 하나님의 말씀이 마음속에 자리 잡음으로써 내면에서부터 바깥으로 당신을 변화시킬 것이며, 마음에 기쁨을 가져다주는 하나님의 가르침이 어떤 것인지를 발견하게 될 것입니다.

하나님의 위로를 통한 기쁨: "내 속에 생각이 많을 때에 주의 위안이 내 영혼을 즐겁게 하시나이다"(시 94:19) 당신 자신을 스스로 감싸 안아 보십시오. 지금부터 이상한 이야기를 한 가지 하겠습니다. 이와 같은 책의 막바지 부분에서 흔히 나오는 이야기는 아님을 미리 알려 드립니다.

『더 이상 외롭게 방황하는 엄마는 없어야 한다』(*No More Lone Ranger Moms*)를 집필할 당시 사실 나는 심각한 우울증을 겪고 있었습니다. 지금 생각해 보면 나는 거의 신경쇠약 직전에 이를 만큼 위험한 상황에 처해 있었습니다. 그 당시 내 주제가는 이런 것이었습니다. "아무도 날 좋아하지 않아. 모든 사람들이 나를 미워해. 나는 벌레 같은 존재야."

어느 주일에 나는 나 자신과 내가 태어난 날을 저주하면서 교회에 앉아 있었습니다. 몇 날 며칠 동안 운 까닭에 힘은 조금도 남아 있지 않았습니다. 울고 또 울어서, 더는 울 수 없을 정도로 눈물이 말라 있었고, 숨도 제대로 쉴 수가 없었습니다. 얼굴에 상처가 날 때까지 울었습니다. 여러분 중에 이런 지경이 될 때까지 울어 본 사람이 있습니까?

나는 교회 안을 둘러보며 이렇게 중얼거렸습니다. "여기서 나를 걱정해 주는 사람은 아무도 없구나. 그 누구도 나를 좋아하는 사람은 없어. 난 정말 내가 싫어. 하나님, 제가 얼마나 저 자신을 미워하는지 아시나요?" 그런데 바로 그 다음 순간 누군가의 팔이 나를 감싸는 것처럼 느껴졌습니다. 완전히 나를 감싸 안으며 말할 수 없는 위안을 주는, 내가 태어나서 처음으로 경험하는 느낌이었습니다. 사랑과 따뜻한 온기가 머리부터 발끝까지 내 온몸을 넘쳐흐르고 있었습니다.

그리고 나는 들었습니다. 내 삶 속에서 세 번째로 하나님의 음성을 생생하게 들을 수 있었던 것입니다. "내가 너를 좋아한다, 도나." 하나님께서 내게 속삭이셨습니다. "나는 지금 네 모습 그대로 너를 아끼고, 너를 사랑한다."

바로 하나님께서 나를 감싸 안으신 것이었습니다. 하나님께서 나를 위로하시기 위해서 손을 내미셨습니다. 그리고 거룩하신 팔로 나를 감싸 안으셨습니다. 그리고 이루 말로 표현할 수 없는 기쁨이 내 안에서 넘쳐났습니다. 오랫동안 지속되는 하나님의 포옹 속에서 눈물이 다시 샘솟듯 흐르기 시작했습니다. 불쌍한 남편은 무슨 일이 일어났는지 알지 못했습니다. 다만 그는 내가 활짝 웃고 있는 가운데 눈물을 뚝뚝 흘리는 모습을 보았다고 했습니다. 너무 울어서 눈물이라고는 더는 남아 있지 않던 내가 실제로 눈물을 흘린다는 것은 불가능했기에 그 모습 자체가 바로 기적이라고 남편은 생각했답니다. 나는 무척 압도되어 있었기에 눈물을 흘리면서 예배 도중 밖으로 나와야 했습니다. 나는 교회 밖에 서서 20분 동안 하나님께서 나를 위로해 주시던 그 기쁨을 다시 한 번 맛보았습니다.

지금 나는 하나님께서 당신을 이처럼 포옹하실 것이라고 보장할 수는 없습니다. 그러나 하나님께서 주시는 위로가 당신의 영혼에 기쁨을 가져다줄 것이라는 사실을 하나님께서 친히 보장하고 계십니다. 친구가 없을 때 위로의 하나님께서 거기에 계십니다. 하나님을 찾으십시오. 그러면 당신은 하나님을 만나게 될 것입니다.

하나님께서 하신 일을 기억함으로 누리는 기쁨 : "여호와께서 우리를 위하여 대사를 행하셨으니 우리는 기쁘도다"(시 126:3) 다음번에 당신의 기쁨이 사라지고 있을 때 하나님께서 당신을 위해서 해 오신 놀라운 일들을 기억하십시오. 다섯째 주에 이야기한 감사 목록이 중요한 이유가 바로 이것입니다. 또 이것은 왜 하나님의 말씀을 아는 것이 절대적으로 중요한지에 대한 이유가 되기도 합니다. 우리는 백성을 위하시는 하나님의 놀라운 섭리를 빨리 이해할 수 있기 때문입니다. 구원이 필요할 때, 우리는 격렬히 타는 풀무 가운데 던져지고도 굳건히 버틴 사드락과 메삭과 아벳느고를 떠올릴 수 있습니다.

> "사드락과 메삭과 아벳느고가 왕에게 대답하여 가로되 느부갓네살이여 우리가 이 일에 대하여 왕에게 대답할 필요가 없나이다 만일 그럴 것이면 왕이여 우리가 섬기는 우리 하나님께서 우리를 극렬히 타는 풀무 가운데서 능히 건져내시겠고 왕의 손에서도 건져 내시리이다 그리 아니하실지라도 왕이여 우리가 왕의 신들을 섬기지도 아니하고 왕의 세우신 금 신상에게 절하지도 아니할 줄을 아옵소서"
>
> (단 3:16-18)

우리는 이 이야기가 어떻게 끝이 나는지 분명히 알고 있습니다. 만일 모른다면 빨리 성경을 찾아보십시오. 당신의 마음에 기쁨을 가져다줄 것입니다.

어려운 시기를 인내함으로 찾아오는 기쁨 : 어려운 시기는 모든 사람들에게 찾아옵니다. 바바라 존슨(Barbara Johnson)의 책에는 이와 같은 멋진 타이틀이 붙어 있습니다. "고통은 필연이나 절망은 선택이다." 그러니 당신의 모자에 제라늄 꽃을 꽂고 행복하게 사십시오! 좀 더 고요한 마음으로 하나님의 말씀을 간직하고 기뻐하십시오. 무슨 일이 있든지 인내하십시오. 어려운 시기에도 포기하지 않는 사람들에게 하나님께서는 약속을 주십니다. "눈물을 흘리며 씨를 뿌리는 자는 기쁨으로 거두리로다 울며 씨를 뿌리러 나가는 자는 정녕 기쁨으로 그 단을 가지고 돌아오리로다"(시 126:5-6)

우리는 기쁨에 관한 수백 개의 성경 구절 중 몇 가지만 함께 나누었습니다. 이번 주 동안 우리는 하나님께 쓰임받을 수 있는 그릇인 우리에게 주신 기쁨에 대해서 공부해 볼 것입니다.

1. 성경에는 우리가 기쁨을 경험할 수 있는 방법에 어떤 것들이 있다고 기록
   하고 있습니까? (먼저 기억을 더듬어 보십시오. 그런 후에 교재를 살펴보
   십시오.)

2. 당신의 어려운 상황에도 불구하고 기쁨을 경험한 시간을 상기해 보십시
   오. 그리고 묘사해 보십시오. 상황 때문에 경험하던 기쁨과 어떤 점이 다
   른지 적어 보십시오.

3. 우리가 경험할 수 있는 가장 큰 기쁨 중 하나는 다른 사람들을 섬길 때
   누리는 기쁨입니다. 아래에 나오는 시는 우리가 다른 사람의 삶 속에 기
   쁨을 가져다줄 수 있는 실질적인 방법들을 제시하고 있습니다. 시를 묵상
   하고 난 뒤 질문에 응답하십시오.

기쁨의 정원 가꾸기

다섯 줄의 '씨'를 심으십시오.
기도, 인내, 공손, 격려, 순결의 씨들을.
세 줄의 '하지 않기' 모종을 심으십시오.
험담하지 않기, 비판하지 않기, 무관심하지 않기의 모종들을.
다섯 줄의 '하기' 나무를 심으십시오.
의무에 충실하기, 헌신적으로 살기, 진실하기,
그리스도를 따르기, 서로서로 사랑하기의 나무들을.
'결심'의 꽃이 없으면 완벽한 정원을 이룰 수 없습니다.

교회에 출석하기로 결심하고, 미소 짓기로 결심하고,
새로운 아이디어를 내기로 결심하고,
모든 것을 선하고 가치 있게 하기로 결심하십시오.

– 작가 미상

4. 당신에게 더 필요한 씨는 무엇입니까? 각 씨마다 분명한 답을 하고 한두
   가지 이유를 말해 보십시오.

5. 당신이 심어야 할 '하지 않기' 모종은 무엇입니까?

6. '하기' 나무가 당신의 삶에 심겨져 있습니까? 그렇지 않다면 당신은 어떻
   게 변해야 할까요?

7. 당신은 다른 사람들에게 기쁨을 가져다주는 '결심'의 꽃을 가꾸고 있습니
   까?

8. 오늘의 공부를 통해서 배운 중요한 교훈은 무엇입니까?

 요점 정리

- 우리는 어떠한 상황에서도 기쁨을 누릴 수 있습니다.
- 삶에서 가장 큰 기쁨을 맛볼 때는 다른 사람을 섬길 때입니다.

둘·째·날

사역의 기쁨과 잘못된 기대의 위험 (1)

우리는 영광과 명예로 가득한 즐기는 삶을 살라고 부름받지는 않았습니다. 대신에 섬김의 삶, 봉사의 삶을 살도록 부름받았습니다. 그 사실을 잊고 있는 한 하나님께서는 우리를 쓰실 수가 없으며 우리의 기쁨도 사라집니다. 우리는 마가복음 10장에서 이 진리에 대한 완벽한 실례를 접할 수 있습니다.

"세베대의 아들 야고보와 요한이 주께 나아와 여짜오되 선생님이여 무엇이든지 우리의 구하는 바를 우리에게 하여 주시기를 원하옵나이다 이르시되 너희에게 무엇을 하여 주기를 원하느냐 여짜오되 주의 영광 중에서 우리를 하나는 주의 우편에, 하나는 좌편에 앉게 하여 주옵소서 예수께서 가라사대 너희 구하는 것을 너희가 알지 못하는도다 너희가 나의 마시는 잔을 마시며 나의 받는 세례를 받을 수 있느냐 저희가 말하되 할 수 있나이다 예수께서 이르시되 너희가 나의 마시는 잔을 마시며 나의 받는 세례를 받으려니와 내 좌우편에 앉는 것은 나의 줄 것이 아니라 누구를 위하여 예비되었든지 그들이 얻을 것이니라 열 제자가 듣고 야고보와 요한에 대하여 분히 여기거늘 예수께서 불러다가 이르시되 이방인의 소위 집권자들이 저희를 임의로 주관하고 그 대인들이 저희에게 권세를 부리는 줄을 너희가 알거니와 너희 중에는 그렇지 아니하니 너희 중에 누구든지 크고자 하는 자는 너희를 섬기는 자가 되고 너희 중에 누구든지 으뜸이 되고자 하는 자는 모든 사람의 종이 되어야 하리라 인자의 온 것은 섬김을 받으려 함이 아니라 도리어 섬기려 하고 자기 목숨을 많은 사람의 대속물로 주려 함이니라"(막 10:35-45)

야고보와 요한은 하늘나라에서 누가 최고의 자리에 앉게 될지 궁금했습니다. 그들은 높은 자리에 앉아서 섬김받기를 원했기 때문입니다. 그래서 그들은 예수님이 자신들에게 영예로운 자리를 마련해 주시기를 요청한 것입니다. 그러자 다른 제자들이 분개했습니다. 왜 그랬을까요? 정의감에 불탔기 때문일까요? 절대로 그렇지 않습니다. **그들 역시 영예로운 자리를 기대했기 때문에** 화가 난 것입니다. 이에 예수님은 어떻게 대답하셨습니까? "인자의 온 것은 섬김을 받으려 함이 아니라(not to be served) 도리어 섬기려 하고(to serve)" 하고 말씀하셨습니다. 나는 킹 제임스 성경으로 이 구절을 보는 것을 더 좋아합니다. 거기에는 이렇게 되어 있습니다. "인자의 온 것은 종을 얻으려 함이 아니라(not to be ministered unto) 도리어 종이 되려 하고(to minister)"

만약 당신이 하나님께 쓰임받는 그릇이 되기를 희망한다면, 당신은 이 진리를 꽉 붙잡아야 합니다. '나는 종이 되려고 온 것이 아니라 종을 얻으러 왔다. 나는 섬기러 온 것이 아니라 섬김을 받으러 왔다.' 와 같은 태도만큼 이 세상에서 우리의 효력을 방해하고 또한 일상의 삶 속에서 우리가 기쁨을 맛볼 수 있는 기회를 막는 것은 그 어떤 것도 없을 것입니다. 만일 우리가 이런 식으로 생각하고 있다면 우리는 예수님을 알지도 만나지도 못했다고 할 수 있습니다. 게다가 예수님의 메시지를 전혀 이해하지 못하고 있는 것입니다.

내가 지나치게 과장하고 있다고 생각하십니까? 그렇다면 몇 가지 실례를 찾아보도록 하겠습니다. 이런 시나리오를 한번 상상해 보십시오. 당신의 남편이나 당신에게 중요한 누군가가 당신의 생일을 잊어버렸습니다. 당신은 화가 났습니다. 왜일까요? 그가 당신에게 생일 선물을 줌으로써 당신을 섬기기를 기대하는 마음이 있기 때문입니다. 그런 기대가 비현실적인 기대는 아닙니다. 또 당신의 생일을 잊어버린 남편이 잘했다는 말도 결코 아닙니다. 그러나 당신이 남편에게서 섬김을 받기보다 남편을 섬기고자 했다면 남편이 생일을 잊었다고 해서 그렇게 심하게 화가 나지는 않았을 것입니다.

보통의 경우처럼 당신에게도 결혼생활이 늘 행복하지만은 않을지도 모릅니다. 결혼에 대한 비현실적인 기대 때문일까요? 남편이 실직 상태에 있었을 때 우리 부부는 어려운 시간들을 보내야만 했습니다. "실직한 남편들은 순수한 기쁨을 줍니다." 하고 말하면 나는 완전히 거짓말을 하는 것입니다. 나는 이런 생각을 계속했습니다. '내가 이 무능한 남자를 버릴 수만 있다면 일주일 안에 로버트 레드포드와 살 수도 있을 텐데….' (사실 나처럼 우울증 증세를 지니고 있는 사람들은 이런 상상의 나래를 곧잘 펼칩니다. 그 당시 나는 어이없게도 로버트 레드포드와 내가 정말 잘 될 수 있을 것이라고 믿었습니다!)

어느 날 밤 남편과 나는 마침내 서로 폭발해 버렸습니다. 우리는 방해받지 않고 충분히 대화할 수 있는 곳으로 가기로 결정했습니다. 그래서 우리는 '맥도날드'로 갔습니다. 우리 딸은 그때 네 살이었습니다. 맥도날드에 아이들이 놀 수 있는 놀이터가 있었던 점은 정말 감사한 일입니다. 어쨌든 우리는 자리에 앉아서 상대방의 잘못한 점들을 지적했습니다. 남편이 해야만 하는 역할과 아내가 해야만 하는 역할에 대한 기대가 충족된 적이 있었는지 따지기 시작한 것입니다. 마침내 남편이 말했습니다. "당신이 아는 사람 중에 완벽한 결혼생활을 해 나가는 사람이 있으면 이름을 말해 봐. 완벽하지는 못해도 그럭저럭 괜찮은 결혼생활을 꾸려 나가는 사람의 이름은 말할 수 있어?"

그의 말이 맞았습니다. 그 질문은 아주 간단했지만 나 자신이 현실을 바라볼 수 있는 기회를 제공한 것입니다. 인생은 완벽하지 않습니다. 그러니 결혼에 대한 기대를 버리십시오. 당신의 남편은 로버트 레드포드가 아닙니다. 설령 당신이 로버트 레드포드와 결혼했다고 하더라도, 그가 당신이 생각하던 로버트 레드포드가 아님을 당신은 곧 알게 되었을 것입니다. 당신의 파트너를 평가하고 교육하고 심지어 개선까지 시키는 것은 당신의 몫이 아닙니다. 예수님이 하시던 것처럼 **그를 섬기고 격려하는 것이 바로 당신이 해야 할 일입니다.** 만일 당신이 이것이 아닌 다른 동기로 남편을 대한다면 오래된 쓴 뿌리가 언제든지 다시 싹을 틔울 수 있음을 기억해야 할 것입니다. 그리고 "기쁨이여, 안녕!" 하고 외쳐야만 할 것입니다.

당신의 자녀는 어떻습니까? 우리는 진정으로 자녀들을 섬기고 있습니까, 아니면 자녀들이 모범 어린이가 되어 우리를 섬겨 주기를 바라고 있습니까? 우리는 자녀들이 하나님을 사랑하기를 기대합니다. 모두 A 학점을 받아야 하고 만능 스포츠맨이 되어야 합니다. 그리고 좋은 사람과 결혼하기를 바랍니다. 그것도 우리가 만족할 만한 사람 말입니다. 모두 좋은 기대들입니다. 그러나 우리는 그 아이들에게 이런 것을 요구할 권리가 없습니다. 우리 어머니는 "넌 은혜를 모르는 아이야." 하는 말씀을 자주 하셨습니다. 어머니는 자녀가 여덟이나 되었기에 이것을 충분히 경험하신 것입니다. 그렇습니다. 아이들은 감사할 줄 모릅니다. 아이들의 감사할 줄 모르는 태도는 그들이 좋아하는 '해피밀 세트' 나 '바비 인형 세트' 처럼 아이들이 태어나는 순간에 세트로 함께 우리에게 왔습니다. 일종의 세트 구매라고나 할까요.

내 딸 레아가 세 살 때의 일입니다. 하나님께서는 아이들을 섬기는 것에 관한 이 메시지를 실제로 우리 가정에 적용하기를 원하셨습니다. 이 일 역시 남편이 실직 상태에 있을 때 일어났습니다. 나는 그 당시 하루에 열다섯 시간씩 일을 해야 했지만 아이를 봐 주는 사람도 고용하지 못했으며 어떤 도움도 받지 못하고 있는 상태였습니다. 카메론은 날마다 하루 종일 일자리를 구하러 다녀야 했기 때문에 도와준다는 것은 어림도 없는 일이었습니다. 나는 그야말로 외롭게 방황하는 엄마였습니다. 내게 연민이 느껴지지 않습니까? 그런데 왜 나를 섬겨 주는 사람이 한 사람도 없었을까요? 물론 이런 이야기를 하자는 것은 아닙니다.

다시 본론으로 돌아가겠습니다. 딸아이가 내게 와서 말했습니다. "엄마는 나한테 너무 관심이 없는 것 같아." 어린 아이의 입에서 이런 말이 나오다니! 그러나 나는 생각했습니다. '그래, 네 말이 맞다.' 그래서 특별히 엄마와 딸 둘만을 위한 날을 하루 정해야겠다고 결정했습니다. 그 계획이 잘 진행되었으리라고 생각하십니까?

나는 딸아이에게 어디로 가서 점심을 먹을 것인지를 선택하라고 했습니다. 레아는 처음에 '버거킹' 에 가고 싶어 했습니다. 그런데 막상 도착하고 나니 피자가 먹고 싶다는 것이었습니다. 아이가 원하는 것은 바로 '피터 파이프' 피자 가게였습니다. 이 가게를 아시는 분도 있을 것입니다. 실내에 작은 놀이 공원을 갖추고 있어서 놀이 기구도 타고 게임도 할 수 있는 음식점인데, 애리조나에는 이 피자집 체인점이 많기 때문에 나는 몇 분 안에 피터 파이프 피자가 금방 눈에 띄리라 생각하고 운전했습니다. 그 이후로 어떻게 되었으리라 생각하십니까?

레아는 집에서 출발할 때부터 뒷좌석에 앉아서 계속 투덜거렸습니다. 내 뒤의 차량들은, 내가 피터 파이프 피자집을 찾느라고 쇼핑 센터마다 확인하며 천천히 운전하자 빨리 달리라고 경적을 울려 댔습니다. 그날의 엄마와 딸의 단합 회식은 완전히 내 기대와 어긋나 버렸습니다.

마침내 조그마한 피자 가게를 하나 발견했지만 내 기분은 엉망이었습니다. 두말 할 것도 없이 피자 가게에는 놀이 기구나 게임기도 없었으며 아이들이 재미있게 놀 만한 시설도 없었습니다. 우리의 기대가 완전히 사라지는 순간이었습니다. 딸아이는 전혀 즐거워하지 않았습니다. 그런데 곧 레아는 저 안쪽에서 담배를 피우며 화면 속의 움직이는 것은 모두 죽이는 비디오 게임을 하고 있는 한 무리의 십대들을 발견했습니다.

그러자 레아는 소년원을 갓 출소한 아이처럼 그 주위를 뛰어다니며 소리를 질렀습니다. 나는 담배 연기에 질식할 것만 같았습니다. 피자가 나오는 시간이 얼마나 더딘지 영원히 나오지 않을 것만 같았습니다. 최악의 기분이었습니다. 나는 서비스가 엉망이라고 불평하면서 딸에게 제발 가만히 있으라고 명령했지만 레아는 나를 완전히 무시하고 있었습니다. 그래서 나는 레아를 뒤쫓아 음식점 안을 돌아다니며, 왜 내가 레아를 낳았는지 모르겠다고 혼자 신세 한탄을 했습니다. 제법 큰 소리로 투덜거리고 있던 그때, 어떤 여성이 가까이 다가와서 나를 쳐다보더니 머뭇거리다가 말을 걸어 왔습니다. "저 도나 파토우 씨 아니세요? 지난주 당신의 세미나에 참석했었어요." 나는 이런 생각이 들었습니다. '유명해진다는 것이 기대만큼 좋은 것은 아니군.' 제발 그녀가 참석한 세미나가 부모가 되는 기쁨을 주제로 한 강연만은 아니기를 바랄 따름입니다.

여기서 내가 말하고자 하는 교훈은 바로 이것입니다. 나는 그날 내 딸을 섬기기 위해서 그곳에 간 것이 아니었습니다. 전혀 아니었습니다. 나는 레아가 나를 섬겨 주기를 기대한 것이었습니다. 나는 레아의 협조를 기대했습니다. 내가 레아를 무시하고 대가를 치르지 않아도 된다는 확신 얻기를 바랐던 것입니다. 나는 레아가 나를 사람들 앞에서 좋은 엄마로 보일 수 있게 해 주길 바라고 있었습니다. 야고보와 요한처럼 나는 영예로운 자리를 기대한 것입니다. 그런데 이 모든 기대가 충족되지 않자 내 기쁨은 마치 피자 위에 얹힌 모차렐라 치즈가 오븐 속에서 녹아 버리듯 사라져 버리고 말았던 것입니다.

1. 야고보와 요한은 예수님이 자신들을 위해서 어떻게 해 주시기를 바랐습니까? 그들이 그러한 요청을 한 진짜 속셈은 무엇이었을까요?

2. 예수님은 그들이 잘못된 생각을 가지고 있음을 지적하십니다. 예수님의 말씀에 따르면 그들은 어떤 소망을 품어야 했을까요?

사역의 기쁨과 잘못된 기대의 위험 (2)

오늘도 우리는 계속해서 사역의 기쁨과 잘못된 기대의 위험에 대해서 알아보도록 하겠습니다.

섬기기보다는 섬김을 받겠다는 바람을 보여 주는 전형적인 예를 몇 가지 들어 보도록 하겠습니다. 교회에서는 어떻습니까? 꾸준히 출석은 하지만 예배는 지루합니다. 설교는 졸리기만 합니다. 당신은 다음 주를 위해서 힘을 얻기 기대하고 영적으로 위로받기를 기대하지만 곧 실망을 느낍니다. 예배가 끝난 뒤 당신에게 인사하는 사람은 아무도 없습니다. 당신이 어머니 수술을 위해서 기도해 달라고 부탁했는데도 수술이 잘 되었는지 묻는 사람도 없습니다. 그리고 당신은 상처받은 당신의 권리를 마치 소중한 보물이라도 되듯이 가슴에 품습니다. 왜 그럴까요? 당신은 거기에 섬기러 간 것이 아니라 섬김을 받으러 갔기 때문입니다. 그런 마음을 품고 있다면 기쁨과는 멀어지게 될 뿐입니다.

사역에서도 이러한 태도는 슬그머니 기어 들어와서 혼란을 일으키고 갑니다. 왜 사람들은 이런 일로 힘을 소모하는 것일까요? 왜 우리는 포기하고 마는 것일까요? 결과를 기대하고 있다가 결과가 눈에 보이지 않으면 포기하고 마는 것입니다. 우리는 사람들이 우리에게 감사하고 우리를 칭찬해 주며 영예로운 자리에 앉혀 주기를 기대하고 있습니다. 그리고 사람들이 그렇게 대해 주지 않을 때 화가 나고 섭섭한 감정을 느끼게 되는 것입니다. 이것을 기억하십시오. "인자의 온 것은 섬김을 받으려 함이 아니라 도리어 섬기려 하고 자기 목숨을 많은 사람의 대속물로 주려 함이니라"(막 10:45) 우리 역시 이와 같이 해야 합니다.

처음에는 목표를 위해서 최선의 목적을 가지고 사역을 시작하지만 결국 목적에서 벗어난 상태로 끝난다는 것은 놀랍지 않습니까? 우리의 동기가 물을 흐리는 것 역시 놀랍지 않습니까? 내가 왜 이 일을 하고 있는지, 내가 무엇을 하고 있는지를 이해하기 위해서 끊임없이 내 동기를 시험해 보아야 한다는 사실을 나는 알고 있습니다. 얼마 전에 우리 교회의 특별 행사 책임자가 내게 전화를 해서 크리스마스 만찬 때 연설해 줄 것을 부탁했습니다. 지난번에도 내게 연설을 부탁했는데 그때 나는 이런 대답을 했습니다. "차라리 발가벗긴 채로 길거리를 행진하다가 온몸에 타르를 바르고 새털을 씌운 다음, 석유에 몸을 담근 후에 불을 지르는 편이 나을 것 같네요." 왜 이렇게 대답했을까요? 바로 예수님이 이렇게 말씀하셨기 때문입니다. "또 가라사대 내가 진실로 너희에게 이르노니 선지자가 고향에서 환영을 받는 자가 없느니라"(눅 4:24) 예수님의 말씀은 참으로 옳습니다!

올해에도 나는 연설하고픈 마음이 조금도 없었습니다. 왜냐하면 연설을 하고 나면 사람들에게 인정받고 싶어지기 때문입니다. 사랑받기를 원하고 존경받기를 원하기 때문입니다. 나는 청중이 나를 섬겨 주기를 원하게 됩니다. 그들에게서 내가 얼마나 훌륭한지 이야기를 듣고 싶어하며, 무엇보다도 청중이 내 책들을 사 주기를 바라게 됩니다. 내가 방금 시인한 고백을 믿을 수 있겠습니까?

지난 주일에 나는 교회에 앉아 주보를 보았습니다. 거기에는 앞으로 열릴 여성도회의 행사표가 있었습니다. 12월 7일 크리스마스 행사로 강연자의 이름이 나오지 않은 순서가 들어 있었습니다. 나는 속으로 '아이고, 큰일났군. 다시 내게 물어보겠지?' 하고 생각했습니다. 그때에 성령께서 말씀하셨습니다. "이번에는 네가 '예.' 하고 말할 차례다." 나는 앞서 말한 누가복음 4장의 구절로 항변했지만, 하나님께서는 별로 감동하지 않으신 것이 분명했습니다. "도나, 이제 내 말을 이해하기 시작했구나. 네가 영예로운 자리에 앉으려고 해서는 안 된다. 내 말에 순종하거라."

하나님께서 내게 교회의 여성도들을 섬기라는 소명을 주셨음을 나는 마음속으로 알 수 있었습니다. 비록 그 사람들이 보답으로 나를 섬기지 않는다 할지라도 말입니다. 비록 그들이 나를 사랑하지 않을지라도, 내가 한 일이 훌륭하다고 말해 주지 않을지라도, 내 책을 사지 않을지라도, 하나님께서는 섬김을 받기 위해서가 아니라 섬기라고 나를 부르고 계시는 것입니다.

지금 하나님께서 내 마음속에 이 점을 강조하시는 것을 느끼며, 이 책을 읽고 있는 여성들 중에서 이 말을 들어야 할 필요가 있는 사람들이 있음을 확신합니다. 지난 몇 주 동안 다양한 상황 속에 처해 있는 수많은 사람들이 나를 만나서 이렇게 말했습니다. "당신의 강연을 들었어요." 또는 "당신이 쓴 책을 읽어 봤어요." 물론 나는 그런 말들을 감사하게 생각합니다. 그러나 그것이 무슨 소용이란 말입니까? 내가 돈을 벌기 위해서 책을 쓰는 것일까요? 그렇다면 얼마나 한심한 일입니까? 아니면 저작권 사용료를 버는 것보다 훨씬 더 중요한 것, 누군가에게 내가 쓴 책이 읽혀지는 그 이상의 중요한 무언가가 있는 것일까요?

만일 당신이 이 공부를 다 끝낸 뒤 "나는 도나 파토우가 쓴 책을 읽었어." 하고 말한다면 나는 완전히 실패한 것입니다. 하나님께서 쓰실 수 있는 그릇이 되는 데는 완전히 실패했다는 말입니다. 당신은 도나 파토우가 자신의 사무실에서 어떤 종류의 책을 쓰는지 보려고 이 책을 선택했습니까? 하나님께서 쓰실 수 있는 그릇이 되고 싶어서 이 책을 선택하지 않았습니까? 하나님에 대해서 더 많은 것을 배우고 더욱더 하나님께 가까이 다가가기 위해서 이 책의 공부를 시작하지 않았습니까?

도나 파토우가 지은 책을 읽는다는 것은 아무런 의미가 없습니다. 이 책이 하나님의 말씀을 전하는 그릇이 될 수 없다면 차라리 읽지 않는 것만 못한 것입니다. 매일 경건의 시간을 갖는 동안 이 책을 당신 앞에 두십시오. 그리고 우주를 창조하신 하나님께서 이 책을 통해서 당신과 대화하실 수 있기를 기대하십시오. 당신의 목표는 하나님의 음성을 듣는 것입니다. 만일 하나님께서 나를 도구로 사용하셔서 당신에게 말씀하실 수 없다면, 만일 내가 한 모든 일이 오히려 방해가 되고 나 자신과 내 아이디어, 내 의견만이 독자들의 관심을 끈다면, 이 책이 무슨 소용 있겠습니까?

당신도 자신의 삶과 사역을 점검해 보기를 꼭 부탁드립니다. 당신은 하나님께서 사람들을 하나님께로 모으실 수 있는 그릇의 역할을 하고 있습니까, 아니면 사람들의 관심이 당신 자신에게로 쏠리도록 인도하고 있습니까, 다시 한 번 생각해 보십시오. 당신의 사역이 사람들을 하나님께로 인도하고 있습니까, 아니면 단지 당신 자신에게로 이끌고 있습니까? 이런 말은 하고 싶지 않지만 만일 당신이 사람들의 관심을 단순히 자신에게로 이끌고 있다면, 즉 섬기기보다는 섬김을 받고 싶어 한다면, 아주 중대한 문제가 당신 앞에 발생할 것입니다. 왜냐하면 하나님께서는 홀로 영광을 받으시기 때문입니다. 하나님께서는 나와도 영광을 나누지 않으실 것이며 당신과도 나누지 않으실 것입니다. 만일 이러한 이유로 당신의 사역이 중지되어야 한다면 하나님께서는 순식간에 그렇게 하실 것입니다. 내 말을 믿으십시오. 나는 이 점에서 유경험자이기 때문입니다.

당신이 사역을 시작하기 전에, 또는 선행을 하기 전에 할 수 있는 간단한 자기 테스트 방법을 알려 드리겠습니다. 자신에게 물어보십시오. "과연 나는 어떤 보답도 기대하지 않은 채 이 일을 할 수 있을까?" 만일 대답이 "그렇지 않다."이면 그 일을 하지 마십시오. 만일 당신의 주인에게서 "잘하였도다. 착하고 충성된 종아." 하는 말씀을 직접 듣는 것 외에 다른 대가, 즉 감사의 쪽지나 칭찬, 인정, 감사패, 아니면 당신 이름 뒤에 교회가 달아 준 날개를 기대하고 있다면 그 일을 하지 마십시오. 만일 당신이 섬기기보다는 섬김을 받겠다는 욕망을 마음속에 감추고 봉사 활동을 시작한다면, 당신이 들이는 노력은 기쁨보다는 골칫덩이가 되어서 돌아올 것입니다. 더 안 좋은 경우에는 사역을 하는 도중 하나님께 누를 끼칠 수도 있을 것입니다.

다음번에 당신이 기쁨을 경험하기는커녕 화가 나거나 고통을 당하거나, 또는 분노와 질투, 좌절, 그리고 실망을 느끼게 될 때 당신 자신에게 다음의 다섯 가지 질문을 던져 보고 기쁨을 되찾을 수 있는지를 시험해 보십시오.

1. 현재의 상황 속에서 최고의 기쁨을 경험하지 못하도록 당신을 방해하고 있는 것은 무엇입니까? 당신이 기쁨을 느끼지 못하고 있다는 사실을 알게 되는 것이야말로 기쁨을 재발견하는 첫 단계입니다.

2. 내 기쁨을 앗아가는 사람이나 상황에 대해서 나는 어떤 기대를 품고 있습니까? 그 기대들은 현실적입니까?

3. 과연 나의 가장 큰 희망은 섬기는 것입니까, 아니면 섬김을 받는 것입니까? 기억하십시오. 섬김을 받는 것이 결코 나쁜 것은 아닙니다. 예수님도 편히 쉬셨고 때로 섬김을 받으셨으며 바울 사도도 그렇게 했습니다. 하나님께서는 당신의 필요를 알고 계십니다. 여호와 이레의 하나님께서 필요를 채워 주실 것입니다.

4. 나는 이 상황을 통해서 기꺼이 하나님께 쓰임받기를 원하고 있습니까? 아무리 불편하고 어려운 상황이라 해도 상관없습니까?

5. 하나님께서 쓰실 수 있는 그릇으로 나를 변화시키시기 위해서 그 어떤 도구 즉 남편, 자녀, 교회, 그리고 그 어떤 상황을 선택하셔서 사용하시더라도 하나님의 뜻에 따를 수 있습니까? 별로 중요하지 않게 보이는 식료품점 계산대 앞의 긴 줄서기부터 아이의 죽음과 같은 끔찍한 일까지, 그 어떤 상황에서든 기꺼이 하나님의 뜻을 따를 수 있겠습니까?

기쁨이 사라져 버릴 때는 언제나 이 다섯 가지의 질문을 자신에게 던져 보십시오. 그리고 사고방식에 어떤 변화가 일어나는지 살펴보시기 바랍니다.

1. 교회에서의 책임이나 관계 등 당신이 처음에는 좋은 의도로 시작한 일들이 쓰라린 상처만 남기고 끝난 적이 있는지 생각해 보십시오. 많은 상황들이 생각날 것입니다. 다시 한 번 뒤돌아보십시오. 당신의 진정한 목표는 무엇이었습니까?

2. 하나님 앞에 그러한 가슴 아픈 상황들을 가지고 나오십시오. 하나님께 고백하고 용서를 받으십시오.

3. 일상의 삶 속에서 일어나는 갈등과 불만족 중에서 당신이 섬김받기를 희망하는 바람에 생겼다고 느껴지는 예를 들어 보십시오. 당신이 어떻게 좀 더 그리스도를 닮는 삶, 즉 종의 태도를 받아들일 수 있을지 적어 보십시오.

4. 다음번에 당신의 기쁨이 사라져 버린다는 느낌이 들 때 다섯 가지 질문 중 어떤 것을 자신에게 물을 것입니까?

5. 당신은 누구를 섬겨야 합니까? 이름을 말해 보십시오. 섬김받기를 원하는 당신의 기대가 과거의 관계를 깨뜨린 경험을 생각해 보고 당신이 어떤 변화를 일으킬 수 있는지 적어 보십시오.

6. 오늘의 공부를 통해서 배운 중요한 교훈은 무엇입니까?

 요점 정리

• 우리의 소명은 다른 사람들을 섬기는 것이지 섬김을 받는 것이 아닙니다. 우리가 이러한 진실의 시각을 잃어버릴 때 기쁨도 잃어버리는 것입니다.

• 다른 사람이 우리를 섬겨 주기를 기대할 때, 하나님께서 우리가 경험할 수 있도록 준비해 놓으신 기쁨을 빼앗기게 됩니다.

넷 · 째 · 날

그리스도 안에 거하기

우리가 함께 해 온 여행의 마지막 주인 이번 주는 예수님께서 제자들에게 주신 마지막 메시지 중 하나에 초점을 맞추는 것이 가장 합당하다고 생각합니다. 오늘 우리는 그리스도께서 십자가에 못 박히시기 전 제자들에게 간략하게 전해 주신 교훈을 살펴볼 것입니다.

"내가 참 포도나무요 내 아버지는 그 농부라 무릇 내게 있어 과실을 맺지 아니하는 가지는 아버지께서 이를 제해 버리시고 무릇 과실을 맺는 가지는 더 과실을 맺게 하려 하여 이를 깨끗케 하시느니라 너희는 내가 일러 준 말로 이미 깨끗하였으니 내 안에 거하라 나도 너희 안에 거하리라 가지가 포도나무에 붙어 있지 아니하면 절로 과실을 맺을 수 없음같이 너희도 내 안에 있지 아니하면 그러하리라 나는 포도나무요 너희는 가지니 저가 내 안에, 내가 저 안에 있으면 이 사람은 과실을 많이 맺나니 나를 떠나서는 너희가 아무것도 할 수 없음이라 사람이 내 안에 거하지 아니하면 가지처럼 밖에 버리워 말라지나니 사람들이 이것을 모아다가 불에 던져 사르느니라 너희가 내 안에 거하고 내 말이 너희 안에 거하면 무엇이든지 원하는 대로 구하라 그리하면 이루리라 너희가 과실을 많이 맺으면 내 아버지께서 영광을 받으실 것이요 너희가 내 제자가 되리라 아버지께서 나를 사랑하신 것같이 나도 너희를 사랑하였으니 나의 사랑 안에 거하라 내가 아버지의 계명을 지켜 그의 사랑 안에 거하는 것같이 너희도 내 계명을 지키면 내 사랑 안에 거하리라 내가 이것을 너희에게 이름은 내 기쁨이 너희 안에 있어 너희 기쁨을 충만하게 하려 함이니라 내 계명은 곧 내가 너희를 사랑한 것같이 너희도 서로 사랑하라 하는 이 것이니라 사람이 친구를 위하여 자기 목숨을 버리면 이에서 더 큰 사랑이 없나니 너희가 나의 명하는 대로 행하면 곧 나의 친구라"(요 15:1-14)

만약 당신이 지금 하고 있는 공부를 여기까지 충실하게 해 왔고 하나님의 말씀을 탐구하면서 중요한 성경 구절을 묵상해 왔다면, 당신의 믿음이 계속 자라 왔다는 사실에는 의심의 여지가 없습니다. 이제 당신이 알아야 할 것을 다 배웠으니 가서 하나님의 사역을 실천하는 일은 아주 간단한 문제일 것 같습니다. 맞습니까? 그러나 그렇게 간단한 일이 아닙니다.

나는 이 점을 인정하는 데 사실 몹시 당황하고 있습니다. 나는 그리스도인으로 사는 삶의 전부는 그런 것이라고 생각했습니다. 불과 최근까지도 말입니다. 당신은 설교나 성경 공부를 하고, 또는 경건의 시간을 가지면서 당신이 해야만 할 것이라고 생각되는 일들을 발견했을 것입니다. 그리고 실천에 옮겼을 것입니다. 만일 훌륭하게 해냈다면 하나님도 당신을 자랑스러워하실 것이고, 만약에 망쳐 버렸다면 하나님께서 하늘에서 망치를 내리실 것이라고 생각했겠지요?

실제로 이것이 대부분의 종교에 내재되어 있는 생각입니다. 하나님께서 팔짱을 끼고 지켜보시면서 우리가 하는 일을 하나에서 열까지 저울로 재시는 동안, 우리는 이 지구라는 무대에서 일을 하고 있다고 생각하는 것입니다. 미국의 가장 유명한 몇몇 종교들은 하나님께서 지금 반 올림을 하고 계신다고 가르치기도 합니다. 다시 말해서 당신이 다른 사람들에 비해서 그렇게 나쁜 짓을 하지 않았으면 턱걸이로 하늘나라에 갈 수 있다는 뜻입니다.

그러나 이러한 행위 중심의 종교들은 인간이 만든 것입니다. 참된 기독교는 행위에 관한 것이 아니라 관계에 관한 것입니다. 바로 우주의 하나님께서 몸소 지상으로 손을 뻗치셔서 당신과 나처럼 죄 많은 인간들과 인격적인 사랑의 관계를 먼저 시작하셨다는 것입니다. 비록 성령의 도우심을 통해서 우리가 그리스도를 알게 된다는 것을 우리 대부분이 인정하고 있기는 하지만, 우리는 매일의 삶 속에서 종종 하나님과 진행되는 사랑의 관계를 제대로 반성조차도 못하고 있는 형편입니다.

이 공부를 통해서 우리가 집중하고 있는 주제에 다시 한 번 주목하십시오. 그리스도 안에서 우리의 삶을 자연스럽게 확장시킴으로써 열매를 맺을 때 **하나님 아버지께 영광을 돌리는 것입니다.** 그런데 왜 하나님께서는 우리에게서 영광 받기를 원하실까요? 이것이 하나님의 자존심을 위한 것일까요? 절대로 그렇지 않습니다! **우리가 사람들에게 하나님의 제자인 것을 보임으로써 다른 사람들 역시 하나님의 제자가 되고 싶다는 소망을 갖게 되기를 원하시는 것입니다.** 우리는 그것이 가장 효과적인 방법이라고 생각하지 않을 수도 있지만 **이 방법이야말로 하나님께서 이 세상을 다스리시기 위해 선택해 오신 방법입니다.**

하나님께서 당신과 나를 창조하신 궁극적인 이유는 우리가 하나님의 영광을 빛내고 하나님과의 사랑의 관계를 즐겁게 누리게 하시려는 것입니다. 우리가 자신의 능력으로 하나님을 위해서 위대한 일을 하려고 한다면, 이것은 하나님의 영광을 훔치는 것입니다. 그렇다면 하나님께서 우리와 함께 기뻐하시기는커녕 오히려 우리를 그의 가지에서 잘라 버리실 것입니다. 하나님께서 가장 필요로 하시지 않는 사람은 바로 교회 안에서 자신의 영광을 찾고 있는 또 다른 사람들입니다. 사탄은 모든 전략적 장소 안에 이러한 사람들을 충분히 심어 놓고 있습니다.

만일 우리가 과실을 맺기 원한다면, 다시 말해서 우리가 하나님께서 쓰실 수 있는 그릇이 되기를 원한다면, 우리는 반드시 그리스도와 친밀한 교제를 나누어야 합니다. 그리스도는 포도나무이십니다. 그리스도는 생명의 근원이십니다. 우리가 그리스도를 떠나서 독립적으로 일하는 순간, 바로 생명의 근원에서 떨어져 나가는 것입니다. 따라서 과실을 생산하지도 못하고 시들어서 죽게 되는 것은 시간 문제입니다.

오늘의 성경 구절을 보면서, 당신은 어쩌면 하나님에 대해 손에 큰 도끼를 들고 교회 주위를 왔다 갔다 하면서 혹시 실족하는 사람이 없는지 살피고 있는 위대한 독설적인 비평가라는 인상을 받게 되었을지도 모릅니다. 그러나 이것은 결코 진실이 아닙니다. 하나님께서는 이미 죽어 버린 가지만을 쳐 내십니다. 하나님께서는 오직 한 가지 이유에서 이와 같은 일을 하십니다. 즉 전체 나무(교회)를 위해서만 그렇게 하시는 것입니다. 죽은 가지는 다시는 과실을 맺지 못할 뿐 아니라 다른 가지들이 과실을 생산하는 것마저도 방해합니다. 영적으로 죽은 사람이야말로 하나님의 사역에 가장 큰 방해꾼 중 한 사람이라는 사실을 알고 계십니까?

예수님은 우리가 그분 안에 머무는 한, 우리가 과실을 생산할 수 있으며 하나님 아버지의 사랑 안에 거할 수 있다고 약속하십니다. 그렇다고 우리가 가지치기 과정을 겪지 않아도 된다는 뜻은 절대로 아닙니다. 가지치기 과정은 우리가 살아있는 동안 계속될 것입니다. 그러나 하나님께서 가지치기의 경험들을 허락하시는 오직 한 가지 이유는 우리가 좀 더 풍성한 과실을 맺을 수 있게 하시기 위함임을 확신합니다.

왜 예수님은 우리에게 포도나무와 과실, 그리고 가지치기에 대해 말씀하시는 것일까요? "바로 내가 이것을 너희에게 이름은 내 기쁨이 너희 안에 있어 너희 기쁨을 충만하게 하려 함이니라"고 말씀하십니다. 당신은 이 말씀이 진리임을 알고 있습니까? 당신이 존재하는 이유를 당신 자신이 충족시키고 있다는 사실을 아는 것보다 더 큰 기쁨은 없을 것입니다. 당신의 삶이 하나님께 영광을 돌리고 하나님의 곁에서 그분과 사랑하는 관계로 나아갈 때, 이 세상의 그 어떤 것도 당신의 기쁨을 빼앗아 갈 수 없을 것입니다.

하나님 안에 거하십시오. 그러면 하나님도 당신 안에 거하실 것입니다. 그리고 당신은 온전한 기쁨을 누릴 것입니다.

1. 그리스도 안에 거한다는 것은 과연 무엇을 의미하는 것일까요? 어떻게 당신이 그리스도 안에 거하는 삶을 실천할 수 있는지 일상생활 속에서의 실질적인 예를 들어 보십시오.

2. 당신은 그리스도를 떠나서는 영원한 가치가 있는 일을 아무것도 할 수 없음을 진실하게 믿으며 살고 있습니까?

3. 그리스도를 떠나서는 영원한 가치가 있는 일을 아무것도 할 수 없음을 아는 지식으로 살아간다면 당신의 삶은 어떻게 달라질까요? 구체적인 답을 해 보십시오.

4. 예수님은 온전한 기쁨을 경험하기 위한 비밀이 무엇이라고 말씀하셨습니까? 그런 기쁨을 누려 본 적이 있습니까? 그것은 언제였습니까?

5. 오늘의 공부를 통해서 배운 중요한 교훈은 무엇입니까?

 요점 정리

• 그리스도는 포도나무이시며 우리 생명의 근원이십니다. 우리는 반드시 하나님과 친밀한 교제를 해 나가야 합니다.
• 그리스도를 떠나서는 영원한 가치가 있는 일은 그 어느 것도 불가능하다는 것을 진실하게 믿으며 살고 있습니까?
• 우리가 많은 과실을 풍성히 맺을 때 온전한 기쁨을 누릴 것입니다.

내 앞에 마련된 기쁨

이번 한 주 동안 우리는 그리스도인의 삶에서 경험할 수 있는 기쁨에 대해서 이야기해 왔습니다. 그러나 우리는 피상적인 기쁨을 기대해서는 안 됩니다. 하나님께서 목적하신 일들을 이룬 완벽한 그릇인 예수님은, 다음과 같이 오히려 대중에게 인기 있는 삶과는 거리가 먼 삶의 전형을 보여 주셨습니다.

- 마구간에서 태어나심
- 가난하게 살아가심
- 실리를 추구하는 박식한 사람들에게 경멸당하심
- 무식한 사람들에게 사랑받으심
- 죄인들의 친구가 되심

- 친구에게 배반당하심
- 가장 신뢰하던 사람들에게 버림받으심
- 권력을 잡은 자들에게 쫓기셨으며 마침내 처형당하심

그러면 왜 예수님은 이 모든 일들을 참으셨을까요? 바로 예수님 앞에 놓인 기쁨을 위해서였습니다. 그 기쁨이란 과연 어떤 것일까요? 사람들의 박수갈채를 듣는 데서 오는 기쁨일까요? 아닙니다. 모든 것이 장밋빛으로 변하는 데서 오는 기쁨이었을까요? 이 또한 아닙니다. 인기 콘테스트에서 일등을 할 때의 기쁨일까요? 물론 아닙니다. 그것은 하나님께서 우리를 통해서 역사를 이루실 수 있도록 우리 자신을 내어 드리는 데서 오는 아주 깊고도 영원한 기쁨입니다. 우리가 진실로 하나님께서 쓰실 수 있는 그릇이 될 때만 누릴 수 있는 기쁨입니다. 우리의 영원한 상급을 바라볼 때만 얻을 수 있는 기쁨인 것입니다.

> "믿음의 주요 또 온전케 하시는 이인 예수를 바라보자 저는 그 앞에 있는 즐거움을 위하여 십자가를 참으사 부끄러움을 개의치 아니하시더니 하나님 보좌 우편에 앉으셨느니라 너희가 피곤하여 낙심치 않기 위하여 죄인들의 이같이 자기에게 거역한 일을 참으신 자를 생각하라"(히 12:2-3)

하나님께서 쓰실 수 있는 그릇이 되기 위한 항해를 하려면 어려운 시기를 맞을 준비도 해야 합니다. 그러나 당신 앞에 놓인 기쁨을 누리십시오. 모든 교회 내에서, 모든 사역 활동에서, 죄성에 물든 사람들의 반대를 예상하십시오. 그러나 당신을 위해 준비된 기쁨을 누리십시오. 그 기쁨은 당신이 탈진하거나 비통함에 빠지는 것을 막아 줄 것입니다. 지치지 않고 용기를 잃지 않게 지켜 줄 것입니다. 우리가 삶 속에서 하나님의 뜻을 따를 때, 그리고 우리 자신을 드려 하나님께서 쓰실 수 있는 그

룻이 될 때, 유일하게 우리의 것이 되는 바로 그 기쁨이 당신을 도울 것입니다.

> "평강의 하나님께서 친히 너희로 온전히 거룩하게 하시고 또 너희 온 영과 혼과 몸이 우리 주 예수 그리스도 강림하실 때에 흠 없게 보전되기를 원하노라 너희를 부르시는 이는 미쁘시니 그가 또한 이루시리라"(살전 5:23-24)

이렇게 여러분과 함께 열 번째 주의 마지막 날까지 왔다는 사실이 잘 믿어지지 않습니다. 하나님께서 가르쳐 주신 교훈들을 다시 한 번 돌아보는 시간을 가질 수 있도록 나는 당신을 초대합니다.

1. 당신은 하나님께서 어떤 분이신지 알고 있습니까? 하나님의 성품과 말씀, 그리고 하나님의 뜻과 방법에 대해서 확실히 배운 것은 무엇입니까?

2. 당신이 누구인지, 그리고 하나님께서 왜 당신을 하나님의 방식대로 만드셨는지에 대해서 더 폭넓게 이해할 수 있게 되었습니까? 더 중요한 것은, 하나님께서 당신을 창조하신 모습 그대로를 받아들일 수 있는지의 문제입니다. 당신은 자신의 창조주와 다투는 것을 멈추었습니까?

3. 당신은 기꺼이 마음속에 품고 있던 목표와 비밀스러운 바람, 희망과 꿈을 놓아 보냄으로써 자신을 비우고, 그 빈 자리를 하나님으로 가득 채우고 있습니까?

4. 당신은 죄 씻음의 과정이 고통스럽다 할지라도 기꺼이 경험하겠습니까? 자백과 회개의 삶을 통해서 당신 자신을 정화시켜 나갈 수 있습니까?

5. 당신은 하나님으로 끊임없이 다시 채움으로써, 하나님의 것을 다른 사람들에게 제공할 수 있습니까?

6. 하나님의 음성을 좀 더 주의 깊게 듣는 법을 배웠습니까? 당신은 하나님께서 인도하시는 대로 따를 수 있습니까?

7. 하나님께서 쓰실 수 있는 그릇이 되는 것이 당신의 진정한 소망입니까? 하나님 아버지께 그 마음을 표현하는 기도를 적어 보십시오.

8. 오늘의 공부를 통해서 배운 중요한 교훈은 무엇입니까?

9. 이번 주의 주제는 무엇이었습니까?

 요점 정리

• 예수님 앞에 마련된 기쁨을 위해서 예수님은 골고다의 수난을 참으셨습니다.

• 당신의 눈을 예수님에게 맞추십시오. 당신이 하나님께서 쓰실 수 있는 그릇이 되기를
바란다면, 어떤 장애물을 만난다 할지라도 앞으로 나가십시오. 그리고 당신 앞에 기쁨
이 준비되어 있다는 사실을 늘 기억하십시오.

하나님께서 쓰실 수 있는 그릇이 되기 위한

다섯 가지 필수 원칙

첫째, 하나님께서 당신을 창조하신 그대로의 자신을 받아들여라.

둘째, 하나님을 위한 공간을 마련하기 위해서 자신을 비워라.

셋째, 비록 그 과정이 고통스럽다 할지라도 하나님께서 당신을 깨끗이 하시도록 하라.

넷째, 성령의 생수로 충만해지고 또 끊임없이 충만해져라.

다섯째, 하나님의 인도하심을 따라 당신의 삶을 사역에 헌신하라.

인도자들을 위한 지침

『새롭게 쓰임 받는 여성』을 통해서 다른 사람들을 인도하는 어려운 일을 선택하신 여러분께 감사드립니다. 이 경험을 통해서 여러분이 하나님과 더 친밀한 관계를 맺고 또한 그룹원들과도 깊은 교제를 나누는 좋은 기회가 되기를 기도드립니다. 여기에 인도자들과 그룹원들이 이 공부를 통해서 최대한의 효과를 얻을 수 있도록 돕는 지침들이 있습니다. 이 책에 있는 서식의 용지를 사용하기 전에 미리 복사하십시오. 이 서식들을 어떻게 활용할 것인지에 대한 제안도 해 놓았습니다.

자기소개서

첫번째 모임을 갖는 동안 참가자들에게 자기소개서를 작성해 줄 것을 요청하십시오. 충분한 시간을 할애하십시오. 당신이 이 소개서를 통해서 얻게 될 통찰력은 각 여성들에게 어떤 도움이 필요한지를 알아내는 데 무척 가치 있는 역할을 할 것입니다. 일단 모든 사람들이 작성을 마치게 되면, 특정한 사람을 지적하지 말고 다 함께 자신들의 대답을 토론할 수 있는 시간을 주십시오. 사람들은 누구나 곤란한 입장에 처하는 것을 좋아하지 않습니다. 따라서 모임의 참석자들을 격려하면서, 모든 이들이 함께 토론에 참여하기를 원한다는 것과 당신이 어떤 요구도 하지 않을 것임을 처음부터 주지시켜 주십시오.

그리고 성경 공부 모임 외에 정기적으로 서로 연락할 것을 제안하십시오. 전화를 하거나 쪽지를 주고받는 것, 또는 공원으로 함께 나들이를 가는 것 등도 좋습니다. 중요한 것은 회원들의 영적 성장과 안부에 개인적인 관심을 표현하는 일입니다. 자기소개서는 각 회원들에게 필요한 것을 이해하고 대화를 이끌어 나가는 중요한 출발점의 역할을 할 것입니다.

기도 요청서

내 경험으로 볼 때, 여성도들이 모인 그룹의 기도 시간은 대부분 잡담이나 불만 토로로 알차게 보내기가 어렵습니다. 그러므로 시간을 정하여 20분 동안은 요청할 기도들을 서로 나누고, 또 20분간은 실제로 기도하는 데 사용하십시오. 기도는 모든 것을 바꾸어 놓습니다. 그러므로 기도할 내용을 쌓기만 하는 것은 아무것도 성취할 수 없습니다. 첫 모임에서 기도를 위해 할애된 시간에는 기도만 할 것이라고 회원들에게 일러두십시오. 기도 시간을 활성화하기 위해서 각 멤버들에게 중보기도 용지의 복사본을 몇 장씩 나누어 주십시오. 그리고 회원들이 한 주 동안 부탁할 기도 내용을 적어 오도록 하고 또한 각 수업 시작 시간에 회원들이 중보기도 용지를 완성할 수 있는 시간을 따로 주신 뒤 걷으십시오.

용지를 다 걷은 뒤에는 교사 전용 부분에 표시가 된 목록이 있는지 확인한 뒤, 있으면 따로 모으십시오. 나머지 용지들은 기꺼이 큰 소리로 기도하기를 원하는 사람들에게 나누어 주십시오.

기도 일지

중보기도 요청 용지와 함께 나는 기도 일지를 준비합니다. 매주 모임이 끝난 뒤 새로운 중보기도 요청 용지를 기도 일지에 더해서 기록하십시오. 그 과정이 끝나면 기도 요청 용지는 버리십시오. 만일 손으로 쓴 기도 일지를 보존해야 할 경우에는 검정색 잉크를 사용하십시오. 기도 일지를 컴퓨터에 보관할 수 있다면 더욱 좋습니다.

당신이 성경 공부 외의 시간에 회원들을 개별적으로 만나게 될 때는 기도 일지에 날짜를 꼭 적어 놓으십시오. 또 전화로 상담하게 되면, 경우에 따라서 언제든지 중보기도 항목을 더 기입하거나 새로 고치거나 없앨 수 있도록 하십시오. 만일 복사를 할 수 있다면 각 주마다 모임을 갖기 전에 기도 일지를 복사해서 나눠 주어, 각자 자신의 기도 일지를 완성할 수 있게 합니다. 만일 복사기가 없다면 각 회원들은 자신의 기도 일지를 가지고 있어야 하며 기도 시작 시간에 몇 분을 할애해서 각자 기도 일지를 다시 고칠 수 있도록 시간을 주어야 합니다.

성경 암송 카드

사람들을 곤란하게 하지 말라는 규칙의 예외 조항이 하나 있습니다. 매주 수업 시작할 때 각자 외우고 있는 성경 구절을 암송하도록 하십시오. 재미있는 시간이 되게 하고, 사랑과 선행을 행하는 마음으로 서로 격려하십시오. 신중하게 들되 누구도 민망하게 만들어서는 안 됩니다. 그런데도 자신들이 성경 구절을 잘 암송할 것으로 기대되고 있다는 것을 이해하게 되면, 거의 모든 사람이 잘 외우기 위해서 특별한 노력을 기울이게 됩니다.

만일 사람들이 어디에 가든지 성경 암송 카드를 지참하게 되면 한 주에 한 구절을 외우는 것은 별 문제가 되지 않습니다. 셋째 주 다섯째 날의 주제인 '하나님의 말씀을 마음에 간직하기'의 내용을 복습하는 데 도움을 줄 것입니다. 이 방법을 사용하십시오. 그러면 누구든지 성경을 효과적으로 암송하는 법을 배울 수 있습니다.

각 주의 암송 구절과 함께 나는 또한 한 과를 요약할 수 있는 두세 가지의 중요한 개념들을 포함시킵니다. 반드시 이것을 외울 필요는 없지만 한 과를 공부한 뒤 가장 많은 것을 얻어내는 데 도움이 될 것입니다.

| 기도 요청서 | 요청자 : |
| | 날 짜 : |

□ 교사 전용　　　　□ 전체 모임

| 기도 요청서 | 요청자 : |
| | 날 짜 : |

□ 교사 전용　　　　□ 전체 모임

기도 요청서   요청자 : ....
                                   날 짜 : ....

☐ 교사 전용   ☐ 전체 모임

기도 요청서   요청자 : ....
                                   날 짜 : ....

☐ 교사 전용   ☐ 전체 모임

자기소개서

이　　　름.................................．전화번호.......................................

주　　　소..

....

- 이 성경 공부에 참여하게 된 동기는 무엇입니까?

- 지금 자매님의 삶 속에서 가장 긴급한 문제나 도전은 무엇입니까?

- 이 성경 공부 모임과 다른 참가자들이 자매님이 가장 효과적으로 위의 문제를 극복하도록 어떻게 도울 수 있을까요?

- 이 성경 공부가 끝날 때 자매님의 삶이 어떻게 달라져 있기를 원합니까?

• 이 성경 공부를 통해서 변하기를 바라는 자신의 성품을 구체적으로 적어 보십시오.

• 이 성경 공부를 통해서 개선되기를 바라는 자신의 습관을 구체적으로 적어 보십시오.

• 이 여성도 성경 공부에서 자매님이 기대하는 것 다섯 가지만 적어 보십시오. (장점과 단점 모두)

• 과거에 참여한 성경 공부의 경험을 되돌아볼 때 끝까지 마칠 수 있었던 동기는 무엇이었으며 도중에 그만두게 한 요소는 무엇이었습니까?

• 이 성경 공부를 통해서 최상의 결과를 얻도록 인도자가 어떠한 도움을 주기를 원하십니까?

기 도 일 지

날 짜	이 름	기도 요청	진행 결과 / 감사한 일

기 도 일 지

날 짜	이 름	기도 요청	진행 결과 / 감사한 일

기 도 일 지

날 짜	이 름	기도 요청	진행 결과 / 감사한 일

기 도 일 지

날 짜	이 름	기도 요청	진행 결과 / 감사한 일

[4주] 고린도후서 5:17-18

"그런즉 누구든지 그리스도 안에 있으면 새로운 피조 물이라 이전 것은 지나갔으니 보라 새 것이 되었도다 모든 것이 하나님께로 났으며 저가 그리스도로 말미 암아 우리를 자기와 화목하게 하시고 또 우리에게 화 목하게 하는 직책을 주셨으니"

새롭게 쓰임받는 여성

[1주] 이사야 55:8-9

"여호와의 말씀에 내 생각은 너희 생각과 다르며 내 길은 너희 길과 달라서 하늘이 땅보다 높음같이 내 길은 너희 길보다 높으며 내 생각은 너희 생각보다 높으니라"

새롭게 쓰임받는 여성

[5주] 빌립보서 2:3-4

"아무 일에든지 다툼이나 허영으로 하지 말고 오직 겸손한 마음으로 각각 자기보다 남을 낫게 여기고 각 각 자기 일을 돌아볼 뿐더러 또한 각각 다른 사람들 의 일을 돌아보아 나의 기쁨을 충만하게 하라"

새롭게 쓰임받는 여성

[2주] 역대하 16:9

"여호와의 눈은 온 땅을 두루 감찰하사 전심으로 자 기에게 향하는 자들을 위하여 능력을 베푸시나니…"

새롭게 쓰임받는 여성

[6주] 요한일서 1:8-9

"만일 우리가 죄 없다 하면 스스로 속이고 또 진리가 우리 속에 있지 아니할 것이요 만일 우리가 우리 죄 를 자백하면 저는 미쁘시고 의로우사 우리 죄를 사하 시며 모든 불의에서 우리를 깨끗하게 하실 것이요"

새롭게 쓰임받는 여성

[3주] 출애굽기 15:11-13

"여호와여 신 중에 주와 같은 자 누구니이까 주와 같 이 거룩함에 영광스러우며 찬송할 만한 위엄이 있으 며 기이한 일을 행하는 자 누구니이까 … 주께서 그 구속하신 백성을 은혜로 인도하시되…"

새롭게 쓰임받는 여성

- 스스로를 비교하지 마십시오. 하나님께서는 당신을 그분이 원하는 그 어떤 모습의 그릇으로 정확히 만드셨습니다.
- 하나님께서는 마음의 중심을 보십니다. 하나님의 판단의 기준은 우리가 아니 있느냐가 아니라 우리가 얼마나 멀리 왔느냐를 보시는 것입니다.

새롭게 쓰임받는 여정

- 우리는 과거의 고통과 자부심을 버려야 합니다.
- 우리는 미래에 대한 희망에서 손을 떼야 합니다.

새롭게 쓰임받는 여정

- 하나님께서는 당신을 깨끗하게 하기 위해 사람들과 고난을 사용하십니다.
- 기도, 묵상, 고백과 회개는 죄 씻음의 과정에서 중요합니다. 따라서 친숙하십시오.

새롭게 쓰임받는 여정

- 하나님께 쓰임 받는 그릇이 되기 위해 완벽할 필요는 없습니다.
- 하나님께서는 자신의 목적을 성취하기 위해 종종 가장 부적합한 사람들을 쓰십니다.

새롭게 쓰임받는 여정

- 스스로에 대한 자신감은 사람들이나 생활을 나 자신의 능력으로 다룰 수 있다고 믿는 것을 말합니다.
- 하나님께로부터 오는 자신감은 하나님의 능력을 통해서 사람과 상황을 다루신다고 믿는 믿음입니다.
- 우리의 삶은 우리를 돌보시는 하나님 한 분만의 의지한다는 것을 느껴야한다.

새롭게 쓰임받는 여정

- 우리가 하나님의 주권을 바라볼 때, 좀 더 하나님을 알고자 하는 마음을 지니게 됩니다.
- 하나님의 생존은 우리가 필요치 않다는 것을 드러내지만, 하나님은 우리의 삶을 통해 고난의 목적과 신비를 이루기도 선택하셨습니다.

새롭게 쓰임받는 여정

[10주] 요한복음 15:5

"나는 포도나무요 너희는 가지라 저가 내 안에, 내가 저 안에 있으면 이 사람은 과실을 많이 맺나니 나를 떠나서는 너희가 아무것도 할 수 없음이라"

새롭게 쓰임받는 여성

데살로니가전서 5:23-24

"평강의 하나님이 친히 너희로 온전히 거룩하게 하시고 또 너희 온 영과 혼과 몸이 우리 주 예수 그리스도 강림하실 때에 흠 없게 보전되기를 원하노라 너희를 부르시는 이는 미쁘시니 그가 또한 이루시리라"

새롭게 쓰임받는 여성

[7주] 에베소서 5:18-20

"...오직 성령의 충만을 받으라 시와 찬미와 신령한 노래들로 서로 화답하며 너희의 마음으로 주께 노래하며 찬송하며 범사에 우리 주 예수 그리스도의 이름으로 항상 아버지 하나님께 감사하며"

새롭게 쓰임받는 여성

마태복음 22:37-39

"예수께서 가라사대 네 마음을 다하고 목숨을 다하고 뜻을 다하여 주 너의 하나님을 사랑하라 하셨으니 이것이 크고 첫째 되는 계명이요 둘째는 그와 같으니 네 이웃을 네 몸과 같이 사랑하라 하셨으니"

새롭게 쓰임받는 여성

[8주] 시편 130:5-6

"나 곧 내 영혼이 여호와를 기다리며 내가 그 말씀을 바라는도다 파수꾼이 아침을 기다림보다 내 영혼이 주를 더 기다리나니 참으로 파수꾼이 아침을 기다림보다 더하도다"

새롭게 쓰임받는 여성

[9주] 시편 90:12

"우리에게 우리 날 계수함을 가르치사 지혜의 마음을 얻게 하소서"

새롭게 쓰임받는 여성

- 예수님은 자기 앞에 있는 즐거움을 위해 십자가를 참으셨습니다.
- 다른 사람들이 우리를 섬겨 주길 기대할 때 우리는 기쁨을 상실하게 됩니다.
- 예수님께 시선을 고정시키십시오. 하나님께 쓰임 받는 그곳이 되리고 할 때 당면한 장애물이 무엇이든지 계속 전진하십시오. 그리고 당신 앞에 있는 즐 거움을 항상 기억하십시오.

[7주] 그릇은 체워져야 합니다

- 그릇을 물을 만들어 내지 못합니다. 다만 체워진 것을 부어 주는 것만이 가능할 뿐입니다.
- 우리는 그저 좋은 교리와 종교 의식이 아니라 생수 로 체워져야 합니다.

다섯 가지 필수 원칙

- 하나님께서 당신을 창조하신 그대로의 자신을 받 아들여라.
- 하나님을 위한 공간을 마련하기 위해서 자신을 비 워라.
- 비록 그 과정이 고통스럽다 할지라도 하나님께서 당신을 깨끗이 하시도록 하라.
- 성령의 생수로 충만해지고 또 공인없이 충만해져라.
- 하나님의 인도하심을 따라 당신의 삶을 시대에 헌 신하라.

[8주] 기다리며 하나님의 음성을 듣기

- 하나님께서는 여전히 자신의 백성들에게 말씀하십 니다. 만약 당신이 하나님의 음성을 들을 수 있다 면, 당신은 그리스도인의 삶을 알지 못하고 고통 속 에 있는 것입니다.

다섯 가지 필수 원칙

- 하나님께서 당신을 창조하신 그대로의 자신을 받 아들여라.
- 하나님을 위한 공간을 마련하기 위해서 자신을 비 워라.
- 비록 그 과정이 고통스럽다 할지라도 하나님께서 당신을 깨끗이 하시도록 하라.
- 성령의 생수로 충만해지고 또 공인없이 충만해져라.
- 하나님의 인도하심을 따라 당신의 삶을 시대에 헌 신하라.

[9주] 하나님의 인도하시는 곳에 당신의 삶을 부어 주기

- 하나님께서는 당신에게 비밀을 찾고 계시지 않습 니다. 고분은 당신에게 자신의 뜻을 계시하길 원 하십니다.
- 기꺼이 행동하십시오. 그리나 하나님을 앞서 가지 마십시오.
- 우리가 안식일을 무시할 때, 우리는 반성하고 다시 체움 받기 위해 시간을 내야합니다.